新时代大学生爱国主义教育研究

魏倩倩　张学维　李琦　陈盼◎著

西南财经大学出版社
Southwestern University of Finance & Economics Press

中国·成都

图书在版编目(CIP)数据

新时代大学生爱国主义教育研究/魏倩倩等著.
成都:西南财经大学出版社,2025.4. --ISBN 978-7-5504-6632-6

Ⅰ.G641.4

中国国家版本馆 CIP 数据核字第 2025A3L729 号

新时代大学生爱国主义教育研究

XINSHIDAI DAXUESHENG AIGUO ZHUYI JIAOYU YANJIU

魏倩倩　张学维　李　琦　陈　盼　著

策划编辑:邓克虎
责任编辑:肖　翀
责任校对:高小田
封面设计:张姗姗
责任印制:朱曼丽

出版发行	西南财经大学出版社(四川省成都市光华村街 55 号)
网　　址	http://cbs.swufe.edu.cn
电子邮件	bookcj@ swufe.edu.cn
邮政编码	610074
电　　话	028-87353785
照　　排	四川胜翔数码印务设计有限公司
印　　刷	成都金龙印务有限责任公司
成品尺寸	170 mm×240 mm
印　　张	14
字　　数	256 千字
版　　次	2025 年 4 月第 1 版
印　　次	2025 年 4 月第 1 次印刷
书　　号	ISBN 978-7-5504-6632-6
定　　价	88.00 元

前言

　　党的十八大以来，以习近平同志为核心的党中央高度重视爱国主义教育，作出一系列重要部署，把爱国主义教育贯穿国民教育和精神文明建设全过程，推动爱国主义教育取得显著成效。2019 年，中共中央、国务院印发《新时代爱国主义教育实施纲要》，为全社会爱国主义教育提供了总体性指导。2023 年 10 月 24 日，第十四届全国人民代表大会常务委员会第六次会议通过了《中华人民共和国爱国主义教育法》，指出："国家在全体人民中开展爱国主义教育，培育和增进对中华民族和伟大祖国的情感，传承民族精神、增强国家观念，壮大和团结一切爱国力量，使爱国主义成为全体人民的坚定信念、精神力量和自觉行动。"随着我国进入全面建设社会主义现代化国家的新发展阶段，爱国主义教育面临的内外环境、形势任务等发生了很大变化，加强并优化新时代爱国主义教育，凝聚奋进新时代实现中华民族伟大复兴的磅礴伟力意义重大。大学生是国家发展与民族复兴的中坚力量，承载着国家的未来和民族的希望，承担着实现中华民族伟大复兴的历史重任。加强新时代青年大学生爱国主义教育，是当前我国高校党的建设和思想政治教育的一项重要任务，是立德树人、培养千千万万合格的中国特色社会主义事业接班人的关键之举，有助于激发大学生的爱国主义情怀、增强大学生的爱国主义认知、促进大学生的爱国主义行为，有助于凝聚大学生积极投身中国特色社会主义事业伟大实践的力量。因此，要站在确保党的事业后继有人、兴旺发达的政治高度，深刻认识加强大学生爱国主义教育的重要意义。

本书以大学生爱国主义教育为研究对象，将其置于新时代背景之下，遵循"是什么—为什么—怎么样—怎么做"的逻辑架构具体展开。第一，在"是什么"的问题上分四步进行论述。首先，对爱国主义及爱国主义教育的内涵、特征与价值意蕴进行系统的理论阐述。其次，从经典文本出发，探索马克思主义经典作家、中国共产党历代领导人对爱国主义教育的相关论述。再次，从理论维度，剖析大学生爱国主义教育的内在机理与影响因素。最后，从历史视野，总结自新民主主义革命时期以来，各个历史阶段大学生爱国主义教育的形势与任务、做法与成效，从中提炼历史经验。第二，着重探讨新时代背景下开展大学生爱国主义教育为什么必要、为什么可行。第三，在"怎么样"的问题上，对新时代大学生爱国主义教育面临的机遇与挑战、主要做法、基本经验与现存问题及其原因进行总体阐释。第四，通过整合分析，立足于现存问题的解决，在清晰的目标指导和科学的原则引导下，从不同的方面提出解决路径，解决好"怎么做"的问题。

从具体章节上看，第一章导论主要阐释新时代大学生爱国主义教育的研究缘起与研究意义、研究创新之处、研究现状，并系统论述研究思路、写作框架与研究方法。第二章是从理论维度对新时代大学生爱国主义教育进行阐释，厘清了大学生爱国主义教育的基本内涵与理论基础；同时，对大学生爱国主义教育的内在机理与影响因素进行理论论证，为后续研究奠定理论基础。第三章主要是从历史视野梳理新民主主义革命时期、社会主义革命和建设时期、改革开放和社会主义现代化建设新时期大学生爱国主义教育的现实背景、主要做法和重要经验。第四章主要从现实层面审视新时代大学生爱国主义教育的情况，分析新时代大学生爱国主义教育的主要做法、重大成就以及现存问题及其原因。第五章、第六章是新时代大学生爱国主义教育的对策设计。其中，第五章主要从静态层面阐述了新时代大学生爱国主义教育的宏观战略目标、总体育人目标和具体教学目标，论述了新时代大学生爱国主义教育的基本原则，包括理论与实际相结合、媒介化与数字化相结合、主导性与主体性相统一、常态化与制度化相统一、自主性与社会化相统一、显性教育与隐性教育相统一的基本原则。第六章则主要从动态的环境氛围营造、长效机制构建、多元主体协同、载体形式丰富、传播内容优化与话语体系创新层面提出加强新时代大学生爱国主义教育的实践路径。

当前，世界百年未有之大变局加速演进，世界之变、时代之变、历史之变正以前所未有的方式进行。当代中国正在经历着有史以来最为广泛而深刻的社会变革，正在推进中国式现代化这一人类历史上非常宏大而特别的实践创新。中国特色社会主义进入新时代，我国经济社会进入新发展阶段，正处于中华民族伟大复兴的关键时期，社会主要矛盾发生了根本性变化，人们的思想在改变、观念在更新、利益格局在重新分配，爱国主义教育面临的内外环境、形势任务发生重大变化，因此迫切需要对新时代大学生爱国主义教育进行战略谋划，作出全面部署。时代发展与现实挑战对新时代大学生爱国主义教育提出了新的要求。因此，大学生爱国主义教育必须在汲取历史经验的基础上，因事而化、因时而进、因势而新，立足于时代发展趋势、国家发展需要、技术发展迅猛的现实背景进行前瞻性部署、整体性变革与系统性创新，克服现实挑战与技术难题，在欣欣向荣的新时代新征程打开高质量发展的崭新局面。

本书由四川大学马克思主义学院的博士生魏倩倩、张学维、李琦、陈盼共同撰写，具体分工为：张学维撰写第一章、第二章，魏倩倩撰写第三章、第四章，李琦撰写第五章，陈盼撰写第六章。本书在写作过程中，参考了国内外专家、学者的研究论著，在此谨致以诚挚的谢意。限于作者水平，书中难免有不足之处，恳请同行学者和读者朋友批评指正！

作者

2024 年 6 月

目录

第一章 导论

爱国主义是中华民族的民族心、民族魂,自古以来就存在于中华民族的血脉基因之中。《中华人民共和国爱国主义教育法》提出,"国家在全体人民中开展爱国主义教育,培育和增进对中华民族和伟大祖国的情感,传承民族精神、增强国家观念,壮大和团结一切爱国力量,使爱国主义成为全体人民的坚定信念、精神力量和自觉行动"。新时代新征程,必须在全社会广泛而深入地开展爱国主义教育,进一步凝聚强国建设、民族复兴的磅礴伟力。大学生是当代社会的中坚力量,承载着国家的未来和民族的希望,承担着实现中华民族伟大复兴的历史重任。加强新时代青年大学生爱国主义教育,是当前我国高校党的建设和思想政治教育的一项重要任务,是立德树人、培养千千万万合格的中国特色社会主义事业接班人的关键之举,有助于激发大学生的爱国主义情怀、增强大学生的爱国主义认知、促进大学生的爱国主义行为,有助于凝聚大学生积极投身中国特色社会主义事业的伟大实践力量。因此,要站在确保党的事业后继有人、兴旺发达的政治高度,深刻认识加强大学生爱国主义教育的重要意义。

第一节 研究缘起与研究意义

一、研究缘起

在中华民族几千年的历史长河中,爱国主义作为民族精神的核心,不断激励着中华儿女保家卫国、奋勇拼搏,成为中华民族生生不息的基因密码和中国人民最重要的精神财富。党的十八大以来,党中央高度重视爱国主义教育,习近平总书记在多个重要场合就爱国主义的相关内容作出重要论述。2013年10月，习近平总书记在《在欧美同学会成立100周年庆祝大会上的讲话》中指出："在中华民族几千年绵延发展的历史长河中，爱国主义始终是激昂的主旋律，始终是激励我国各族人民自强不息的强大力量。"① 2018年，习近平总书记在北京大学师生座谈会上指出："要爱国，忠于祖国，忠于人民。爱国，是人世间最深层、最持久的情感，是一个人立德之源、立功之本。"② 2020年4月22日，习近平总书记在参观西安交通大学的西迁博物馆时高度赞扬了"西迁精神"，并指出："'西迁精神'的核心是爱国主义，精髓是听党指挥跟党走，与党和国家、与民族和人民同呼吸、共命运。"③ 2022年，习近平总书记在庆祝中国共产主义青年团成立100周年大会上的讲话中强调："新时代的广大共青团员要做理想远大、信念坚定的模范，带头学习马克思主义理论，树立共产主义远大理想和中国特色社会主义共同理想，自觉践行社会主义核心价值观，大力弘扬爱国主义精神。"④ 这一系列重要论述明确了新时代爱国主义的时代内涵、加强爱国主义教育的重要意义和根本要求。改革开放以来，为保障爱国主义教育的施行，党和国家在法律文件制定方面作出重要安排。1983年，中共中央颁布了《关于加强爱国主义宣传教育的意见》；1994年，中共中央颁布了《爱国主义教育实施纲要》等重要文件。随着中国特色社会主义进入新时代，2019年11月，中共中央、国务院印发了《新时代爱国主义教育实施纲要》，对新时代开展爱国主义教育的要求、内容、载体作出重大安排部署，并明确提出要把青少年作为重要对象，引导他们立足本职、拼搏奋斗，在新时代做出应有的贡献。2023年10月24日，第十四届全国人民代表大会常务委员会第六次会议通过了《中华人民共和国爱国主义教育法》，对爱国主义教育的主要内容、职责任务、实施措施、支持保障等方面作了明确规定。我国的根本大法——《中华人民共和国宪法》第二十四条也明确规定："国家倡导社会主义核心价值观，提倡爱祖国、爱人民、爱劳动、爱科学、爱社会主义的公德，在人民中进行爱国主义、集体主义和国际主义、共产主义的教育，进行辩证唯物主义和历史唯物主义的教

---

① 习近平. 论党的青年工作 [M]. 北京：中央文献出版社，2022：42.
② 习近平. 论党的青年工作 [M]. 北京：中央文献出版社，2022：147-148.
③ 中共中央党史和文献研究院. 习近平关于社会主义精神文明建设论述摘编 [M]. 北京：中央文献出版社，2022：156.
④ 习近平. 在庆祝中国共产主义青年团成立100周年大会上的讲话 [M]. 北京：人民出版社，2022：11.

育，反对资本主义的、封建主义的和其他的腐朽思想。"这些法律法规文件直接体现了党中央对于爱国主义教育的重视。

习近平总书记深刻指出："青年是整个社会力量中最积极、最有生气的力量，国家的希望在青年，民族的未来在青年。"① 目前中国正处于一个良好的发展阶段，无限接近实现中华民族伟大复兴的光荣梦想。大学生作为中国特色社会主义事业的建设者和接班人，承载着国家的希望、民族的未来，其爱国情怀、报国志向直接关系到国家和民族的前途命运。这就要求党和国家要高度重视新时代的大学生爱国主义教育，"让爱国主义精神在学生心中牢牢扎根，时刻不忘自己是中国人。要教育引导学生热爱和拥护中国共产党，立志听党话、跟党走，立志扎根人民、奉献国家"②。可见，从国家发展战略高度来讲，青年大学生是新时代爱国主义教育的重点对象，加强新时代高校青年大学生的爱国主义教育是国之大计、党之大计。当前，中华民族伟大复兴的战略全局和世界百年未有之大变局正"两局交汇"，这一时代背景对新时代爱国主义教育提出了更高的标准和要求：必须引导青年学生紧跟党的领导步伐，把个人命运融入新时代国家发展的历史洪流，甘于为祖国、为人民奉献、奋斗，将自己所学的本领奉献给祖国和人民，争做新时代的奋斗者、追梦人。同时要胸怀"国之大者"，秉持世界眼光，拥有观照世界的情怀与立场，为世界谋大同，为人类谋未来。从研究角度，如何达成新形势下大学生爱国主义教育的全新历史使命？如何应对新形势下大学生爱国主义教育的重重困难与挑战？如何贯彻落实党和国家关于爱国主义教育的法律政策文件精神？如何在实践中引导大学生把爱国情怀、强国志向和报国决心融入中国特色社会主义发展事业？这些都为新时代大学生爱国主义教育研究提供了一定的研究空间，为此，亟须开展新时代大学生爱国主义教育研究，以理论与实践相结合，助推新时代大学生爱国主义教育实践的创新发展，为新时代大学生爱国主义教育注入理论血液。

二、研究意义

爱国主义是一个持久的话题，开展爱国主义教育研究，目的在于引导大学生树立爱国主义情怀，自觉将爱国情怀、强国志向和报国决心融入社

---

① 习近平. 习近平谈治国理政：第三卷［M］. 北京：外文出版社，2020：333.
② 习近平. 习近平著作选读：第二卷［M］. 北京：人民出版社，2023：198.

会实践。研究新时代大学生爱国主义教育，具有理论和实践两方面的重要意义。

（一）理论意义

第一，深化新时代大学生爱国主义教育的研究，有助于进一步丰富与爱国主义研究相关的理论成果。丰富的人类实践活动一再表明，正确的理论对实践具有前瞻性指导作用，实践每发展一步，理论就要跟进一步。同时，科学的理论也需要通过实践不断进行完善。目前，我国正处在新时代这个特殊的时代背景下，新的时代背景对高校开展大学生爱国主义教育提出了新的挑战。本书以中国特色社会主义新时代这一特殊的时代背景为基础，探寻大学生爱国主义教育面临的新问题及解决对策，有助于丰富新时代背景下大学生爱国主义教育的基础理论。

第二，深化新时代大学生爱国主义教育的研究，有助于丰富和完善大学生思想政治教育理论体系。高校思想政治理论课是爱国主义教育的主渠道，思政课重要的教学内容之一就是对大学生进行爱国主义教育，其教育的系统性和深刻性是其他学科所无法比拟的。思政课教学能够帮助学生正确理解爱国主义的本质含义和践行方式，明白爱国主义是中华民族的优良传统，是中华民族历遭劫难而仍以强者的姿态屹立于世界东方的一大法宝。因此，从思想政治教育理论体系这个角度分析，研究大学生爱国主义教育将为高校思想政治教育增添新的理论内容，为思想政治教育理论体系的创新发展注入理论活力。

第三，深化新时代大学生爱国主义教育的研究，有利于传播爱国主义精神。热爱祖国是每一个公民最基本的道德准则，是公民的一项神圣义务。当代大学生是社会的新生力量，是推动社会发展进步的重要队伍，对大学生进行系统的爱国主义教育，有利于让"国家兴亡、匹夫有责"的爱国主义观念扎根于学生心中，使其自觉树立起爱国意识，维护祖国权益，抵制西方的不良思潮。同时，大学生作为社会成员中思想较为活跃的群体，有较高的认知水平、较强的接受能力和较好的学习能力，通过爱国主义教育，有助于满足大学生的求知欲，引导大学生树立正确的世界观、人生观、价值观，将热爱祖国这一理念深入学生心中，使其成为自觉引领爱国风尚、主动传播爱国观念、励志笃行爱国行为的先锋者。

（二）实践意义

第一，在大学生个人发展方面，一是有助于培养大学生的爱国情怀。

爱国是中华民族的传统美德。高校通过加强对广大青年学生的爱国主义教育，可以帮助大学生提升道德素养，树立崇高的理想信念，培育起以爱国主义为核心的民族精神和以改革创新为核心的时代精神，激发他们对祖国尊严与荣誉的强烈自豪感和国家兴衰的高度责任感，让大学生在日常生活中将一腔爱国热忱转化为报国行动。二是有助于大学生自身全面发展。新时代对大学生开展爱国主义方面的教育，对大学生的思想和行为具有重要指引作用，能够帮助其建立正确的价值观，让其知情意行在一定程度上达到有机统一的状态，引导其行为，帮助其在各方面得到全面发展。

第二，在高校教育发展方面，有助于落实高校立德树人的根本任务。新时代大学生是祖国的未来、民族的希望、社会发展进步的重要推动力量，他们肩负着实现中华民族伟大复兴的历史使命。高校则是培养社会主义建设者和接班人的重要基地，是爱国主义教育的重要阵地。新时代高校大学生爱国主义教育的根本目的是培养社会主义建设者和接班人，爱国既是社会主义建设者和接班人必须具备的基本素质，也是他们的精神支柱和价值追求。对高校大学生进行爱国主义教育可以加强他们对国家和民族的认同、对中国共产党的认同、对社会主义事业的认同，有助于促进中华民族伟大复兴的中国梦早日实现。简言之，只有加强高校大学生爱国主义教育，才能使大学生牢记自己的历史使命，承担起民族复兴的责任担当，为实现中华民族伟大复兴的中国梦而奋斗。

第三，在国家人才建设方面，有助于培养中华民族伟大复兴的生力军。对国家发展而言，青少年是祖国的未来、民族的希望，对新时代大学生爱国主义教育进行研究是党和国家的重要关切。开展大学生爱国主义教育，既是大学生爱国主义教育的自我要求，又是在新的历史阶段和关键历史节点的时代呼唤。加强高校大学生爱国主义教育，有利于激发大学生对祖国和人民的深厚感情，增强他们对中华文化和中华民族的自豪感和自信心，培养他们对中国特色社会主义的坚定信仰和对中国共产党的忠诚热爱，引导他们将个人理想融入国家和民族事业，并积极投身于改革开放和社会主义现代化建设。

三、研究创新之处

第一，选题具有实践性、应用性和前沿性。当前国内学者在大学生爱国主义教育方面已取得一些研究成果，但关于新时代这一特殊时代背景和以"00 后"大学生这一特殊群体为主的爱国主义教育研究还相对较少。当前世界正处于百年未有之大变局，中华民族正处于伟大复兴的战略全局，我国经济发展越来越快，世界形势也发生了明显的变化，人们的思想在改变、观念在更新、利益格局在重新分配，社会形态日趋复杂。因此，新时代大学生爱国主义教育这一选题具有很大的研究空间。另外，本书严格落实《新时代爱国主义教育实施纲要》的指示精神，并结合党的二十大精神和最新发布的《中华人民共和国爱国主义教育法》，对新时代大学生爱国主义教育的目标、内容、原则等因素进行了全面分析，既总结当前的研究成果，又探讨新时代高校爱国主义教育的途径，力求丰富和发展大学生爱国主义教育理论。

第二，整体研究坚持继承性与创新性相结合。当前中国特色社会主义进入新时代，社会主要矛盾有了新的转变，因此对大学生的爱国主义教育也要做出相应的调整。新时代的历史定位与使命要求在教育主题和教育内容等方面为高校爱国主义教育赋予了新的时代内涵。本书坚持以马克思主义经典作家和中国共产党人有关爱国主义教育的重要论述为理论基础，以党的二十大精神和《中华人民共和国爱国主义教育法》为指导，针对新时代大学生整体爱国情感有所增强、民族自信心有所提高，但部分大学生仍存在爱国情感薄弱、行为欠缺理性等问题，对新时代大学生爱国主义教育的新形势、新内容与新特点进行分析，力求推进爱国主义教育研究的深度发展。

第三，整体研究坚持理论与实践相结合。本书既对大学生爱国主义教育的全过程、全要素进行理论机理的总体剖析，从理论层面厘清了大学生爱国主义教育的内在机理；同时，又将 2019 年《新时代爱国主义教育实施纲要》与《中华人民共和国爱国主义教育法》相结合，并以新时代新形势新使命新问题为现实基点，提出切实可行的实践路径，让爱国主义教育在每一位中国大学生的心里生根发芽。

第二节　研究综述

爱国主义是中华民族的民族精神，是中国特色社会主义的价值核心。高校大学生的爱国主义教育这一问题是专家学者们关注的重点之一。目前学术界对该问题已经积累了一定的研究成果。

关于新时代大学生爱国主义教育的研究主要围绕大学生爱国主义教育的内涵、特征，爱国主义教育的基础理论和研究爱国主义教育的切入视角，新时代爱国主义教育面临的挑战和对策等方面展开。

一、新时代大学生爱国主义教育的概念、特征和意义研究

（一）对爱国主义的内涵和特征的研究

研究者们主要从三个方面界定爱国主义。一是从内在情感维度界定爱国主义。吴海江、包炜杰认为："爱国主义是人们对国家热爱和忠诚的情感、思想和行为的理论概括。"[①] 韦国善也认为，爱国主义是各族人民在社会历史进程中形成、发展、巩固起来的一种对祖国极其忠诚和热爱的浓厚情感，是各族人民共同维护祖国统一的情感纽带和精神长城[②]。二是从个人和国家关系角度界定爱国主义。李琼将爱国主义界定为个人或集体对自身所属国家的一种积极认同和支持的态度，反映了个人对国家的依赖关系[③]。孙华峰认为，爱国主义是个体和集体对于国家和人民最深沉、最真挚的情怀，揭示了人与国家之间相互依存的关系。爱国主义情感是否强烈，关乎一个国家和一个民族的兴衰[④]。王树荫从爱国主义作用的角度界定爱国主义的内涵，认为爱国主义是调节个人与祖国之间关系的道德要求、政治原则和法律规范，它与社会制度、国家性质紧密相连，也因政党

---

① 吴海江，包炜杰. 全球化时代大学生爱国主义教育的话语创新［J］. 思想理论教育，2017（2）：53-57.

② 韦国善. 加强少数民族大学生思想政治教育的着力点［J］. 思想理论教育导刊，2010（8）：102-105.

③ 李琼. 新形势下大学生爱国主义教育的有效路径［J］. 思想理论教育导刊，2017（4）：143-147.

④ 孙华峰. 新时代大学生爱国主义教育的价值意蕴、现实挑战及创新路径探析［J］. 思想教育研究，2022（8）：147-152.

和利益集团的性质不同而具有不同的属性和要求①。三是从特点属性角度界定爱国主义。阿依古丽·阿布都热西提、项久雨、牛军政从四个方面概括了新时代爱国主义教育的基本内涵。即新时代爱国主义以时代发展为基点，体现传统性与现代性相统一；以时代特色为表征，体现政治性与社会性相统一；以历史文化为外延，体现民族性与世界性相统一；以人民民主为立场，体现民主性与命运性相统一②。冯刚、高会燕认为，新时代爱国主义的时代内涵体现为三个方面：爱国主义精神是社会主义核心价值观中最深层、最根本、最永恒的内容；实现中华民族伟大复兴的中国梦是新时代爱国主义的主题；在治理体系和治理能力现代化中要突出爱国主义导向③。不难看出，爱国主义的民族性和阶级性是一个较为复杂、争议颇多的问题。它既是一个理论问题，又是我国历史现实中的一个重要问题。学术界对此的主要分歧在于如何把握爱国主义的民族性与特殊性、道德的继承性与变革性。

（二）对大学生爱国主义教育的概念、基本特征和时代价值的研究

首先，关于大学生爱国主义教育的内涵，党彦虹指出，爱国主义教育是社会主流意识形态教育，本质上体现为国家认同、民族认同、政治认同，其不仅是基于语言、文化、习俗的历史文化认同，还包括意识形态、执政党的政治认同④。魏勃、李治勇认为，特定的时代背景和时代主题，赋予了新时代大学生爱国主义新的内涵——爱国主义之"国"彰显中华民族伟大复兴新姿态，爱国主义之"爱"蕴含拼搏奋斗的新元素，爱国主义之"主义"丰富创新理论新内容⑤。其次，关于大学生爱国主义教育的基本特征。张晓婧、刘建军认为，新时代大学生爱国主义教育具有叙事的特性，但又不同于其他教育叙事，其具有一定的特殊性，主要体现在叙事立场的

---

① 王树荫. 坚持爱国主义的社会主义性质和方向：中国共产党百年爱国主义的主题主线 [J]. 马克思主义研究，2022（8）：25-36，159.

② 阿依古丽·阿布都热西提，项久雨，牛军政. 新时代爱国主义教育的基本内涵、时代价值和践行路径 [J]. 学校党建与思想教育，2022（16）：22-24.

③ 冯刚，高会燕. 新时代爱国主义的时代蕴含 [J]. 西北工业大学学报（社会科学版），2020（1）：16-23.

④ 党彦虹. 自媒体时代加强大学生爱国主义教育刍议 [J]. 学校党建与思想教育，2016（18）：56-57.

⑤ 魏勃，李治勇. 凝心铸魂推进新时代大学生爱国主义教育 [J]. 学校党建与思想教育，2020（6）：45-47.

政治性、叙事根基的民族性、叙事内容的系统性和叙事话语的时代性等方面①。蒋松、冯程认为，新时代大学生爱国主义教育具有时代性，因此要用全球化的视野看待爱国主义教育，借鉴世界优秀文化的有利元素，吸收爱国主义教育的时代元素②。吴海江、包炜杰探讨了在全球化时代背景下爱国主义教育具有的显著特点：艰巨性增强，实效性减弱；开放性增强，封闭性减弱；理性化增强，盲目性减弱。在把握全球化背景下爱国主义教育新特点的基础上，基于传统爱国主义教育行为本身思考爱国主义教育的实效性，将为有效开展爱国主义教育奠定基础③。崔聪指出，在信息化和数字化深入发展的时代背景下，当代大学生正在使用图像化、娱乐化和"二次元"形象化的话语表达深厚的爱国情感。作为一种网络文化表征，当代大学生创新爱国情感表达话语的实践具有多重价值，既展现了大学生乐观自信的爱国心态和深沉执着的爱国情怀，也凸显出多元化网络爱国倾向。其网络爱国话语的存在样态主要有三种：当代大学生网络爱国话语的图像化存在、当代大学生网络爱国话语的娱乐化存在、当代大学生网络爱国话语的"二次元"形象化存在④。王泽应从价值追求层面概括了爱国主义的特征：以马克思主义和中国化马克思主义为指导和灵魂的爱国主义；以建设社会主义和中国特色社会主义为核心内容的爱国主义⑤。最后，关于爱国主义教育的时代价值，阿依古丽·阿布都热西提、项久雨、牛军政指出，新时代爱国主义教育的时代价值有四个方面：一是加强新时代爱国主义教育是实现伟大梦想、推进伟大事业的必然要求；二是加强新时代爱国主义教育是抵御风险、克服困难、战胜挑战的必然要求；三是加强新时代爱国主义教育是维护国家统一、民族团结的必然要求；四是加强新时代

---

① 张晓婧，刘建军. 新时代大学生爱国主义教育叙事的特性、主体与策略 [J]. 河海大学学报（哲学社会科学版），2022，24（2）：30-36，110.

② 蒋松，冯程. 经济全球化背景下大学生爱国主义教育的有效途径探索 [J]. 学校党建与思想教育，2015（14）：19-20.

③ 吴海江，包炜杰. 全球化时代大学生爱国主义教育的话语创新 [J]. 思想理论教育，2017（2）：53-57.

④ 崔聪. 当代大学生网络爱国话语的存在样态、多重价值与引导策略 [J]. 思想政治教育研究，2023，39（2）：164-168.

⑤ 王泽应. 中国共产党人爱国主义的义理建构和价值追求 [J]. 北京大学学报（哲学社会科学版），2020，57（6）：5-15.

爱国主义教育是坚持利益、维护人类命运的必然要求①。曲建武、张晓静认为，在新时代背景下，弘扬爱国主义是大学文化的传统，对大学生进行爱国主义教育，能够为党和国家培养一批批堪当大任的时代新人②。

二、新时代大学生爱国主义教育切入视角研究

（一）以全球化背景为视角研究大学生爱国主义教育

崔莉分析了文化全球化背景下少数民族大学生爱国主义教育中存在的问题及挑战，并从思想、内容、渠道、环境等方面提出在文化全球化背景下加强少数民族大学生爱国主义教育的策略和建议③。蒋松、冯程指出，伴随经济全球化而来的思想文化冲击给高校爱国主义教育带来了挑战，因此，必须以全球化的视角去审视当前大学生爱国主义教育，从时代性、有效性、时效性和渗透性等角度去思考如何加强大学生爱国主义教育④。王子嫣运用马克思主义理论的观点，分析了经济全球化对当代大学生爱国主义教育的影响，以及经济全球化视域下加强大学生爱国主义教育的对策⑤。任志辉辩证分析了经济全球化为爱国主义教育带来的机遇与挑战，并对当前大学生爱国主义教育现状进行分析，提出了在经济全球化背景下加强大学生爱国主义教育的对策⑥。王瑞峰研究了经济全球化背景下加强大学生爱国主义教育的重要意义，分析了经济全球化背景下大学生爱国主义教育面临的挑战及其原因，最后就经济全球化背景下加强大学生爱国主义教育发展提出了新思路⑦。

（二）以网络信息化背景为视角研究大学生爱国主义教育

陈红、杨小扬基于互联网技术飞速发展的现状，认为高校应积极拓展互联网时代爱国主义的内涵，创新爱国主义教育的方法和途径，着力于爱

---

① 阿依古丽·阿布都热西提，项久雨，牛军政. 新时代爱国主义教育的基本内涵、时代价值和践行路径 [J]. 学校党建与思想教育，2022（16）：22-24.

② 曲建武，张晓静. 新时代大学生爱国主义教育的三个维度 [J]. 思想教育研究，2021（10）：123-128.

③ 崔莉. 文化全球化背景下少数民族大学生爱国主义教育问题研究 [J]. 贵阳：贵州民族研究，2016，37（12）：242-245.

④ 蒋松，冯程. 经济全球化背景下大学生爱国主义教育的有效途径探索 [J]. 学校党建与思想教育，2015（14）：19-20.

⑤ 王子嫣. 经济全球化视域下当代大学生爱国主义教育研究 [D]. 长春：长春理工大学，2014.

⑥ 任志辉. 经济全球化与大学生爱国主义教育 [D]. 太原：中北大学，2014.

⑦ 王瑞峰. 经济全球化背景下大学生爱国主义教育探析 [D]. 石家庄：河北师范大学，2014.

国主义教育"线上"与"线下"的有效贯通，开发网络社会中的爱国主义隐性课程资源，对大学生进行价值引领和道德培育，牢牢守住爱国主义的网络教育和宣传阵地①。周陶霖、刘博指出，在信息网络背景下，当前青年爱国主义教育面临着话语表达多元杂糅并存、叙事框架多样互嵌共在、群体特质多向迭代更移的现实梗阻。因此，要以传播渠道升级与话语布局优化为支点，增益主流表达传播力和以统筹强制性硬法与引导性软法为基点，增强网络治理保障力等②。兰美荣认为，高校大学生是爱国主义教育的重点对象，是网络数据的制造者和传播者，因此，从爱国主义教育层面加强大学生国家数据主权安全观教育，成为新时代维护国家根本利益的必然要求③。崔海英分析了大学生网络爱国主义教育呈现的新特点：技术与价值互构的教育传播模式；理性与感性并存的教育话语表达；多元与自我交织的教育对象群体④。李丽通过研究指出，新时代爱国主义教育与新媒体融合发展是大势所趋，从目前的情况看，新时代爱国主义教育与新媒体的融合发展尚处于简单结合阶段，融合发展的整体优势还没有充分发挥。因此，应从宏观层面、整体视野、全局高度出发做好顶层设计，增强爱国主义教育主客体关系的融合性，形成育人合力⑤。

（三）从其他视角研究大学生爱国主义教育

一是以实现中国梦为研究视角。罗昌龙研究了在中国梦全新视域背景下，大学生爱国主义教育的二重境遇及其成因，提出了大学生爱国主义教育建设的对策建议⑥。李嫄对中国梦视域下大学生爱国主义教育现状进行了分析，概括总结了中国梦视域下大学生爱国主义教育的内容，提出要加强大学生爱国主义教育的联动机制构建⑦。王丽媛也从中国梦视域出发，

① 陈红，杨小扬. 新时代高校网络爱国主义教育隐性课程研究 [J]. 中国高等教育，2022（Z2）：43-45.

② 周陶霖，刘博. 网络空间青年爱国主义教育的现实梗阻与增效路径 [J]. 当代青年研究，2022（2）：102-110.

③ 兰美荣. 数据主权安全观教育：新时代大学生爱国主义教育的重要议题 [J]. 思想教育研究，2020（7）：126-130.

④ 崔海英. 算法推荐视域下提升当代大学生网络爱国主义教育实效探析 [J]. 思想理论教育，2020（12）：85-90.

⑤ 李丽. 论新时代爱国主义教育与新媒体的融合发展 [J]. 思想政治教育研究，2021，37（6）：146-149.

⑥ 罗昌龙. 中国梦视域下大学生爱国主义教育研究 [D]. 重庆：西南大学，2016.

⑦ 李嫄. 中国梦视域下大学生爱国主义教育研究 [D]. 重庆：重庆交通大学，2017.

研究了大学生爱国主义教育的内涵与理论依据、大学生爱国主义教育的主要任务及其特点、大学生爱国主义教育现状，并对大学生爱国主义教育的措施提出了相关建议①。

二是以科技自立自强为研究视角。鲁宁宁、袁媛以科技自立自强为研究视角，从认知、环境、行动三个维度分析爱国主义教育面临的主要困境，提出从"知情意行"四维递进的教育思路，探索"3+N"教育模式，从而帮助大学生增强科技国情认知、激发专业共情和爱国热情、坚定报国意志、践行爱国行为②。吕雪艳基于党的二十大报告中关于教育、科技、人才等方面的重要精神，认为要在科技强国视域下加强理工科大学生爱国主义教育研究，将专业学习与科研创新融入科技强国战略，这也是实现科技强国战略的重要保障③。

三是以国家安全观为研究视角。郭霞从国家安全观视域出发，分析了大学生爱国主义教育现状，大学生爱国主义教育存在问题的原因和加强大学生爱国主义教育的对策④。高悦、吴学兵强调了新时代要发挥爱国主义教育对于培育大学生安全观的引领作用，对此应当完善网内网外育人的平台联动机制，以及引导大学生进行自我教育，实现内生外化的效果，从而达到教育效果⑤。

四是以法治为研究视角。宋竺珊分析了在法治视野下大学生爱国主义教育存在的问题，主要有：爱国主义学校教育内容滞后；爱国主义自我教育乏力；爱国主义社会教育失真。为此，要丰富法治爱国的教育内容，在家庭层面强化法治爱国的理性教育，在个人层面强化法治爱国观念，在社会层面宣扬法治爱国⑥。罗奥、刘寿堂认为，在法治的框架内开展爱国主义教育是依法治国背景下思想政治教育的新要求，新时代德育工作者应以法治视野审视爱国主义教育的法治内容，积极探索爱国主义教育法治化的

① 王丽媛."中国梦"视域下大学生爱国主义教育研究 [D]. 西安：西安理工大学，2018.

② 鲁宁宁，袁媛. 科技自立自强视角下大学生爱国主义教育的困境与路径 [J]. 学校党建与思想教育，2022（11）：62-64.

③ 吕雪艳. 科技强国视域下理工科大学生爱国主义教育路径研究 [J]. 中国轻工教育，2023，26（03）：1-6.

④ 郭霞. 国家安全观视域下大学生爱国主义教育研究 [D]. 太原：太原理工大学，2022.

⑤ 高悦，吴学兵. 总体国家安全观视域下新时代大学生爱国主义教育论析 [J]. 牡丹江教育学院学报，2021（12）：56-59.

⑥ 宋竺珊. 法治视野下大学生爱国主义教育研究 [D]. 长沙：湖南农业大学，2017.

科学路径与方法①。

五是以文化建设为研究视角。赵凯凯立足于我国正处于"两个大局"时空交汇期，指出思想文化领域面临严峻挑战，加强新时代爱国主义培育具有深刻的理论价值和实践价值②。赵雅静研究了文化强国战略下大学生爱国主义思想情况和爱国主义教育的基本情况，认为要通过创新大学生爱国主义教育的内容、形式和载体，加强大学生爱国主义教育③。刘颖认为，科学合理地将微文化融入大学生爱国主义教育，能够增强其有效性，完善其系统性，对于促进爱国主义教育自身的不断完善具有重要意义和价值④。李隆川对多元文化视域下当代大学生爱国主义教育展开了实证研究，并从大学生主体认知、多元文化与爱国主义教育的性质、爱国主义教育的内容建设以及场域打造四个层面进行了对策探讨⑤。

三、新时代大学生爱国主义教育理论基础研究

(一) 关于马克思主义经典作家爱国主义思想的研究

学界关于马克思主义经典作家的爱国主义思想的相关研究主要包括以下两方面。

一是研究马克思和恩格斯爱国主义思想的主要内容。祝黄河、张云英从经典文本出发，指出马克思和恩格斯在《共产党宣言》中虽然并未专门探讨爱国主义，但却在文本中勾勒出了爱国主义的总体轮廓，其爱国主义观的内涵需要根据时间和空间的不同予以多维度解读。这具体表现为：在价值维度上，站在无产阶级立场上，宣布"工人没有祖国"；在时间维度上，批判现实资本主义国家的爱国主义意识形态，肯定过渡时期无产阶级的国家政权需要维护；在空间维度上，反对民族压迫，支持被压迫民族的解放运动；在超越维度上，号召无产者超越爱国主义强调的民族国家界限，实现世界范围的广泛联合⑥。朱国栋、安维复也是从马克思主义经典

① 罗奥，刘寿堂. 试论法治视阈下的大学生爱国主义教育 [J]. 长江师范学院学报，2017，33（4）：132-135.

② 赵凯凯. 新时代爱国主义的文化传统和培育路径研究 [D]. 西安：西北大学，2023.

③ 赵雅静. 文化强国战略背景下的大学生爱国主义教育研究 [D]. 太原：中北大学，2019.

④ 刘颖. 微文化视域下大学生爱国主义教育有效性研究 [D]. 长春：东北师范大学，2019.

⑤ 李隆川. 多元文化视域下当代大学生爱国主义教育研究 [D]. 广州：暨南大学，2022.

⑥ 祝黄河，张云英. 爱国主义在《共产党宣言》中的四重维度 [J]. 江西财经大学学报，2023（5）：115-124.

文本出发，分析了《共产党宣言》的序言和正文主要内容，指出马克思和恩格斯的爱国主义观是马克思主义理论的重要内容，可以从国家、政党和道路三个方面得到体现，即在国家层面体现为无产阶级要建立和建设自己的国家，在政党层面体现为无产阶级国家的建立和建设是在其先锋队——共产党的领导下实现的，在道路层面体现为共产主义是无产阶级实现全人类解放从而实现自身解放的指导思想和道路①。李瑞奇基于马克思和恩格斯讨论爱国主义的经典文本，认为马克思和恩格斯关于爱国主义的核心论断集中体现了马克思主义的基本立场、观点与方法②。方秀丽、倪培强阐明无产阶级爱国主义思想包括为广大人民群众谋福祉、建立和建设无产阶级政权、坚持无产阶级国际主义原则、实现全人类的彻底解放等内容，这些思想为世界无产阶级爱国主义运动的发展提供了科学指导③。姚婷婷、戴钢书认为，随着经济全球化趋势的深入，国与国之间的综合国力竞争日趋激烈，将马克思主义祖国观融入大学生爱国主义教育是新时代深化爱国主义教育的迫切要求，要让大学生怀"爱国之心"、树"兴国之志"、行"效国之举"，使其爱国主义认知顺利转换为行为④。狄瑞波通过研究指出，探究马克思和恩格斯经典著作中关于"人与环境关系论"与爱国主义教育有机结合，对于聚焦实现中华民族伟大复兴的中国梦为鲜明的时代主题，提升新时代爱国主义教育成效具有深刻意义⑤。

二是关于列宁爱国主义教育思想的研究。刘丽霏研究了列宁爱国主义观点的主要内容、生成逻辑和当代启示，明确弘扬爱国主义精神、厚植爱国主义情怀，必须强化在中国共产党带领下，与全面建设社会主义现代化国家的思想统一，必须强化坚决维护国家统一和民族团结的强烈情感认同，必须强化努力构建人类命运共同体的国际视野和博大胸怀⑥。汤洲分

---

① 朱国栋，安维复.马克思恩格斯的爱国主义观及其当代价值：以《共产党宣言》及其序言为主要分析文本 [J].北京社会科学，2022 (10)：14-23.

② 李瑞奇.马克思恩格斯关于爱国主义的核心论断及当代启示 [J].思想政治教育研究，2022，38 (3)：45-50.

③ 方秀丽，倪培强.马克思恩格斯爱国主义思想及其现实启示 [J].学校党建与思想教育，2022 (18)：9-13.

④ 姚婷婷，戴钢书.将马克思主义祖国观融入大学生爱国主义教育 [J].高校理论战线，2012 (6)：73-75.

⑤ 狄瑞波.新时代爱国主义教育论析：基于马克思"人与环境关系论"视角 [J].教育学术月刊，2021 (6)：19-24.

⑥ 刘丽霏.列宁的爱国主义观点及其启示 [J].人民论坛，2021 (32)：67-69.

析了列宁爱国主义思想产生的实践逻辑，认为可以从列宁对小资产阶级爱国主义的批判过程中把握他对真正爱国主义，即对无产阶级爱国主义的理解，其爱国主义思想内涵就是坚定地将无产阶级利益、世界社会主义利益摆在首位，坚持布尔什维克党领导①。张慧敏、曲建武指出，列宁爱国主义思想是列宁根据帝国主义时代的革命条件与工人运动现实发展的需要，通过对三种爱国观的批判，形成的独具历史特色的无产阶级爱国主义思想。其内容包括：真正的爱国主义是爱社会主义祖国；真正的爱国主义是坚持布尔什维克党的领导；真正的爱国主义是支援世界社会主义革命运动②。

（二）中国共产党人关于爱国主义教育的重要论述研究

中国共产党人是坚定的马克思主义者，不仅自觉传承马克思、恩格斯经典作家的爱国主义思想，还立足中国实际、结合中国实践，不断丰富发展爱国主义思想。学界也概括和总结出毛泽东、邓小平、江泽民、胡锦涛、习近平等历届中国共产党重要领导人的爱国主义思想的主要内容。

一是关于毛泽东爱国主义教育重要论述的研究。一些学者探讨了毛泽东的爱国主义重要论述，蒋红、李驰宇研究了毛泽东爱国主义重要论述生成的历史逻辑，认为毛泽东是中国近代以来最伟大的爱国主义者之一，在长期的革命与建设实践中，他自觉传承并极大地升华了中华民族的爱国主义认识，形成了内涵丰富的爱国主义论述，并从历史、实践和价值三个维度分析了毛泽东关于爱国主义重要论述的主要内容。从历史维度来看，爱国主义贯穿于毛泽东关于民族精神论述的始终；从价值维度来看，人民是创造历史的动力；从实践维度来看，坚持实事求是、一切从实际出发③。刘伟基于毛泽东对中华人民共和国的构想，指出毛泽东对中华人民共和国的构想是毛泽东领导中国共产党在实践中做出的重大选择，是对马克思主义的创新性运用和发展，符合中国国情和最广大人民群众的切身利益④。

① 汤洲. 列宁爱国主义思想及当代启示：纪念列宁诞辰150周年［J］. 中共伊犁州委党校学报，2020（3）：5-9.

② 张慧敏，曲建武. 列宁爱国主义思想及当代启示［J］. 思想政治教育研究，2019，35（4）：59-64.

③ 蒋红，李驰宇. 历史、价值、实践：重温毛泽东爱国主义论述的三重维度［J］. 湖南科技大学学报（社会科学版），2020，23（6）：1-10.

④ 刘伟. 毛泽东关于中华人民共和国的构想［J］. 湖南科技大学学报（社会科学版），2020，23（4）：22-30.

二是关于邓小平爱国主义教育重要论述的研究。邓小平既是坚定的共产主义者，又是伟大的爱国主义者。一些学者对邓小平的爱国主义论述进行了研究。陈豪对邓小平的爱国主义观进行了研究，将其内容概括为：爱国就要克服自卑心理，增强民族自尊心和自信心；爱国就要勇于承认自己的不足；爱国就要坚决维护国家的独立、主权和统一；爱国主义的核心是爱社会主义祖国；爱国主义教育要落脚在建设社会主义中国上。这些重要论述对当前我们巩固和践行爱国主义思想具有切实的启发意义①。王永浩将邓小平爱国主义思想的内容概括总结为：只有社会主义才能救中国，只有中国特色社会主义才能发展中国；实现人民的富裕幸福；维护国家的主权和利益。研究邓小平爱国主义教育思想与中国特色社会主义的统一性，对于坚定不移地高举爱国主义的伟大旗帜，动员和鼓舞全国各族人民为振兴中华而团结奋斗，都具有重要而深远的意义②。张宝林则是对比分析了毛泽东、邓小平和江泽民爱国主义教育思想的特点，指出邓小平的爱国主义教育思想更注重坚持爱国主义、社会主义和国际主义相统一，社会主义和中国是不可分割的，在社会主义条件下，热爱祖国，就必须热爱社会主义，不热爱社会主义的祖国，就不能叫爱国主义。另外，爱国主义以国际主义为指向，国际主义以爱国主义为前提。不讲国际主义的爱国主义是狭隘的，不讲爱国主义的国际主义是不切合实际的。邓小平的爱国主义思想与毛泽东的爱国主义思想和江泽民的爱国主义思想都有密切联系，但又体现出鲜明的时代特征③。

三是关于江泽民爱国主义教育重要论述的研究。江泽民对新时期加强和改进学校爱国主义教育作出了许多重要论述。李正兴认为，江泽民创造性地继承、丰富和发展了毛泽东、邓小平的爱国主义教育理论，其主要内容是：加强爱国主义教育在任何时候都不能放松和削弱；以马克思主义为指导，以培养"四有"新人为目标，不断丰富爱国主义教育的内容；学校爱国主义教育要与集体主义、社会主义教育以及弘扬和培育民族精神结合

① 陈豪. 邓小平的爱国主义观 [J]. 思想政治课教学, 2016 (11)：8-11.

② 王永浩. 论邓小平爱国主义思想与中国特色社会主义的统一性 [J]. 求实, 2013 (5)：12-15.

③ 张宝林. 论毛泽东、邓小平、江泽民爱国主义教育思想的特点 [J]. 教育探索, 2006 (8)：1-3.

起来；学校爱国主义教育需要全党、全社会共同行动，齐抓共管，形成合力①。周孟雷认为，江泽民提出要弘扬民族精神，弘扬爱国主义，发扬艰苦奋斗、自强不息的精神。其中爱国主义是中华民族精神的核心，是各族人民共同的精神支柱，在维护祖国统一和民族团结、抵御外来侵略和推动社会进步中，发挥了重大作用②。唐春波指出，江泽民反复强调爱国主义教育的重要性，并赋予其新的时代内涵，其表现在以下几方面：强调要开展国情教育；要坚持爱国主义、集体主义、社会主义教育三位一体；明确爱国主义既不是狭隘的民族主义，又不是民族虚无主义；深刻总结爱国主义、集体主义、社会主义精神的时代典型③。

四是关于胡锦涛爱国主义教育重要论述的研究。赵存生、宇文利总结了胡锦涛爱国主义思想的主要内容，指出"以热爱祖国为荣、以危害祖国为耻"，这是对中华民族爱国主义传统美德与民族精神的精确概括，社会主义荣辱观所强调的爱国主义既与维护祖国的尊严、荣誉和利益结合在一起，也与建设社会主义国家的实践联系在一起④。符惠明、罗志勇认为，社会主义荣辱观突出了"爱国主义"这一中华民族精神的核心要义。社会主义荣辱观高扬爱国主义的传统，无疑是对中华民族优良美德的延续和对接⑤。程天权通过研究胡锦涛的重要讲话，概括了胡锦涛关于爱国主义论述的重要内容：就是要坚持爱国主义与社会主义的高度统一，时刻心系民族命运、国家发展和人民福祉；就是要不断深化对我国历史和国情的认识、对改革开放伟大进程的认识，进一步增强民族自尊心、自信心和自豪感，坚定跟党走中国特色社会主义道路、实现中华民族伟大复兴的信念；就是要切实强化社会责任感和历史使命感，教育大学生把个人的成长进步融入推动国家发展、民族振兴的时代洪流，矢志为实现远大理想而不懈奋斗⑥。

---

① 李正兴. 试析江泽民关于学校爱国主义教育的论述 [J]. 学校党建与思想教育，2007（3）：47-48.

② 周孟雷. 江泽民弘扬民族精神思想研究 [J]. 理论月刊，2008（9）：30-32.

③ 唐春波. 论江泽民的青少年教育观 [J]. 教育探索，2008（2）：5-7.

④ 赵存生，宇文利. 树立和坚持社会主义荣辱观：学习胡锦涛总书记关于社会主义荣辱观的重要论述 [J]. 求是，2006（7）：21-23.

⑤ 符惠明，罗志勇. 社会主义荣辱观与民族精神的培育 [J]. 毛泽东邓小平理论研究，2006（4）：53-56，88.

⑥ 程天权. 我国高等教育又好又快发展的理论指导和行动指南：学习胡锦涛总书记5月3日在北京大学重要讲话精神的体会 [J]. 学校党建与思想教育（上半月），2008（7）：7-8.

五是关于习近平总书记关于弘扬爱国主义精神重要论述的研究。目前，相关文献主要体现在对习近平总书记关于弘扬爱国主义精神重要论述的形成逻辑研究、主要内容研究和主要特征研究三个方面。首先是对形成逻辑的研究。倪培强、方秀丽对习近平总书记关于弘扬爱国主义精神重要论述的形成逻辑进行了三维解读，认为它传承与弘扬了中华优秀传统文化与红色文化之精髓，继承和发展了马克思主义及其中国化理论成果，在应对国内外局势的爱国主义实践中，呈现出"文化、理论、实践"三位一体生成体系①。谷松岭、尹欢研究习近平总书记关于弘扬爱国主义精神重要论述，认为习近平总书记关于爱国主义的重要论述既是对中华民族传统爱国主义精神的继承和弘扬，又是立足新时代、基于马克思主义国家观，以世界胸怀和全球视野作出的爱国主义理性思考，是新时代爱国主义的理论和实践指南，体现了大国担当，为推动人类文明发展进步贡献了中国智慧和中国方案②。赵建波对习近平总书记关于弘扬爱国主义精神重要论述的形成逻辑进行总结阐释，认为中国共产党的爱国主义理论、中华民族的爱国主义优良传统、新时代爱国主义现实难题的聚焦回应，分别是习近平总书记关于弘扬爱国主义精神重要论述形成的思想渊源、历史渊源和现实起点③。其次是对主要内容的研究。陶倩、李云认为，习近平总书记关于弘扬爱国主义精神重要论述可以从习近平总书记关于爱国主义的"三问"中去把握，在回答"你是中国人吗""你爱中国吗""你愿意中国好吗"的过程中，科学把握爱国主义"三问"的深刻内涵④。王先亮认为，习近平总书记关于新时代爱国主义教育的重要论述理论意涵丰富，新时代爱国主义教育必须做到"五个坚持"，必须重视培养学生的爱国主义情怀，必须凝聚起中华民族伟大复兴的人民伟力⑤。左殿升、刘玉笛、井水概括总结了习近平总书记关于新时代爱国主义重要论述的丰富内涵，其中新时代爱

---

① 倪培强，方秀丽.习近平关于爱国主义重要论述三维生成释读［J］.学校党建与思想教育，2021（21）：71-73.

② 谷松岭，尹欢.习近平总书记关于爱国主义重要论述的国际意蕴［J］.学校党建与思想教育，2021（24）：24-26.

③ 赵建波.习近平关于新时代爱国主义重要论述研究［J］.北方民族大学学报（哲学社会科学版），2019（5）：5-12.

④ 陶倩，李云.答好爱国主义"三问"的三维探析：读习近平总书记《培养德智体美劳全面发展的社会主义建设者和接班人》［J］.社会主义核心价值观研究，2023，9（3）：20-30.

⑤ 王先亮.习近平关于新时代爱国主义教育重要论述研究［J］.井冈山大学学报（社会科学版），2022，43（1）：13-20.

国主义的本质是"坚持爱国和爱党、爱社会主义高度统一";新时代爱国主义的主题是"实现中华民族伟大复兴的中国梦";新时代爱国主义的落脚点是坚决"维护祖国统一和民族团结";新时代爱国主义的基本导向是坚持"立足民族又面向世界"①。阮博、马升翼指出，习近平总书记关于弘扬爱国主义精神重要论述，主要聚焦于"新时代为何要弘扬爱国主义精神，要弘扬何种爱国主义精神，重点对谁弘扬爱国主义精神，如何弘扬爱国主义精神"等问题域，并形成了一个完整自洽的逻辑架构②。王先亮通过研究习近平总书记在新时代关于爱国主义教育的重要论述，认为习近平总书记关于爱国主义的重要论述具有立足时代发展、突出战略定位、坚守教育立场、坚定文化自信、贯穿问题导向等鲜明特征③。左殿升、刘玉笛、井水指出，习近平总书记从国家、社会、民族、政党、个人等多个层面对爱国主义进行了崭新的价值定位，具有理论创新性④。谷松岭、尹欢认为，习近平总书记关于爱国主义的重要论述彰显了中国共产党人宽广的世界胸怀和先进的全球视野，使爱国主义与国际主义获得了有机统一，展示出中国作为大国的责任与担当⑤。阮博、马升翼认为，习近平总书记关于弘扬爱国主义精神重要论述呈现出四个辩证统一，即突出的问题指向与清晰的目标导向之辩证统一、深邃的历史视界与自觉的时代意识之辩证统一、浓厚的民族情怀与宽广的全球视野之辩证统一、高远的战略谋划与务实的战术智慧之辩证统一⑥。

四、新时代爱国主义教育的教育主体和教育对象研究

要开展深入、持久、生动的爱国主义教育，增强大学生爱国主义教育

---

① 左殿升，刘玉笛，井水. 习近平新时代爱国主义观论析 [J]. 学校党建与思想教育，2022（7）：59-62.

② 阮博，马升翼. 习近平关于弘扬爱国主义精神的重要论述探要 [J]. 广西社会科学，2021（7）：52-58.

③ 王先亮. 习近平关于新时代爱国主义教育重要论述研究 [J]. 井冈山大学学报（社会科学版），2022，43（1）：13-20.

④ 左殿升，刘玉笛，井水. 习近平新时代爱国主义观论析 [J]. 学校党建与思想教育，2022（7）：59-62.

⑤ 谷松岭，尹欢. 习近平总书记关于爱国主义重要论述的国际意蕴 [J]. 学校党建与思想教育，2021（24）：24-26.

⑥ 阮博，马升翼. 习近平关于弘扬爱国主义精神的重要论述探要 [J]. 广西社会科学，2021（7）：52-58.

的实效，就离不开对教育主体和教育对象的研究和分析。学术界围绕教师主体和大学生群体进行了深入研究，其研究情况主要如下。

（一）关于新时代大学生爱国主义教育中教师主体的研究

关于新时代大学生爱国主义教育中教师主体的研究主要有两个方面。一是关于教师在大学生爱国主义教育中的地位和作用。曲建武、陈曦认为，教师是开展大学生爱国主义教育的重要力量，理应充分认识自身在大学生爱国主义教育中的地位和作用，充分体现自身在大学生爱国主义教育中所应有的人格魅力，充分挖掘课程在大学生爱国主义教育中所具有的育人功能。为此，高校应进一步完善相关制度，保障教师发挥好在大学生爱国主义教育中的重要作用①。另外，除了广大教师自身的认识和自觉之外，高校还需要制定更为完善的制度，以保障广大教师把爱国主义教育寓于教学全过程②。袁坤、袁田田认为，实现爱国主义教育理论性与实践性相统一，重点在提升思政课教师的综合素养，主要包括马克思主义理论素养和社会实践素养③。二是关于教师在大学生爱国主义教育中的方法的选择。徐曼认为，课堂教学是教师完成教学任务的主阵地，课堂教学效果，直接关系到教育教学实效，因此，教师必须采取合适的教育方法开展教学，主要包括：通过"问题式教学法"提高学生参与教学的愿望；运用"设计式教学法"鼓励学生参与教学活动；借助"案例式教学法"让学生在真实情境中得到启发。总之，教师要在课堂教学中综合运用多种教学方法，让教师和学生真正互动，从而强化教学效果④。

（二）关于新时代大学生爱国主义教育中大学生群体的研究

周陶霖、刘博探讨了新时代大学生所处的网络环境，认为在网络空间中进行的青年爱国主义教育，其呈现方式与所处的语境展现出鲜明的独特性。尤其是对青年群体而言，他们的特性也在多维度上经历着快速的变化

---

① 曲建武，陈曦. 发挥高校教师爱国主义教育作用的"四重维度" [J]. 中国大学教学，2021 (Z1)：112-116.

② 曲建武，陈曦. 发挥高校教师爱国主义教育作用的"四重维度" [J]. 中国大学教学，2021 (Z1)：112-116.

③ 袁坤，袁田田. 高校爱国主义教育理论性与实践性相统一论析 [J]. 学校党建与思想教育，2022 (11)：65-67.

④ 徐曼. 在"思想道德修养与法律基础"课中加强大学生爱国主义教育的几点思考 [J]. 思想理论教育导刊，2011 (12)：79-83.

与迭代，这一因素也是当前大学生爱国主义教育过程中的障碍①。崔聪也对大学生所处的信息化和数字化时代进行探讨，指出大学生在这样的时代背景下，其特点表现为使用图像化、娱乐化和"二次元"形象化的话语表达深厚的爱国情感。这种网络文化现象不仅体现了大学生积极向上、自信乐观的爱国心态以及深沉而坚定的爱国情怀，还彰显了多元化的网络爱国表达趋势。因此，我们应当充分尊重大学生的话语表达需求及其在网络空间中创造的爱国话语，加强正面引导，有效防范话语混乱的风险；同时，要积极吸纳其中的正面元素，推动高校爱国主义教育话语的融合与创新发展②。徐岩、唐登蓥分析了在新时代新征程下"00后"大学生的新特征，认为加强爱国主义教育需要全面审视话语传播面临的效度难题，特别是"00后"思维新特征催生传播语境演变、新型人—机关系重塑传播模式、舆论权力变迁影响传播逻辑等多方面的挑战③。朱丹认为，在新时代背景下，作为网络"原住民"的大学生，其在爱国主义教育中的受体角色，不仅展现出大学生普遍共有的特性，还独具鲜明的时代烙印④。赵轩认为，学生群体的心智随着其年龄增长日趋成熟。但是当前的一些实践育人活动尚未着眼于大学生群体的动态成长特点，没有起到深层次的教育引导作用，难以满足大学生的成长需要和保证大学生爱国主义教育的持续推进⑤。

关于大学生党员群体的爱国主义教育研究，钟鸣分析了对大学生党员进行爱国主义教育的基本特征。首先是科学性。在对当代大学生党员进行爱国主义教育的过程中要顺应时代发展趋势，根据时代发展前进的规律和特点来充分激发当代大学生党员的主观能动性，在社会主义的指导下推进大学生党员的爱国主义教育。其次是时代性。在全球化经济发展的形势下，经济关系可能随时发生变化，导致爱国主义教育内容和表现形式具有时代特征。最后是民族性。国家与民族之间具有千丝万缕的关系，我国作

① 周陶霖，刘博. 网络空间青年爱国主义教育的现实梗阻与增效路径 [J]. 当代青年研究，2022（2）：102-110.
② 崔聪. 当代大学生网络爱国话语的存在样态、多重价值与引导策略 [J]. 思想政治教育研究，2023，39（2）：164-168.
③ 徐岩，唐登蓥. "00后"大学生爱国主义教育话语传播的效度难题与优化策略 [J]. 学校党建与思想教育，2024（22）：42-45.
④ 朱丹. 新时代大学生爱国主义教育的系统性及其实践进路 [J]. 云南师范大学学报（哲学社会科学版），2024，56（5）：80-91.
⑤ 赵轩. 大学生爱国主义教育的四重路径 [J]. 东北师大学报（哲学社会科学版），2023（3）：158-164.

为多民族国家，在各族生活习惯、民风民俗不一样的基础上，体现了当今爱国主义教育的民族性①。关于涉外大学生群体的爱国主义教育研究，侯彦杰分析了涉外大学生爱国主义教育的必要性，认为对中外合作办学的大学生进行爱国主义教育，是保证中外合作办学大学生成为社会主义事业的合格建设者和可靠接班人的需要，是应对全球化中发达国家文化霸权主义的需要，是维护国家文化安全和抵制文化殖民的需要。他还分析了中外合作办学大学生爱国主义教育中存在的问题和应对措施，其问题表现在三个方面：爱国主义教育不同程度地与政治、经济、文化这些大环境存在脱节的现象；爱国主义教育忽视中外合作办学大学生的特殊性；爱国主义教育的形式主义问题突出，实效性差。对此的应对策略是：增强时代性，把爱国主义教育与国际公民教育结合起来；将爱国主义教育进行日常生活化变革；丰富爱国主义教育的隐性教育手段②。

五、新时代大学生爱国主义教育的教育资源研究

（一）运用红色文化资源对大学生进行爱国主义教育

韩玉璞认为，红色基因在青年大学生爱国主义教育中具有重要的价值意蕴，能够丰富青年大学生爱国主义教育内容，增强青年大学生爱国主义教育效果③。周泽宇、肖李认为，红色文化资源意蕴深厚、直观生动，在新时代大学生爱国主义教育中有着自身独特的价值④。蓝贤发认为，红色文化是中国特色社会主义先进文化的重要组成部分，与爱国主义具有价值共通性和情感互融性。新时代厚植大学生爱国主义情怀，要充分发挥红色文化的引领作用和教育功能，通过走进红色历史、领悟红色精神、践行红色使命，培养担当民族复兴大任的时代新人⑤。袁渊认为，红歌作为新时代大学生爱国主义教育的重要资源和有效载体，可以进一步发挥其在爱国主义教育中的情怀感召作用，要注重红歌传唱的仪式感，以红歌进一步推

---

① 钟鸣.新时代大学生党员爱国主义教育的有效路径［J］.山西财经大学学报，2022，44（S1）：102-104.

② 侯彦杰.浅议中外合作办学大学生的爱国主义教育［J］.思想政治教育研究，2014，30（2）：125-127.

③ 韩玉璞.红色基因融入青年大学生爱国主义教育的价值意蕴与路径探赜［J］.教育理论与实践，2023，43（12）：29-32.

④ 周泽宇，肖李.大学生爱国主义教育与红色文化资源融合理路［J］.中学政治教学参考，2023（11）：78-80.

⑤ 蓝贤发.用红色文化厚植大学生爱国主义情怀［J］.人民论坛，2021（Z1）：150-152.

进高校音乐教学的课程思政建设①。

（二）运用社会主义核心价值观对大学生进行爱国主义教育

汪庆华、周宁宁指出，新时代的爱国主义教育应当立足国情、以核心价值观为指导，确立全新的理性爱国主义教育理念。具体而言，就是在社会主义核心价值观的引导下，以国家和民族核心利益为着眼点，把个人的理想和事业融入社会主义现代化建设的伟大事业，将爱国情感转化为一种推动社会进步的力量②。张家玮认为，大学生的爱国主义教育要加强政治领导、思想引导，坚持用社会主义核心价值观引导学生，把核心价值观的要求变成日常的行为准则，进而形成自觉奉行的信念理念③。刘嘉圣认为，爱国主义是社会主义核心价值观个人层面的基础与基本要求，在大学生爱国主义教育的实际开展过程中，要将社会主义核心价值观融入教育教学的全过程，加强对社会主义核心价值观的培育，将社会主义核心价值观融入高校育人实践工作，在实践中强化大学生对社会主义核心价值观的认识和理解④。

（三）运用党史资源对大学生进行爱国主义教育

庄兴忠从新时代高校思政课教学要求出发，分析了将中华民族爱国主义传统全面融入思政课教学中的必要性，还提出了将中华民族爱国主义精神全面融入思政课教学的实践路径。具体来说，需要做到以下两个方面：一是全面融入中华优秀传统文化中的爱国主义精神；二是全面融入中国共产党百年历史中的爱国主义精神⑤。郭晶认为，党的百年历史蕴含着丰富的爱国主义教育资源，在党领导中国人民进行革命、建设和改革的不同历史时期，凝练出了宝贵的育人思想。以党史教育推进新时代大学生爱国主义教育，有助于培育大学生爱国主义精神，厚植大学生爱国主义情怀，激励其自觉将爱国主义精神付诸实践⑥。吴琼、谷圆圆也认为，党史是对大

①　袁渊. 红歌在大学生爱国主义教育中的作用［J］. 学校党建与思想教育，2020（22）：81-82.

②　汪庆华，周宁宁. 用核心价值观构建大学生理性爱国主义教育体系［J］. 思想教育研究，2008（8）：20-23.

③　张家玮. 把爱国主义教育作为永恒主题［J］. 红旗文稿，2020（22）：39-40.

④　刘嘉圣. 新时代爱国主义教育的实践路径［J］. 学校党建与思想教育，2020（3）：27-31.

⑤　庄兴忠. 新时代高校思想政治理论课教学中加强爱国主义教育路径探析［J］. 思想教育研究，2023（1）：109-114.

⑥　郭晶. 以党史教育推进新时代大学生爱国主义教育［J］. 学校党建与思想教育，2022（5）：53-56.

学生进行爱国主义教育的重要载体，应当以党史教育挖掘大学生爱国主义教育的理论深度，以党史教育增强大学生爱国主义教育的历史厚度，以党史教育增强大学生爱国主义教育的感染力度①。

（四）运用其他教育资源加强对大学生进行爱国主义教育

一是将抗疫精神作为加强大学生爱国主义教育的重要资源。杨峰认为，在全国抗疫战斗中涌现出的抗击疫情的英雄模范和先进事迹，是对大学生进行爱国主义教育的第一手生动教材。高校开展新时代爱国主义教育要充分利用这些英雄模范事迹，引导大学生学会思考，加深对社会主义制度客观、科学的深刻理解，进而形成自己正确的道德理念和价值观，从而更加热爱党和社会主义祖国②。刘慧、李红革也认为，党领导人民抗击新冠疫情的伟大实践是一部生动的、鲜活的爱国主义教育实践教材，是一堂感人至深的爱国主义教育实践大课。高校应以此为契机，从利用疫情防控突出成效厚植青年大学生爱国之情、利用疫情防控浓厚氛围砥砺青年大学生爱国之志，以及引导青年大学生在疫情防控中实践报国之行三方面拓展爱国主义教育的实现路径③。文大稷、陶鹏飞研究了疫情期间涌现出的诸多爱国元素，其中"文""网""人"是具体的元素体现，将这些元素融入大学生爱国主义教育实践，对于增强大学生爱国主义情感、构建爱国主义教育路径具有时代价值④。

二是将工匠精神作为加强大学生爱国主义教育的重要资源。温娟、王纪平认为，工匠精神与爱国主义有着共同的本质属性、文化基因以及实践特征。工匠精神融入爱国主义的教育价值体现为工匠精神的价值理念与爱国主义的价值目标相契合、工匠精神的实践行为开拓了爱国主义的时代内涵、工匠精神的精神品质丰富了爱国主义的价值理念三个方面。工匠精神融入大学生爱国主义教育工作的实践路径是：强化教育主客体对工匠精神与爱国主义共同特征的认知，构建和完善工匠精神融入爱国主义教育的体

---

① 吴琼，谷圆圆. 运用党史对大学生进行爱国主义教育研究 [J]. 学校党建与思想教育，2022（1）：37-41.

② 杨峰. "抗疫事迹"融入高校爱国主义教育的思考 [J]. 思想理论教育导刊，2020（6）：13-16.

③ 刘慧，李红革. 重大疫情防控中高校爱国主义教育的实现路径 [J]. 学校党建与思想教育，2020（12）：24-27.

④ 文大稷，陶鹏飞. 抗疫元素融入大学生爱国主义教育的时代价值 [J]. 思想教育研究，2021（5）：150-153.

制机制，激发学生主体的多元化实践行为自觉的内生动力①。

三是将专题教育纪录片作为加强大学生爱国主义教育的重要资源。赵彬认为，中央广播电视总台推出的五集专题片《新时代》主题鲜明，注重时代性和公众性；叙事流畅，注重艺术性和生动性；传播广泛，注重鲜活性和创新性。其蕴含了深厚的家国情怀和伟大的民族精神，具有较强的爱国主义教育价值②。

六、新时代大学生爱国主义教育的现实境遇研究

爱国主义是一个历史范畴。随着社会历史的发展变化，爱国主义所面临的现实境遇也会发生改变。目前，学者们对新时代大学生爱国主义教育所面临的新机遇、新挑战和新任务等方面进行了研究。

（一）新时代大学生爱国主义教育的新机遇

张红飞探讨了新时代大学生爱国主义教育的现实机遇，认为随着经济社会快速发展，爱国主义的理论内涵逐渐丰富。爱国主义教育迎来的新机遇有：爱国主义精神进一步弘扬；全民思想共识进一步凝聚；高校思想政治工作进一步加强③。王刘华、查方勇以微文化视阈为视角，分析了大学生爱国主义教育的时代机遇：微文化传播的便捷性增强了爱国主义教育的时效性；微文化平台的交互性增强了爱国主义教育的生动性；微文化载体的多样性提升了爱国主义教育的渗透力；微文化话语的亲和性增强了爱国主义教育的感染力④。徐园媛、旷媛园把互联网作为大学生思想政治教育面临的"最大变量"，认为"互联网+"的高容量性优势可以有效增加大学生爱国主义教育的内容供给，"互联网+"的高便捷性优势可以提升大学生爱国主义教育的传播效率，"互联网+"的高精确性优势有助于大学生爱国主义教育精准发力。高校应准确把握"互联网+"的特征，科学分析互

① 温娟，王纪平. 工匠精神融入大学生爱国主义教育实践研究［J］. 教育理论与实践，2022，42（6）：40-43.

② 赵彬. 专题纪录片在大学生爱国主义教育中的运用［J］. 中国广播电视学刊，2022（12）：45-46.

③ 张红飞. 新时代大学生爱国主义教育的时代呼唤、现实机遇和实践路径［J］. 思想教育研究，2021（11）：145-148.

④ 王刘华，查方勇. 微文化视域下深化大学生爱国主义教育的对策探讨［J］. 学校党建与思想教育，2023（7）：84-86.

联网与大学生爱国主义教育融合的优势，有的放矢地开展大学生爱国主义教育①。刘睿、黄金金基于世界百年未有之大变局的时代背景，分析出这样的世界变局给大学生爱国主义教育创造的新机遇主要是：中国快速崛起振奋大学生爱国情感、西方相对衰落解构西方文明中心论、大国战略博弈锤炼中华民族凝聚力②。徐国正、刘文成认为，新时代大学生爱国主义教育的机遇是全球抗击新冠疫情时，中国制度优势和治理优势的凸显，大学生爱党爱国信念更坚定，爱国忧民情怀更深厚，爱国主义精神更彰显③。

（二）新时代大学生爱国主义教育面临的新挑战

张红飞认为，新时代加强大学生爱国主义教育具有极大的必要性和现实意义，同时这也面临着严峻的外部挑战和内部发展困境④。李琼探讨了中华民族深厚持久的爱国主义传统在新形势下受到三个方面的冲击和挑战，分别是：经济全球化和区域经济一体化强烈冲击爱国主义；多元化社会严重削弱爱国主义；新媒体时代挑战传统爱国主义教育模式⑤。崔海英认为，互联网的算法技术作为一把双刃剑，给当代大学生网络爱国主义教育带来了严峻挑战，这些挑战包括：算法推荐的技术难题；价值淆杂的话语陷阱；个性"后浪"的认同困境⑥。王辉、陈文东、倪元利指出，网络民粹主义对大学生爱国主义价值观产生了消极影响，包括：弱化了爱国主义情感；消解了精英认知和国家认同；引发了非理性的情感表达⑦。庄兴忠将新时代大学生爱国主义教育面临的挑战概括为三个方面：以历史虚无主义为代表的错误思潮对大学生爱国主义教育造成不良影响；新时代大学生爱国主义教育存在不少需要解决的问题；高校思政课教学还存在与加强

① 徐国媛，旷媛园．"互联网+"视域下大学生爱国主义教育创新研究［J］．学校党建与思想教育，2020（17）：15-17．

② 刘睿，黄金金．世界百年未有之大变局下大学生爱国主义教育探究［J］．学校党建与思想教育，2022（24）：66-69．

③ 徐国正，刘文成．新时代大学生爱国主义教育：挑战、原则与路径［J］．大学教育科学，2022（3）：102-109．

④ 张红飞．新时代大学生爱国主义教育的时代呼唤、现实机遇和实践路径［J］．思想教育研究，2021（11）：145-148．

⑤ 李琼．新形势下大学生爱国主义教育的有效路径［J］．思想理论教育导刊，2017（4）：143-147．

⑥ 崔海英．算法推荐视域下提升当代大学生网络爱国主义教育实效探析［J］．思想理论教育，2020（12）：85-90．

⑦ 王辉，陈文东，倪元利．网络民粹主义视域下大学生爱国主义教育研究［J］．学校党建与思想教育，2023（10）：67-69．

爱国主义教育不相适应的地方①。徐国正、刘文成认为，新时代大学生爱国主义教育面临的现实境遇包括：新的世界发展格局演变、经济全球化深入发展、非主流社会思潮涌动、国际国内形势复杂多变，这些形势变化给大学生爱国主义教育带来了新的挑战、新的期待、新的特点②。鲁宁宁、袁媛认为，科技自立自强视角下大学生爱国主义教育的困境包括：科技国情认知"盲点"明显，科技国情教育"氧分"不足，爱国主义隐性教育缺失③。

（三）新时代大学生爱国主义教育面临的新任务

刘睿、黄金金研究了世界百年未有之大变局下大学生爱国主义教育面临的新任务，分别是：深化新时代大学生中国梦教育；涵育大学生理性平和心态；开展大学生新型国际关系教育④。曲建武、胥佳明总结了百年以来青年学生的爱国主义教育的三条基本经验：爱国要"听党话、跟党走"；爱国要确立"先进的价值观"；爱国要与人民群众同呼吸、共命运。新时代大学生只有汲取这些基本的经验，才能正确认识远大抱负和脚踏实地的关系，珍惜韶华、脚踏实地，把远大抱负落实到实际行动中，让勤奋学习成为青春飞扬的动力，让增长本领成为青春搏击的能量⑤。

七、新时代大学生爱国主义教育的对策建议研究

关于如何推进新时代大学生爱国主义教育，提升大学生爱国主义教育的有效性，不同学者给出了不同的建议。

（一）从宏观上对加强大学生爱国主义教育提出对策建议

孟丽深入探讨了新时代背景下大学生爱国主义教育所面临的新契机，并提出从三个维度强化爱国主义教育的新策略：一是实现情感与理性的深度融合；二是促进线上教育与线下活动的协同推进；三是推动理论知识与

---

① 庄兴忠. 新时代高校思想政治理论课教学中加强爱国主义教育路径探析［J］. 思想教育研究，2023（1）：109-114.

② 徐国正，刘文成. 新时代大学生爱国主义教育：挑战、原则与路径［J］. 大学教育科学，2022（3）：102-109.

③ 鲁宁宁，袁媛. 科技自立自强视角下大学生爱国主义教育的困境与路径［J］. 学校党建与思想教育，2022（11）：62-64.

④ 刘睿，黄金金. 世界百年未有之大变局下大学生爱国主义教育探究［J］. 学校党建与思想教育，2022（24）：66-69.

⑤ 曲建武，胥佳明. 大学生爱国主义教育应传承五四运动以来青年学生爱国的基本经验［J］. 思想理论教育导刊，2020（7）：64-68.

实践行动的紧密结合。这些策略能为新时代大学生爱国主义教育的实施提供有益的参考①。许静波、宁倩立足应对"两个大局"下的新考验和培育时代新人的视野，审思了新时代大学生爱国主义教育的价值意蕴。其聚焦于探寻促进新时代大学生爱国主义教育提质增效的实践进路，即在遵循"三个结合"原则的基础上，从深耕课程、建设队伍、拓展载体和渲染氛围四方面去加强新时代大学生爱国主义教育②。李君分析了新时代青年大学生这一关键群体，认为加强大学生爱国主义教育必须以全面、深刻把握爱国主义的本体意涵为重要前提，在追本溯源和守正创新的基础上，探索新时代青年大学生爱国主义教育实现立"本"开"新"的具体路径③。刘懿、郭国祥认为，在当前百年未有之大变局与中华民族伟大复兴的战略全局背景下，爱国主义教育正面临诸多前所未有的挑战。为了在新时代深化大学生爱国主义教育，可以采取一系列综合措施：完善爱国主义教育的实施机制，提升高校思政课的教学质量，搭建丰富多彩的社会实践平台，营造健康向上的网络空间环境，以及树立良好的家风。这些举措协同作用，能够推动大学生爱国主义教育的深入实施④。

（二）从教学内容及方法上对加强大学生爱国主义教育提出对策建议

徐曼认为，针对大学生在爱国主义问题上存在的一些片面认识和误区，教师应进行全面的讲解和指导，使大学生对爱国主义的基本知识、基本理论能有清晰的了解和掌握，并通过思考，将其内化为自己的思想来指导实践，以起到加强大学生爱国主义教育的作用。第一，要准确、清晰地掌握有关爱国主义的基本理论知识。第二，要正确把握爱国主义与经济全球化的关系。第三，要学会依法理性表达爱国情感。第四，要做到"知""行"合一，做爱国主义的践行者⑤。吴琼、谷圆圆认为，为了有效挖掘和利用党史中的教育资源，增强大学生爱国主义教育的效果，应当从以下四

---

① 孟丽. 论新时代大学生爱国主义教育的新机遇与新举措［J］. 学校党建与思想教育，2021（5）：27-29.

② 许静波，宁倩. 新时代大学生爱国主义教育的价值意蕴、原则遵循与实践进路［J］. 学校党建与思想教育，2024（24）：41-44.

③ 李君. 论新时代青年大学生爱国主义教育的立"本"开"新"［J］. 中国高等教育，2024（22）：49-53.

④ 刘懿，郭国祥. 大学生爱国主义教育的逻辑理路和实施路径［J］. 学校党建与思想教育，2024（20）：41-43.

⑤ 徐曼. 在"思想道德修养与法律基础"课中加强大学生爱国主义教育的几点思考［J］. 思想理论教育导刊，2011（12）：79-83.

个方面着手：一是强化课堂教学，为爱国主义教育奠定坚实的理论基础；二是丰富教育实践内容，以加深学生的爱国主义情感；三是创新教育方式方法，增强爱国主义教育的效果；四是优化教育环境，营造浓厚的爱国主义教育氛围。这些努力，旨在更好地发挥党史在爱国主义教育中的重要作用①。温静、吴一凡系统梳理了青年爱国主义教育方法的百年演进。一百多年来，中国共产党运用不同方式方法和途径载体进行青年爱国主义教育，形成了具有中国特色的青年爱国主义教育方法演进之路，体现了党求真务实、开拓创新的实践品格。把握青年爱国主义教育方法样态、演变脉络和历史特点，对于培养具有深厚爱国情怀、高尚爱国品格的社会主义建设者和接班人具有重要意义②。

（三）加强大学生爱国主义教育的其他对策建议

蒋松、冯程认为，大学生的爱国主义教育可以从这几个方面进行调整：树立全球化的教育理念；突出教育方式的生活化；强调教育内容的重要性；加强网络教育与现实教育相结合③。党彦虹认为，爱国主义教育是我国社会主流意识形态教育。然而，随着自媒体时代的来临，爱国主义教育面临困境与挑战。爱国主义教育的策略应着重从国家自媒体法律政策、网络道德体系、高校教育主体"微转型"、爱国主义教育内容与方式创新、培养和吸收学生自媒体"意见领袖"等方面重点突破④。王秀敏探讨了大学生爱国主义教育的实践策略，并将其概括为：对大学生进行爱国主义教育，要用好课堂这个主渠道；对大学生进行爱国主义教育，要注重以文化人、以文育人；对大学生进行爱国主义教育，要善于运用新媒体技术⑤。徐国正、刘文成指出了新时代大学生爱国主义教育应当坚持的主要原则：要坚持民族性与世界性相结合；坚持政治性与价值性相结合；坚持理论性

---

① 吴琼，谷圆圆. 运用党史对大学生进行爱国主义教育研究［J］. 学校党建与思想教育，2022（1）：37-41.

② 温静，吴一凡. 青年爱国主义教育方法的百年演进［J］. 思想政治教育研究，2023，39（2）：52-59.

③ 蒋松，冯程. 经济全球化背景下大学生爱国主义教育的有效途径探索［J］. 学校党建与思想教育，2015（14）：19-20.

④ 党彦虹. 自媒体时代加强大学生爱国主义教育刍议［J］. 学校党建与思想教育，2016（18）：56-57.

⑤ 王秀敏. 论新时期大学生爱国主义教育的科学内涵及实践策略［J］. 继续教育研究，2017（12）：92-94.

与实践性相结合①。魏则胜、吴琼认为，需要搭建新时代大学生爱国主义教育的三个重要机制。首先是构建工作支撑机制，以推动爱国主义教育"有方向""有动力""有保障"。这种支撑机制主要包括：构建全方位的育人工作平台；加强人才队伍建设；加大教育宣传力度；营造榜样引领氛围。其次是构建新时代大学生爱国主义教育的话语转换机制，主要包括：遵循话语转换的基本原则；把握好话语转换的结构要素；注重话语转换的实现方式；提升话语转换的能力。再次是构建新时代大学生爱国主义教育的评价反馈机制，包括：抓好"谁来评"；解决"如何评"；明确"怎么改"②。阿依古丽·阿布都热西提、项久雨、牛军政提出了新时代爱国主义教育的践行路径，主要包括：丰富爱国主义教育内容，发挥思政课教学的主渠道作用；革新爱国主义教育载体，打造线上交互的新媒体时空；拓宽爱国主义教育途径，开辟红色板块的多元化主线；探索爱国主义教育新道路，巩固前沿阵地的实践化行动③。陈勇、李明珠认为，如何优化话语体系是一个仁者见仁、智者见智的问题，对此他们也对如何优化新时代大学生爱国主义教育话语体系给出了对策建议，主要包括：整合与突出，优化话语主体结构；实现双重转化，强化话语内容建设；固本与创新，促进话语表达融合④。

八、研究述评

爱国主义教育一直是我国教育研究的重要主题，总的来看，当前学者对爱国主义教育的研究较为全面、研究成果也较丰富，这为本研究提供了丰富的理论资源，打下了一定的基础，有较好的启发及借鉴意义。结合学界现有成果，当前关于大学生爱国主义教育的研究主要呈现以下几个特点。一是在爱国主义认知方面，从对"国"的理解走进对"爱"的认识。目前学界对爱国主义的定义越来越清晰，不仅明确了大学生所爱的"国"是一个什么样的国，而且详细界定了大学生爱国主义教育的概念、特征和

---

① 徐国正，刘文成. 新时代大学生爱国主义教育：挑战、原则与路径 [J]. 大学教育科学，2022 (3)：102-109.

② 魏则胜，吴琼. 构建大学生爱国主义教育的长效机制 [J]. 中国高等教育，2021 (9)：37-39.

③ 阿依古丽·阿布都热西提，项久雨，牛军政. 新时代爱国主义教育的基本内涵、时代价值和践行路径 [J]. 学校党建与思想教育，2022 (16)：22-24.

④ 陈勇，李明珠. 新时代大学生爱国主义教育话语体系优化的意义、困境与路径 [J]. 思想教育研究，2021 (12)：116-121.

时代意义的研究。这对于开展新时代大学生爱国主义教育、厘清关键概念内涵至关重要。二是学者们结合特殊的时代背景，从不同的视角研究了大学生爱国主义教育的不同情况。人是社会关系的产物，与社会发生着丰富多样的联系。在当前的研究成果中，学界关于大学生爱国主义的研究主要在全球化背景、网络信息化背景下展开，紧贴时代特色和现实需求。三是学界较为系统地梳理了大学生爱国主义教育的理论基础。大学生爱国主义教育理论资源丰富，目前学界对这一理论资源的研究、分析和整理，主要以马克思主义经典作家和中国共产党人关于爱国主义教育的重要论述为线索，系统总结了马克思、恩格斯、列宁和中国共产党人关于爱国主义论述的主要内容，有助于为大学生爱国主义教育提供正确的理论指导，推进大学生爱国主义教育实践。四是学者们根据大学生群体的不同特征，针对性地研究了不同大学生群体的爱国主义教育，体现了具体问题具体分析。大学生作为一个综合性的群体，按照不同的条件和维度可以划分为不同的类别，目前学界对少数民族大学生的爱国主义教育的研究相对丰富，对涉外大学生、高职院校大学生的爱国主义教育的研究还有待丰富。

但是也应看到，现有研究在现实性和时代性上还有很大发展空间。目前，关于大学生爱国主义教育的研究仍有几个方面值得继续关注。首先，结合新时代背景的高校大学生爱国主义教育研究较少。新时代，世情、国情、党情都发生了明显的变化，大学生的爱国主义教育也应体现时代性，对新时代下爱国主义教育的方法、内容、手段等需要进一步研究和推敲。本书力图在把握时代脉搏的基础上对当前大学生爱国主义教育现状进行正确认识，进而提出行之有效的实践策略。其次，学界的研究关注到了大学生爱国主义教育所遇到的大多数理论问题，但少有对大学生爱国主义教育规律的总结与探索，并且国内对于爱国主义教育的研究多集中在现实问题的研究上，对大学生爱国主义教育的影响因素、目标定位和遵循的原则探讨得相对较少，这为本书提供了研究空间。最后，在对大学生进行爱国主义教育的过程中要结合本国国情，有针对性地取舍。总而言之，经过对大学生爱国主义教育的相关文献进行梳理总结，可以发现，学者们对爱国主义教育的实质、目的、理论基础、教育内容、教育资源等方面有了深入的探讨，紧扣国家的政策要求，挖掘出了富有中国特色、时代特点的教育内容和方法。但时代是出卷人，应该如何开展新时代大学生爱国主义教育是摆在人们面前迫切需要解决的重大问题，因此仍然需要加强理论研究和实践研究，为新时代大学生爱国主义教育提供有益参考。

第三节　研究思路、写作框架与研究方法

新时代大学生爱国主义教育的写作思路主要是"发现问题—分析问题—解决问题"。基于这样的写作思路，要依据现实指出新时代大学生爱国主义教育研究的必要性，分析当前大学生爱国主义教育的影响因素，梳理大学生爱国主义教育的历史脉络，明晰新时代大学生爱国主义教育面临的现实挑战，并提出解决对策。本书主要采取了文献研究法、历史分析法和系统分析法等对这一问题进行研究。

一、研究思路

本书以新时代高校大学生爱国主义教育为研究对象，在新时代的背景下，运用文献分析、系统分析的方法，针对高校大学生爱国主义教育中存在的问题，对大学生爱国主义教育的内涵、基本内容、爱国主义新的时代特征以及如何加强新时代高校大学生爱国主义教育进行研究。本书分为五部分：第一部分为绪论，结合相关文献进行综述，阐述课题来源及研究的目的；第二部分对大学生爱国主义教育的概念及理论来源和必要性进行总体性的学理分析；第三部分主要是纵向的历史梳理，对高校大学生爱国主义教育的历史渊源、主要成就和基本经验进行概括总结；第四部分主要是从静态层面，对新时代大学生爱国主义教育的目标和原则进行阐释；第五部分从动态层面，就如何加强新时代高校大学生爱国主义教育这一现实问题提出了实践举措。

二、写作框架

第一章主要是导论"把爱国主义教育贯穿国民教育和精神文明建设全过程"。第一节分析了新时代大学生爱国主义教育的研究缘起与研究意义；第二节梳理了新时代大学生爱国主义教育的研究现状以及对研究现状的述评；第三节对新时代大学生爱国主义教育的研究思路、写作框架与研究方法进行了阐述和分析。

第二章是对新时代大学生爱国主义教育进行理论阐释。第一节分析了新时代大学生爱国主义教育的基本内涵、鲜明特征和价值意蕴；第二节梳

理了新时代大学生爱国主义教育的理论基础；第三节阐述了新时代大学生爱国主义教育的内在机理；第四节分析了新时代大学生爱国主义教育的影响因素。

第三章梳理了大学生爱国主义教育的发展进程。本章主要分析在新民主主义革命时期、社会主义革命和建设时期、改革开放和社会主义现代化建设新时期这三个历史时期开展大学生爱国主义教育的现实背景、主要做法和总体成就。

第四章是对新时代大学生爱国主义教育的现状审视。本章主要分析新时代大学生爱国主义教育的主要做法、重大成就以及现存问题与原因，总体上对大学生爱国主义教育做出基本剖析。

第五章阐发了新时代大学生爱国主义教育的目标和原则。一方面，论述了新时代大学生爱国主义教育的目标定位，包括宏观的战略目标定位、总体的育人目标和具体的教学目标；另一方面，论述了新时代大学生爱国主义教育的基本原则，包括理论与实际相结合、媒介化与数字化相结合、主导性与主体性相统一、常态化与制度化相统一、自主性与社会化相统一、显性教育与隐性教育相结合等。

第六章明确了新时代大学生爱国主义教育的实践路径。本章提出应从环境氛围营造、体制机制构建、多元主体协同、丰富方式载体、优化传播内容、创新话语体系六大方面，着力推进新时代大学生爱国主义教育走深走实，实现高质量发展。

三、研究方法

研究方法是研究者为了揭示某一事物的本质或者寻求某些答案而采用的一定的工具和手段，是学者们从长期实践中总结出来的。正如毛泽东所讲："我们不但要提出任务，而且要解决完成任务的方法问题。我们的任务是过河，但是没有桥或没有船就不能过。不解决桥或船的问题，过河就是一句空话。不解决方法问题，任务只是瞎说一顿。"本书对新时代大学生爱国主义教育的研究和分析主要运用了文献研究法、历史研究法和系统分析法等研究方法。

（一）文献研究法

通过查阅书籍、期刊、网络信息等途径，搜集整理与"新时代大学生爱国主义教育路径"相关的文献资料，并在前人的研究基础之上汲取观点和对策，开阔思路，加深对新时代大学生爱国主义教育的认识，不断完善新时代大学生爱国主义教育的路径研究。

（二）历史研究法

历史是人类思想的记忆，爱国主义教育作为一种思想教育，其自身的发展历程呈现历史性。对当代大学生爱国主义教育的研究必须进行历史分析，让人对爱国主义教育有更理性的认识。本书采用历史分析法，重点研究自新民主主义革命时期以来的爱国主义教育发展史，从历史中汲取经验教训，为新时代大学生爱国主义教育创新发展寻求历史支撑。

（三）系统分析法

大学生爱国主义教育研究涉及多个方面与多个领域，是一项体系化、系统性工程。本书结合新时代背景，坚持运用全面的、联系的、发展的观点分析大学生爱国主义教育的内在机理、历史脉络与现实状况，因时而变、因势而变，用辩证统一的观点全面客观论述爱国主义教育存在的问题及原因，从静态理论和动态实践层面分析对大学生进行爱国主义教育的目标、原则与对策。上述各个方面相互贯通，相互联结。

第二章　新时代大学生爱国主义教育的理论阐释

　　"要学习掌握认识和实践辩证关系的原理，坚持实践第一的观点，不断推进实践基础上的理论创新。"① 对现实问题的研究总是以相关的理论为前提的。要推进新时代大学生爱国主义教育，首先应从理论层面进行总体铺垫、剖析与把握。本章重点分析与大学生爱国主义教育相关的基本概念、时代特征、价值意蕴与理论基础，以此为积淀，阐述大学生爱国主义教育的过程机制，分析其基本过程以及影响大学生爱国主义教育的主要因素。

第一节　新时代大学生爱国主义教育概述

　　爱国主义教育是新时代大学生爱国主义教育的元概念，正确把握爱国主义教育的基本内涵和主要特点，掌握大学生爱国主义教育的价值意蕴，既是制定大学生爱国主义教育目标，明确教育内容和教育途径的重要依据，也是有效实施大学生爱国主义教育的重要前提。

一、新时代大学生爱国主义教育的概念内涵

　　准确把握爱国主义的概念内涵对于开展爱国主义教育至关重要。对此，需要在界定大学生爱国主义教育内涵的基础上，搞清楚爱国与爱党的

---

　　① 习近平. 坚持运用辩证唯物主义世界观方法论提高解决我国改革发展基本问题本领 [N]. 人民日报，2015-01-25（01）.

科学内涵及相互关系，爱国与爱社会主义的科学内涵及相互关系，以及爱国、爱党、爱社会主义三者的内涵及相互关系。

（一）爱国主义教育及其相关概念界定

爱国是指对祖国的忠诚和热爱。它既是一项重要的政治原则，又是一项重要的道德规范。列宁曾对爱国主义有过精辟的论述："爱国主义是由于千百年来各自的祖国彼此隔离而形成的一种极其深厚的感情。"[①] 在《辞海》中，爱国主义被定义为："爱国主义是热爱祖国、忠于祖国的思想、行为和感情，是对待祖国的一种政治原则和道德原则。"本书综合学界的研究成果，倾向于《思想道德与法治》（2023 版）教材中对爱国主义的定义，即"爱国主义体现了人们对自己祖国的深厚感情，揭示了个人对祖国的依存关系，是人们对自己家园以及民族和文化的归属感、认同感、尊严感与荣誉感的统一，是调节个人与祖国之间关系的道德要求、政治原则和法律规范。"[②] 这种感情集中表现为民族自尊心和民族自信心，表现为人们为争取自己祖国独立自主、繁荣富强而实施的实际行动和甘于奉献、顽强拼搏的奋斗精神，它是一种伟大的凝聚力和向心力，是推动各民族向前发展的巨大精神力量。简言之，爱国主义既是一种认知，也是一种情感，更是一种行动。

爱国主义教育是指"一定社会根据人们的思想品德形成和发展规律，对其成员进行目的性的爱国主义熏陶，使他们形成符合一定社会需要的爱国情感和爱国意识，并指导他们的爱国行为的社会实践行为。"[③] 换言之，爱国主义教育是培养人们热爱祖国的思想感情和忠于祖国的坚定信念，以及为保卫祖国和维护祖国尊严而献身的教育活动，是知、情、意、行的结合和统一。对于爱国主义教育内涵的理解，从爱国主义的性质来看，它既是政治范畴，又是历史范畴。从政治范畴来看，大学生爱国主义教育是贯彻国家政策的重要活动，具有鲜明的政治性和意识形态性。从历史范畴来看，爱国主义是一个历史范畴，在不同的历史阶段由于历史条件不同，爱国主义呈现出不同的内容和表现形式。例如：在新民主主义革命时期，爱国主义体现为推翻"三座大山"的压迫，引导人们走向独立与自主的自强

---

① 中共中央马克思恩格斯列宁斯大林著作编译局. 列宁全集：第三十五卷 [M]. 北京：人民出版社，2017：187.

② 本书编写组. 思想道德与法治 [M]. 北京：高等教育出版社，2023：79.

③ 陈万柏，张耀灿. 思想政治教育学原理 [M]. 北京：高等教育出版社，2009：4.

之路；在新中国成立初期，爱国主义体现为大炼钢铁、"两弹一星"等支持和贡献国家战略发展的行为。随着中国特色社会主义进入新时代，爱国主义有了新的使命与内涵：致力于"实现中华民族伟大复兴的中国梦"。质言之，新时代这一特殊的时代背景和时代主题，赋予了新时代大学生爱国主义教育新的内涵和使命。可见，爱国主义教育的内涵不是一成不变的。为此，新时代大学生爱国主义教育的内容与方法需要跟上社会的发展步伐，以适应时代的变化。

（二）明晰爱国和爱党、爱社会主义的内涵及相互关系

1. 爱国和爱党、爱社会主义的内涵

爱国。从字面意义来讲，"爱"的含义是主体对人或者对事所产生的一种深厚而真挚的情感。此处的"国"有两层含义：第一，它并不是一个抽象的概念，按照国际法的规定，"国家"包含四大要素，即定居的居民、确定的领土、政府和主权，这个"国"并不是一般意义上的国家，而是指自己的"祖国"，即某个或者某些民族及其生存和发展的自然环境和社会条件。第二，按照马克思主义基本原理来看，"国家是阶级矛盾不可调和的产物"，"国家"往往突出阶级性和政治性，是体现统治阶级意志的工具。我们所强调的爱国，指的是爱保障和坚持人民当家作主的"中华人民共和国"，换言之，"我们爱的'国'，是中国共产党领导的社会主义中国"①。

爱党。党的二十大通过的《中国共产党章程（修正案）》规定："中国共产党是中国工人阶级的先锋队，同时是中国人民和中华民族的先锋队，是中国特色社会主义事业的领导核心，代表中国先进生产力的发展要求，代表中国先进文化的前进方向、代表中国最广大人民的根本利益。党的最高理想和最终目标是实现共产主义。"在新民主主义革命时期，中国人民在中国共产党的领导下，推翻了压在人民身上的"三座大山"，结束了中国四分五裂的混乱局面，建立起人民当家作主的新中国，实现了民族独立、人民解放，中国人民从此"站起来"；在改革开放和社会主义现代化建设新时期，党领导人民实行改革开放，发展社会主义市场经济，带领人民"富起来"；在中国特色社会主义新时代，党带领人民全面实现小康，促进经济、政治、文化、社会、生态文明"五位一体"全面发展，综合国力显著增强，中国日益走近世界舞台中央，中国共产党带领人民实现"强

---

① 思想道德与法治编写组. 思想道德修养与法律基础 [M]. 北京：高等教育出版社，2023：82.

起来。"所以，大学生要自觉和坚定拥护中国共产党。

爱社会主义。社会主义历经了从空想到科学、从理论到实践、从一国实践到多国发展、从遭遇曲折到奋起振兴的 500 多年的波澜历程，照亮了人类社会发展进步、探索历史规律、寻求自身解放的道路①。中国共产党团结带领中国人民在推进伟大社会革命的实践中反复地认真比较、不断地进行经验总结，最后坚定选择了社会主义道路，在坚持"两个结合"的过程中独立自主走社会主义道路，迎来了中国特色社会主义从创立、发展到完善的伟大飞跃。邓小平强调："如果我们不坚持社会主义，最终发展起来也不过成为一个附庸国，而且就连想要发展起来也不容易。"② 历史和人民选择了中国特色社会主义，不仅因为它是近代以来中国社会发展的必然选择，而且因为它是发展中国、稳定中国、富裕中国、强盛中国的必由之路。因此，大学生爱国，也应该坚持爱社会主义。

2. 爱国和爱党、爱社会主义的相互关系

关于爱国和爱党、爱社会主义的关系，部分大学生还存在一些片面认识和误区，主要表现为在爱国与爱社会主义的认识上存在困惑、理解上存在错位。有的大学生认为"不爱社会主义不等于不爱国"，从而将爱国与爱社会主义割裂开来。他们认为大学生热爱祖国，不必强求要热爱社会主义和坚定社会主义信念。事实上，在现实中，爱中国与爱社会主义是必然地紧密联系在一起的。因为，当代中国并不是一个抽象的概念，对它来说，社会主义制度并不是外在的虚无，而是存在和渗透于社会的各个领域和社会生活的方方面面。爱国和爱党、爱社会主义的关系是，要坚持爱国和爱党、爱社会主义相统一。爱国和爱党、爱社会主义，三者统一实现于中华民族伟大复兴的历史进程。习近平总书记指出："祖国的命运和党的命运、社会主义的命运是密不可分的。只有坚持爱国和爱党、爱社会主义相统一，爱国主义才是鲜活的、真实的，这是当代中国爱国主义精神最重要的体现。"③ 习近平总书记的这一重要论述是对以爱国主义为核心的民族精神的深刻诠释，建立起了爱国和爱党、爱社会主义的逻辑关联，表明了

---

① 本刊记者. 着力深化新时代大学生爱国主义教育：访西南大学马克思主义理论研究中心主任黄蓉生教授 [J]. 马克思主义研究，2023（6）：11-20.

② 邓小平. 邓小平文选：第三卷 [M]. 北京：人民出版社，1993：311.

③ 中共中央党史和文献研究院. 习近平关于社会主义精神文明建设论述摘编 [M]. 北京：中央文献出版社，2022：116-117.

三者在情感上的共性、在理论上的共鸣以及在实践上的共振。在全面建设社会主义现代化国家的新征程上，爱国和爱党、爱社会主义的高度统一，使精神爱国指引实践爱国，凝聚人民力量，推进强国建设、民族复兴，具有十分重大而深远的意义。

二、新时代大学生爱国主义教育的鲜明特征

"对新时代中国青年来说，热爱祖国是立身之本、成才之基。"[①] 加强对青年大学生的爱国主义教育不仅是大学生自身成长成才的关键，也是中国共产党凝聚广大青年为实现中华民族伟大复兴不懈奋斗的重要经验。在新时代背景下，大学生的爱国主义教育呈现出以下鲜明的特征。

（一）教育主题的时代性

爱国主义作为一个历史的范畴，既有历史的继承性，又有鲜明的时代性。对大学生进行爱国主义教育也不是一成不变的，其会随着历史、政治、经济、文化的发展，呈现新的内容和形式。在中国古代，"君权至上""朕即国家"的传统家国观念是当时的思想主流，执政者把对君王的尊崇、对天的敬畏、对祖先的崇敬和对图腾的崇拜结合起来，对百姓进行爱国主义教育。在中国近代，在民族危亡的时代背景下，"救亡图存"是当时的时代主题，有志青年们为了民族的独立和国家的富强，与外敌进行英勇顽强的斗争，使"民族独立、人民解放"成为当时爱国主义教育的核心内容。这表明爱国主义是历史进程的产物，它与社会发展所处的时代背景是具体的历史的统一。简言之，"爱国主义是一个历史范畴，在社会发展的不同阶段、不同时期有不同的具体内容"[②]。

一个时代有一个时代的问题，一代人有一代人的使命。中国特色社会主义新时代这一新的历史方位对爱国主义教育提出了新的挑战，也呼唤新的使命、期待新的思路，大学生爱国主义教育的时代主题也随之有了新的变化。在中国特色社会主义进入新时代后，我们党提出了习近平新时代中国特色社会主义思想这一创新理论，并结合中国自身的实际情况制定了"十四五"规划这一发展策略，明确了要实现中华民族伟大复兴的宏伟目标，号召全体中华儿女在实现中华民族伟大复兴的关键时期，应当自觉为实现这一伟大梦想而矢志奋斗。对高校加强大学生爱国主义教育而言，这

---

① 习近平. 习近平谈治国理政：第三卷 [M]. 北京：外文出版社，2020：334.
② 江泽民. 江泽民文选：第一卷 [M]. 北京：人民出版社，2006：121.

既使新时代大学生爱国主义教育有了更加深刻的意义，也使大学生爱国主义教育有了更坚实的底气。换言之，新时代新征程这一特殊的时代背景赋予了爱国主义新的内涵，也对高校爱国主义教育提出了新的标准。当前开展大学生爱国主义教育，应当着眼于"两个一百年"奋斗目标，为夺取新时代中国特色社会主义伟大胜利和实现中华民族伟大复兴的中国梦汇聚磅礴伟力，帮助大学生将这些思想深入内心，鼓励他们积极投身建设中国特色社会主义事业的伟大实践，从而助力中华民族全面实现宏远目标。

（二）教育内容的统一性

2015年12月30日，中共中央政治局就中华民族爱国主义精神的历史形成和发展进行第二十九次集体学习。习近平总书记在主持学习时强调：弘扬爱国主义精神，必须坚持爱国主义和社会主义相统一。即新时代大学生爱国主义教育要坚持爱国和爱党、爱社会主义相统一。首先是坚持爱国与爱党相统一。"新中国是中国共产党领导的社会主义国家，祖国的命运和党的命运、社会主义的命运密不可分。当代中国，爱国主义的本质就是坚持爱国和爱党、爱社会主义高度统一。"① 没有共产党就没有新中国，也就没有祖国的繁荣昌盛。新时代深化大学生爱国主义教育必须坚持爱国与爱党相统一，并将其贯穿于大学生爱国主义教育的全过程，把"请党放心，强国有我"的种子埋入每位大学生的心灵深处，"教育引导学生热爱和拥护中国共产党，立志听党话、跟党走，立志扎根人民、奉献国家"②。其次，新时代大学生爱国主义教育还要坚持爱国与爱社会主义相统一。在当代中国，基于国家性质，爱国与爱社会主义在本质上是一致的，祖国的繁荣发展与中国特色社会主义是联系在一起的，爱国的实质是爱社会主义的中国，爱祖国就应当爱中国特色社会主义。对于爱国主义与社会主义的关系，邓小平也作过深刻的阐述，他指出："有人说不爱社会主义不等于不爱国。难道祖国是抽象的吗？不爱共产党领导的社会主义的新中国，爱什么呢？港澳、台湾、海外的爱国同胞，不能要求他们都拥护社会主义，但是至少也不能反对社会主义的新中国，否则怎么叫爱祖国呢？"③ 江泽民

---

① 中共中央党史和文献研究院. 十九大以来重要文献选编：中 [M]. 北京：中央文献出版社，2021：312.

② 中共中央党史和文献研究院. 十九大以来重要文献选编：上 [M]. 北京：中央文献出版社，2019：649.

③ 邓小平. 邓小平文选：第二卷 [M]. 北京：人民出版社，1993：392.

也指出："我们今天讲爱国主义，就是要热爱我们伟大的社会主义祖国。在党的领导下为祖国的繁荣富强贡献自己的智慧和力量。"① 爱国主义与社会主义本质上是统一的，这是近代以来中国历史证明了的真理性结论。新中国成立70多年来，尤其是改革开放以来我国国民经济和各项事业取得的巨大成就也充分证明了这一点。最后，新时代的爱国主义还要坚持爱国和爱党、爱社会主义相统一。祖国的命运和党的命运、社会主义的命运密不可分。人民能够安居乐业、社会主义各方面事业能够蓬勃发展，很重要的一点就是我们有中国共产党的正确领导，有中国特色社会主义道路的强大基石。只有坚持爱国和爱党、爱社会主义相统一，爱国主义才是鲜活的、真实的，这是当代中国爱国主义精神最重要的体现。

（三）教育立场的自觉性

随着全球化的不断推进，各国之间的联系与互动变得越来越紧密。一些大学生认为爱国主义已经不符合时代的发展，自由、个人主义这些错误思想冲击着大学生的价值观，削弱了他们对国家的认同感。新时代大学生爱国主义教育是在正确的历史观、民族观、国家观、文化观指导下进行的。坚守自身的立场，首先是坚持正确的历史观。习近平总书记在中央民族工作会议上指出："必须坚持正确的中华民族历史观，增强对中华民族的认同感和自豪感。"② 新时代大学生爱国主义教育应当坚持正确的历史观，这不仅符合几千年来我国统一多民族国家巩固团结和繁荣发展的一般性规律，同时也是世界百年未有之大变局背景下进一步凝聚中华民族人心力量的要旨所在。其次是坚持正确的民族观。各民族都要铸牢中华民族共同体意识，加强中华民族大团结。新时代大学生爱国主义教育使大学生认识到传统的民族语言、文化和民俗习惯都是宝贵的财富，要使大学生树立民族自尊心，让其对自己的民族文化充满自豪和自信。再次是坚持正确的国家观。国家观涉及一个国家的性质、制度、治理等问题，即谁是主人、采用什么制度、管理方式是什么。通过对大学生进行爱国主义教育，要让大学生正确认识国家的性质和制度，增强对国家的政治认同，将自己的个人发展与国家的前途命运有机地联系起来，为国家的强大和发展而不懈奋斗。最后是坚持正确的文化观，文化观应是国民文化自信和文化自觉观念的建立。大学生的爱国还表现在正确对待、自觉尊重和认同本国文化，这

① 江泽民.论科学技术［M］.北京：中央文献出版社，2001：75.
② 习近平.习近平谈治国理政：第四卷［M］.北京：外文出版社，2022：244.

有助于进一步提升大学生的文化自信，从而加强其对祖国的热爱。

（四）教育视野的全球性

当今世界正变得更加多元多样，变得更加开放，全球化成为现阶段世界发展的客观趋势，也是顺应历史发展潮流的必然走向。在经济全球化背景下，世界各国的命运日益紧密地联系在一起。新时代的中国不可能再是孤立封闭、僵化保守的中国，因此大学生爱国主义教育也要求大学生拥有开放意识，要以国际视野看待问题和分析问题。习近平主席在对俄罗斯、坦桑尼亚、南非、刚果共和国进行国事访问并出席金砖国家领导人第五次会晤时说道："中国人是讲爱国主义的，同时我们也是具有国际视野和国际胸怀的。"① 2021 年 11 月，党的十九届六中全会通过的《中共中央关于党的百年奋斗重大成就和历史经验的决议》，将中国共产党百年奋斗的历史经验总结为"十个坚持"，其中第六个"坚持"提到要坚持胸怀天下，"大道之行，天下为公。党始终以世界眼光关注人类前途命运，从人类发展大潮流、世界变化大格局、中国发展大历史正确认识和处理同外部世界的关系，坚持开放、不搞封闭，坚持互利共赢、不搞零和博弈，坚持主持公道、伸张正义，站在历史正确的一边，站在人类进步的一边"②。习近平总书记的重要论述充分说明，在这样的时代背景和国际环境下，大学生爱国主义教育必然离不开这一客观的现实背景和变化趋势，必须具有国际视野，把民族情怀与国际胸怀相统一，坚持立足民族又面向世界。这一点在《新时代爱国主义教育实施纲要》中也有明确规定："坚持立足中国又面向世界。一个国家、一个民族，只有开放兼容，才能富强兴盛。要把弘扬爱国主义精神与扩大对外开放结合起来，尊重各国历史特点、文化传统，尊重各国人民选择的发展道路，善于从不同文明中寻求智慧、汲取营养，促进人类和平与发展的崇高事业，共同推动人类文明发展进步。"③ 当前，大学生爱国主义教育自觉把弘扬爱国主义精神与扩大对外开放结合起来，逐渐形成一种更加开放的爱国情怀，既尊重各国的历史特点、文化传统和基本国情，尊重各国人民选择的发展道路，又坚守中国的立场，保持对自己祖国的热爱。

---

① 习近平. 坚定不移走和平发展道路 坚定不移促进世界和平与发展 [N]. 人民日报, 2013-03-20 (01).

② 中共中央关于党的百年奋斗重大成就和历史经验的决议 [N]. 人民日报, 2021-11-17 (01).

③ 中共中央党史和文献研究院. 十九大以来重要文献选编：中 [M]. 北京：中央文献出版社, 2021：313.

（五）教育过程的互动性

互动性是主体与客体通过某种方式进行思想层面的沟通，在互动的过程中交流彼此的观点，学习更多的知识。网络时代，大学生爱国主义教育具有互动性是指教师可以利用多种教学手段，与大学生进行沟通和交流，了解大学生内心需求，引导他们认识到自己是新时代建设祖国的强而有力的后备军，需要品质高尚，德才兼备。思政课教师要深入理解爱国主义教育内容，帮助学生树立起爱国主义意识；同时大学生自身也要能够通过网络平台等搜集自己所需要的各种资料，与教师互动，丰富自己的头脑，深化爱国意识。从另一个角度来说，大学生爱国主义教育的互动性表现在教育者和受教育者两个方面。一方面，教育者开展爱国主义教育更主动。高校教育不受制于升学的影响，教育者会有更多的时间、精力实施爱国主义教育。另一方面，大学生接受爱国主义教育更主动。大学生的思维和视野更开阔，对自我、民族、国家的认识也更为深刻，在接受爱国主义教育时，其参与度和积极性更高。

三、新时代大学生爱国主义教育的价值意蕴

古往今来，"爱国"都是一个永恒的话题，新时代加强大学生爱国主义教育，引导大学生正确理性地爱国，这是事关国家富强、民族振兴和人民幸福的重大课题。加强新时代大学生爱国主义教育具有丰富的价值意蕴，主要表现在三个方面。

（一）有利于铸牢中华民族共同体意识

我国是一个历史悠久、幅员辽阔、统一的多民族国家。多元一体是我国的一个显著特征。在新时代，铸牢中华民族共同体意识，不仅是新时代党的民族工作的根本纲领，而且是实现中华民族伟大复兴的必然要求。习近平总书记在中央民族工作会议上指出："铸牢中华民族共同体意识，就是要引导各族人民牢固树立休戚与共、荣辱与共、生死与共、命运与共的共同体理念。"[1] 中华民族共同体意识是国家统一的基础，是民族团结的根本，是我们精神力量的灵魂。新时代的大学生是未来社会的中坚力量，加强对大学生的爱国主义教育，有助于让大学生深刻意识到我国是统一的多民族国家的现实国情，明白我国的民族理论和政策是好的、管用的；有助于让大

---

① 习近平. 习近平谈治国理政：第四卷［M］. 北京：外文出版社，2022：245.

学生在情感上明白热爱国家不仅要热爱自己的祖国，还需要热爱自己的民族，开展民族团结教育；教育大学生在行动上自觉做民族团结的坚定维护者，促进各民族团结友爱、和睦相处、命运与共，像石榴籽一样紧紧抱在一起，相互团结，互帮互助，手足相亲，形成心往一处想、劲往一处使的生动局面，奋力写好民族团结新篇章，铸牢中华民族共同体意识，最终汇聚实现中华民族伟大复兴的磅礴力量，让民族团结之花竞相绽放。一言以蔽之，民族团结是各族人民的生命线，进行新时代大学生爱国主义教育，有利于实现祖国统一和维护民族团结。

（二）有利于弘扬我国悠久的历史文化

爱国主义教育是建立在文化认同基础上的，中华文明赋予大学生爱国主义教育深厚的历史底蕴。我们的国家是一个历史悠久的国家，我们的文化一脉相传、源远流长、博大精深，为中华民族的发展和壮大提供了强大的精神支撑和不竭的力量源泉。我国悠久的历史和文化，为我们弘扬爱国主义精神起到了历史底蕴上和理论逻辑上的重要支撑，为我们加强爱国主义教育、弘扬爱国主义精神提供了非常重要的历史脚本和理论脚本。习近平总书记指出："在中华民族几千年绵延发展的历史长河中，爱国主义始终是激昂的主旋律，始终是激励我国各族人民自强不息的强大力量。"[1] 可以说，历史悠久的中华优秀传统文化孕育了中华民族的精神风貌，一部中华五千年文明史书写着不同时代青少年的爱国之举和民族大义。中华民族是具有爱国主义光荣传统的伟大民族，爱国主义精神深深根植于中华儿女内心深处。开展新时代爱国主义教育，将中华优秀传统文化中的讲仁爱、重民本、守诚信、崇正义、尚和合、求大同的思想内容转化为广大青年的行为准则和精神追求，有助于大学生在对中华优秀传统文化的传承创新中厚植青年的爱国主义根基，同时主动承担起弘扬和继承历史文化的任务；除此之外，还有助于培养大学生对中华优秀传统文化的高度自信，使大学生将其自觉内化为爱国情感，升华为真挚而深刻的爱国情怀，引导大学生树立正确的历史观、民族观、国家观，为中华优秀传统文化的发展建设增添新的动力。

（三）有利于实现祖国统一和繁荣昌盛

实施新时代大学生爱国主义教育，有利于实现祖国统一和繁荣昌盛。2019年1月2日，习近平在《告台湾同胞书》发表40周年纪念会上的讲

---

[1] 习近平. 论党的青年工作 [M]. 北京：中央文献出版社，2022：42.

话中提道："国家的希望、民族的未来在青年。两岸青年要勇担重任、团结友爱、携手打拼。我们热忱欢迎台湾青年来祖国大陆追梦、筑梦、圆梦。两岸中国人要精诚团结，携手同心，为同胞谋福祉，为民族创未来！"① 一直以来，实现祖国统一是我们中华海内外儿女的共同心愿，是推动我们前进的巨大推力，是中华民族爱国主义的传统，是中华民族伟大复兴的基本任务。加强新时代大学生爱国主义教育，不仅是要让大学生深入学习党的一系列重要理论，不断提高自己的政治觉悟，还可以帮助大学生牢固树立正确的世界观、人生观和价值观，引导大学生从自身做起，强化理论学习，增强"四个意识"，坚定"四个自信"，时时牢记爱国是本分也是职责，更是心之所系、情之所归，应当坚决维护各民族的团结统一，促使民族共同发展，做一个真正爱党、爱国、爱人民的中国人。从国家发展角度来看，建立一个更加富强、民主、文明、和谐和自由的社会主义国家是全体中华儿女的共同心愿。坚持大学生爱国主义教育，一步步引领大学生坚定爱国立场，形成忠诚为国和立志报效祖国的思想态度，将国家发展、民族团结、爱国思想等投入实践，增强大学生的责任感和使命感，引导坚持求真务实、一切从实际出发，有助于实现祖国的快速发展和繁荣昌盛。

第二节　新时代大学生爱国主义教育的理论基础

爱国主义既是社会主义精神文明建设的一项重要内容，也是大学生教育的核心内容。中华优秀传统文化中蕴含着丰富的爱国主义思想，马克思主义经典作家对爱国主义有相关论述，中国共产党历届领导人关于爱国主义教育的重要论述中也蕴含了丰富的爱国主义教育资源。充分利用上述思想资源，对于加强新时代大学生爱国主义教育具有非常重要的指导意义。

一、中华优秀传统文化中的爱国主义思想

中华民族在悠久历史中发展形成了博大精深的优秀传统文化，也孕育出了丰富的爱国主义精神，充分挖掘中华优秀传统文化中独具特色的爱国主义思想，有助于为新时代大学生爱国主义教育提供宝贵的思想资源。

---

① 习近平. 习近平谈治国理政：第三卷［M］. 北京：外文出版社，2020：409.

（一）天下为公的家国情怀

"天下为公"一词最早出自《礼记·礼运》，在中华优秀传统文化中产生了恒久影响，是中华民族的文化根基，具有普遍价值的内在核心。"天下为公"中的"公"是"共"的意思，所以"天下为公"，即天下是全天下人共有的天下。在这样一个理想的社会中，人们选举有德行、有才能的人来治理天下，人们之间讲究信用，和睦相处，不只把自己的亲人当作亲人，不只把自己的儿女当作儿女，这样的大同世界乃是一个不分彼此、和睦共处、天下一家的和谐社会。这样一个选贤任能、没有纷争、各得其所的大同世界是中华民族千百年来所尊崇的太平盛世，是中华儿女向来追求和平安定、公平正义的政治理想。除了"大同世界"的政治理想，中华优秀传统文化中还有崇尚天下为公、克己奉公，信奉天下兴亡、匹夫有责，强调和衷共济、风雨同舟等思想精华。在中华优秀传统文化的滋养下，中国人民历来具有家国情怀，将爱家和爱国相统一，将个体生命与国家民族命运融会在一起，这成为中国人民心中的鲜明底色。传统文化中的爱国主义思想作为大学生爱国主义教育的理论资源，有助于引导大学生心往一处想、劲往一处使，将小家与大家紧密相连，汇聚起实现中华民族伟大复兴中国梦的磅礴力量。

（二）民为邦本的价值取向

民本思想是中华优秀传统文化的精华。春秋战国时期，民本思想活跃，老子指出："圣人无常心，以百姓心为心。"管子则说："政之所兴在顺民心，政之所废在逆民心。"国家的兴旺发达与民心所向密切相关，表明爱国就是要热爱本国的国民。孟子主张"民为贵，社稷次之，君为轻""亲亲而仁民，仁民而爱物"。国家存在的合法性取决于君王治国的合理性，这就告诉我们，爱祖国的核心不是效忠帝王，而是爱人民，民是国之本，其具有非常鲜明的时代进步色彩。到了宋代，张载提出"民吾同胞，物吾与也"，表达了追求和平稳定、社会和谐，追求"天下一家"的共同理想，体现着中华民族在其历史生活中蕴含和表现出来的价值追求。数千年来，"民惟邦本，本固邦宁"的民本思想内化为源远流长的中华优秀传统文化的核心理念，经过代代相传，融入中国共产党这样一个百年大党的执政理念，成为具有时代气息的中国精神的重要特质。爱国主义精神的根本，就是热爱祖国，其不仅追求国家的独立与统一，而且追求国家的富强、文明、和谐与进步。因此，坚持民为邦本的价值取向，一切为此而奋斗的思想行为都是爱国主义精神的具体表现。

（三）矢志报国的远大志向

中华文明不仅发源得早，而且绵延不断，其中的奥秘之一就是爱国主义精神，其无不体现出中国人民对于国家的认同感与责任感。忠君爱国，应当以天下为己任，要有忧患意识，只有这样，才能做到防患于未然，保证国家的长治久安。所以，爱国主义精神还表现为为探索祖国和谐安宁和兴旺发达之路而不懈努力的远大志向和奋斗精神。历史上的爱国志士仁人，无不心系天下万民。从孔孟到顾炎武等人，他们身上有着强烈的社会责任感，他们主张以天下为己任，先天下之忧而忧，后天下之乐而乐，把国家、民族的利益摆在首位，为祖国的前途命运分愁担忧，为天下人的幸福出力，千难万险矢志不移，给后人以巨大影响。中国古人在诗文中表达了自己忧国忧民和一心要报效祖国的坚定决心和远大志向。例如：屈原在《离骚》中发出"长太息以掩涕兮，哀民生之多艰"的感叹；范仲淹在《岳阳楼记》中喊出"先天下之忧而忧，后天下之乐而乐"的心声。还有辛弃疾的"倚天万里须长剑"，陆游的"铁马冰河入梦来""位卑未敢忘忧国"，以及顾炎武的"国家兴亡，匹夫有责"。他们将个人、家庭以及国家结合在一起，认为国家的发展决定个人和家庭的命运，个人的命运与国家的命运息息相关。这些鲜明的爱国主义情怀，并没有在历史的长河中逐渐褪色，反而随着时间的推移渐渐植入中国人的基因，成为当代大学生爱国主义教育的重要基石。

二、马克思主义经典作家关于爱国主义教育的重要论述

马克思主义是当代中国意识形态领域的鲜明旗帜，也是新时代大学生爱国主义的重要指导思想。马克思主义经典作家的诸多著作中均不同程度地涉及热爱国家、民族团结等重要内容，并形成了相关论述。

（一）马克思、恩格斯关于爱国主义教育的重要论述

第一，爱国必须首先争取民族独立和解放。按照马克思主义的观点，国家是一个历史范畴，是特殊历史阶段的存在，是阶级矛盾不可调和的产物。马克思、恩格斯在《共产党宣言》中指出："工人没有祖国。决不能剥夺他们所没有的东西。"[①] 资本主义国家实质上是资产阶级的国家，是压

---

① 中共中央马克思恩格斯列宁斯大林著作编译局. 马克思恩格斯选集：第一卷 [M]. 北京：人民出版社，2012：419.

迫无产阶级的重要工具，工人群众和资产阶级在经济政治上存在严重的不平等，工人群众并没有真正的权利，也没有足够的生产资料。因此，马克思、恩格斯教育工人阶级必须认识到资产阶级国家是压迫和剥削他们的工具，必须要推翻资产阶级政权，消灭资产阶级国家，反对资产者鼓吹的爱国谎言，建立起无产阶级专政的国家。马克思、恩格斯还指出："一个大民族，只要还没有民族独立，历史地看，就甚至不能比较严肃地讨论任何内政问题。"① 如果没有民族独立，那么民族的强大和发展就无从谈起。马克思、恩格斯正是因为认识到了建立起独立国家的重要性，积极号召全世界人民为争取民族独立而奋斗。马克思、恩格斯充分肯定了无产阶级革命，明确无产阶级要首先争取民族独立和统一。由此可见，无产阶级的爱国主义理所当然地表现为投身于争取民族独立和统一中去，这是马克思、恩格斯爱国主义教育思想的基本立场。

第二，建立起革命联合统一战线。马克思和恩格斯关于爱国主义的思想内容中包含了许多关于资产者和无产者、无产者和共产党人的关系的内容，他们从原则上提出了建立革命统一战线的重要性和必要性。法国爆发大革命，马克思、恩格斯在《法兰西内战》中公开写道："在历史上破天荒第一次，小资产阶级和中等资产阶级公开地团结在工人革命旗帜下，他们宣布这场革命是拯救他们自己和拯救法国的唯一手段！"② 在无产阶级争取民主自由和本民族利益的斗争中，无产阶级要面对的敌人不仅是本国的资本家，还包括世界资本主义势力的广泛联合，所以，无产阶级必须联合一切具有革命斗争性和革命性的社会各阶级一同斗争。这一思想对于无产阶级爱国主义思想，乃至以后的无产阶级争取民族独立与解放的斗争及社会主义的建设都产生了极为深刻的影响，成为指导世界无产阶级和社会主义建设的思想原则和方法论。马克思、恩格斯关于爱国主义中无产阶级要广泛联合各种革命力量争取实现民族独立的观点，对当下我们的爱国主义教育具有重要的指导意义。

第三，要自觉坚定维护国家的根本利益。伴随国家这一阶级统治工具的产生，如何坚定维护本国的国家利益也成为人们关注的重要问题。马克思、

---

① 中共中央马克思恩格斯列宁斯大林著作编译局. 马克思恩格斯全集：第三十五卷 [M]. 北京：人民出版社，1971：260.

② 中共中央马克思恩格斯列宁斯大林著作编译局. 马克思恩格斯选集：第三卷 [M]. 北京：人民出版社，2012：149.

恩格斯对国家利益问题进行了初步性探索，形成了独特的国家利益观，这是马克思、恩格斯国家学说和国际关系理论的重要内容。根据马克思、恩格斯对国家利益思想，"人们为之奋斗的一切，都同他们的利益有关"①。"人们首先必须吃、喝、住、穿，然后才能从事政治、科学、艺术、宗教，等等；所以，直接的物质的生活资料的生产，从而一个民族或一个时代的一定的经济发展阶段，便构成基础，人们的国家设施、法的观点、艺术甚至宗教观念，就是从这个基础上发展起来的。"② 国家利益是以个人利益为基点的共同利益的代表者，以统治阶级利益为核心的全民利益的表现形式。另外，经济、政治、文化这几个方面相互依存和相互促进，共同构成了一个有机的统一整体，但各方面之间又有其内在关系，经济利益是基础、是本原性的，这是民族和国家存在的前提和基础，在经济利益基础之上，逐渐演化出来的政治利益和文化利益则属于更高层次的利益。总而言之，爱国并不是抽象的爱国，而是要坚定维护本国的国家利益。马克思关于国家利益的重要论述表明，国家共同利益与个人特殊利益相互统一，坚持爱国主义就要自觉维护国家利益。

第四，爱国主义必须与共产主义、国际主义相结合。为争取无产阶级革命的最终胜利，马克思、恩格斯提出"为了能够进行斗争，工人阶级必须在国内作为阶级组织起来"③，他们在《共产党宣言》中更是号召"全世界无产者联合起来！"④ 在马克思、恩格斯看来，工人阶级争取民族独立的爱国革命运动，实际上也就是工人阶级实现共产主义的革命运动，把无产阶级争取民族和祖国统一的斗争与共产主义社会联系起来。共产主义社会作为一个消灭了阶级对立和阶级剥削与压迫的社会，属于人自由而全面发展的理想社会，自然是无产阶级与资产阶级斗争、争取民族独立的最佳选择。马克思、恩格斯的爱国主义思想坚持任何一国的无产阶级革命都应当服从全世界无产阶级的整体利益，建立起共产主义社会，这是将爱国主

---

① 中共中央马克思恩格斯列宁斯大林著作编译局. 马克思恩格斯全集：第一卷 [M]. 北京：人民出版社，1995：187.

② 中共中央马克思恩格斯列宁斯大林著作编译局. 马克思恩格斯选集：第三卷 [M]. 北京：人民出版社，2012：1002.

③ 中共中央马克思恩格斯列宁斯大林著作编译局. 马克思恩格斯选集：第三卷 [M]. 北京：人民出版社，2012：368.

④ 中共中央马克思恩格斯列宁斯大林著作编译局. 马克思恩格斯选集：第一卷 [M]. 北京：人民出版社，2012：435.

义与国际主义相结合，突破了狭隘的民族主义。

（二）列宁关于爱国主义教育的重要论述

俄国的革命导师列宁也对爱国主义有过精辟的论述，其爱国主义思想主要表现在以下三个方面。

第一，真正的爱国主义与帝国主义时代的爱国主义有着本质区别。在帝国主义战争中，沙皇俄国和其他资产阶级统治的国家通过高喊"保卫祖国"口号，来蒙骗本国人民投入帝国主义掠夺战争，这里的"保卫祖国"，实质是资产阶级沙文主义的"爱国主义"。列宁认为保卫社会主义祖国是保卫劳动群众的祖国。列宁坚持国际主义立场，高举世界革命的旗帜，与第二国际中社会沙文主义和调和主义者等所谓的"爱国主义"者进行了坚决的斗争，明确要与其进行思想上和组织上的彻底决裂。从列宁的爱国主义思想来看，帝国主义时代的爱国主义是支持邪恶的帝国主义和处于统治、剥削地位的资产阶级，并不是真正的爱国主义，真正的爱国主义应当是站在劳动人民的立场上，选择一条正确的、适合本国国情的发展道路，并且坚定地领导劳动人民一起沿着这条道路走下去。

第二，要爱本国的语言、文字和文化，树立民族自豪感。一个民族要有自己的共同语言，高度的民族自豪感和责任心就源于对民族文化的认同，并能够产生对国家和民族的亲切感与归属感。因此，无产阶级革命胜利之后，列宁认为推广爱国主义教育首先要保护本民族的语言、文字，传播本民族的文化。他倡导："绝不允许任何一个民族，任何一种语言享有任何特权。"① 除了重视维护民族语言、文字和文化外，列宁认为还应该培养公众热爱本土语言、文化与风俗的意识和情感，持续传承本国的文化并将其发扬光大，增强人们对民族文化的热爱与自身的民族自豪感。这种具有爱国主义性质的民族自豪感不仅有利于鼓动广大无产阶级为摆脱殖民压迫而奋起斗争，还可以为社会主义发展建设提供强大动力，推动社会主义社会的发展进步。列宁在其撰写的《论大俄罗斯人的民族自豪感》一书中更是明确强调："我们满怀民族自豪感，因为大俄罗斯民族也造就了革命阶级，也证明了它能给人类提供为自由和为社会主义而斗争的伟大榜样。"②

---

① 中共中央马克思恩格斯列宁斯大林著作编译局. 列宁全集：第二十三卷［M］. 北京：人民出版社，2017：449.

② 中共中央马克思恩格斯列宁斯大林著作编译局. 列宁全集：第二十六卷［M］. 北京：人民出版社，2017：109.

只有树立了民族自豪感，才能自觉地发扬爱国主义精神，为实现本民族的社会主义事业而自觉奉献。

第三，坚持爱国主义与国际主义相结合，反对大国沙文主义。在帝国主义战争爆发时期，列宁高举国际主义的旗帜，同第二国际机会主义、民族沙文主义和军事扩张主义的"爱国"思潮进行坚决斗争，倡导实现和平，避免世界各国无产阶级自身的革命力量受到削弱。对于国际主义，列宁认为："无产阶级的国际主义，一是要求一个国家的无产阶级斗争的利益服从全世界范围的无产阶级斗争的利益；二是要求正在战胜资产阶级的民族，有能力有决心为推翻国际资本而承担最大的民族牺牲。"[①] 在列宁看来，世界无产阶级为了维护共同利益和最终实现自身解放及全人类的自由全面发展，应当将爱国主义与国际主义相结合，这不仅是被压迫民族争取国家独立和民族解放的首要条件，也是世界其他社会主义国家实现独立解放应当遵循的基本原则。

三、中国共产党历届领导人关于爱国主义教育的重要论述

百余年来，中国共产党带领广大人民在革命、建设、改革的伟大实践中取得了一个又一个胜利，实现了中华民族从站起来、富起来，再到强起来的伟大飞跃。中国共产党是爱国主义精神的忠实弘扬者和实践者，历届中国共产党领导人也对爱国主义教育作出了重要论述。

（一）毛泽东关于大学生爱国主义教育的重要论述

以毛泽东同志为主要代表的中国共产党人，不仅领导中国人民建立了社会主义新中国，而且他本人也具有深厚的爱国情怀，对爱国主义教育也非常重视。毛泽东关于爱国主义教育的丰富论述，主要体现在以下三个方面。第一，在爱国主义要求方面，毛泽东坚持爱国主义与国际主义相一致的原则，主张在世界上树立起良好的国家形象，反对狭隘的爱国主义。1937年3月1日，毛泽东在会见美国进步记者和作家史沫特莱时说："中国共产党人是国际主义者，他们主张世界大同运动；但同时又是保卫祖国的爱国主义者……这种爱国主义与国际主义并不冲突，因为只有中国的独立解放，才有可能去参加世界的大同运动。"[②] 对中国共产党人来说，则必

---

① 中共中央马克思恩格斯列宁斯大林著作编译局. 列宁全集：第三十九卷 [M]. 北京：人民出版社，2017：167.

② 中共中央文献研究室. 毛泽东文集：第一卷 [M]. 北京：人民出版社，1993：484.

须将爱国主义和国际主义结合起来，因为只有为保卫祖国而战才能打败侵略者，使民族得到解放，而只有民族得到解放，才有使无产阶级和劳动人民得到解放的可能。全世界的无产阶级打倒了侵略他国的帝国主义者，也就是帮助全世界的人民。第二，根据时代背景确定爱国主义教育内容。毛泽东认为"爱国主义的具体内容，看在什么样的历史条件之下来决定"①。这表明爱国主义作为一个历史范畴，其教育内容并不是一成不变的，而是会随着不同的时代背景和时代需求而变化的。例如，在毛泽东当时所处的革命时期，争取民族独立和人民解放是斗争的目标，反帝反封建是中国共产党和中国人民所面临的历史任务，在这样的时代背景下，爱国主义表现为教育广大人民群众团结起来，为实现民族独立、国家富强奉献自己的力量。第三，毛泽东的爱国主义思想是与社会主义紧密结合在一起的。他认为，只有社会主义才能救中国，中国要彻底摆脱落后挨打的局面，就必须不断进行社会主义现代化建设，在经济和科学技术等方面赶上西方国家，甚至超过西方国家②。

（二）邓小平关于大学生爱国主义教育的重要论述

邓小平同志非常重视对青年的爱国主义教育，他对此也有丰富的论述。邓小平的爱国主义教育重要论述主要体现在以下三个方面。第一，提出爱国主义教育要培育"四有新人"。邓小平说："我们多年奋斗就是为了共产主义，我们的信念理想就是要搞共产主义。在我们最困难的时期，共产主义的理想是我们的精神支柱，多少人牺牲就是为了实现这个理想。"③培养什么人，是教育必须解决的首要问题，它关乎国家和民族发展的前途与命运。邓小平所倡导的爱国主义教育，就是要培养有理想、有道德、有文化、有纪律的"四有新人"。第二，主张要把中国的历史作为爱国主义教育的内容。邓小平非常重视历史教育，明确党史学习教育肩负着爱国主义教育的重要功能。他指出，"我们要用历史教育青年，教育人民""要懂得些中国历史，这是中国发展的一个精神动力"④。邓小平认为，青年大学生通过学习党史，有助于增强自身的民族自尊心和自信心，为建设祖国而团结奋斗。第三，爱国和爱党、爱社会主义是统一的，要坚持爱国和爱

---

① 毛泽东. 毛泽东选集：第二卷 [M]. 北京：人民出版社，1991：520.
② 许全兴. 毛泽东对民族精神的丰富和发展 [N]. 光明日报，2003-12-16（01）.
③ 邓小平. 邓小平文选：第三卷 [M]. 北京：人民出版社，1993：137.
④ 邓小平. 邓小平文选：第三卷 [M]. 北京：人民出版社，1993：206.

党、爱社会主义相结合。邓小平指出："有人说不爱社会主义不等于不爱国。难道祖国是抽象的吗？不爱共产党领导的社会主义的新中国，爱什么呢？"① 一个生于斯长于斯的中国人，如果不爱社会主义，就从根本上违背了国家、民族和人民的利益，也就谈不上爱国主义。邓小平的这一重要论述表明爱国和爱党、爱社会主义是统一的，这也为新时代大学生爱国主义教育提供了明确的方向和基本的遵循。

（三）江泽民关于大学生爱国主义教育的重要论述

江泽民同志的爱国主义教育重要论述主要体现在以下三个方面。第一，高度肯定了爱国主义教育的重要性。1990 年 5 月 3 日，江泽民在首都青年纪念五四报告会上的讲话中提出，要继承和发扬爱国主义传统，进行爱国主义教育。"在我国历史上，爱国主义从来就是动员和鼓舞人民团结奋斗的一面旗帜，是各族人民共同的精神支柱，在维护祖国统一和民族团结、抵御外来侵略和推动社会进步中，发挥了重大作用。"② 第二，进一步丰富爱国主义教育的目标。在爱国主义教育目标方面，江泽民在培育"四有新人"的基础上，进一步提出要培养能担当跨世纪重任的社会主义现代化建设事业的建设者和接班人。第三，坚持爱国主义、集体主义、社会主义教育三位一体。对于爱国主义、集体主义、社会主义教育三者的关系，江泽民明确指出，它们之间的关系在我国是三位一体、相互促进的。"不断增强学生和群众的爱国主义、集体主义、社会主义思想，是素质教育的灵魂。"③ 这也是社会主义爱国主义教育培养人才的关键所在。

（四）胡锦涛关于大学生爱国主义教育的重要论述

胡锦涛同志同样非常重视大学生的爱国主义教育，他的爱国主义教育思想主要体现在以下三个方面。第一，将"以热爱祖国为荣，以危害祖国为耻"作为社会主义荣辱观的第一条。胡锦涛深入分析精神文明建设与思想道德建设的现状，根据时代发展与变化提出了社会主义荣辱观，明确大学生要"以热爱祖国为荣，以危害祖国为耻"，这对培养中国特色社会主义事业的合格建设者和可靠接班人，具有特殊指导意义。第二，明确新形势下爱国主义教育的主题。胡锦涛指出："在当代中国，爱国主义最鲜明的主题就是不断发展中国特色社会主义，在改革开放中加快推进社会主义现

① 邓小平. 邓小平文选：第二卷 [M]. 2 版. 北京：人民出版社，1994：392.

② 江泽民. 江泽民文选：第一卷 [M]. 北京：人民出版社，2006：121.

③ 江泽民. 江泽民文选：第二卷 [M]. 北京：人民出版社，2006：332.

代化，全面建设小康社会，把中华民族伟大复兴的宏伟蓝图变成美好现实。"① 在前进的征途上，需要正确把握爱国主义精神的时代内涵，大力弘扬爱国主义精神，不断增强中华民族的凝聚力，为发展中国特色社会主义、实现中华民族伟大复兴提供强大精神力量。第三，明确爱国主义教育的目的。胡锦涛在 2008 年北京大学建校 110 周年座谈会上指出，青年大学生应当"时刻心系民族命运、心系国家发展、心系人民福祉，使爱国主义精神在新的时代条件下发扬光大"②。胡锦涛同志提出新时期大力弘扬爱国主义精神的新要求，明确指出了当代青年的责任与使命。

（五）习近平总书记关于大学生爱国主义教育的重要论述

党的十八大以来，习近平总书记将爱国主义推举到历史新高度，围绕爱国主义作出了一系列的重要论述，提出了一系列的明确要求，规划了一系列的具体部署，形成了特色鲜明的爱国主义观。第一，爱国主义是我们民族精神的核心，是中国人民和中华民族同心同德、自强不息的精神纽带。习近平总书记指出："历史深刻表明，爱国主义自古以来就流淌在中华民族血脉之中，去不掉，打不破，灭不了，是中国人民和中华民族维护民族独立和民族尊严的强大精神动力。"③ 第二，让爱国主义成为每一个中国人的坚定信念和精神依靠。习近平总书记指出："要把爱国主义教育贯穿国民教育和精神文明建设全过程。……唱响爱国主义主旋律，让爱国主义成为每一个中国人的坚定信念和精神依靠。"④ 第三，当代中国，爱国主义的本质就是坚持爱国和爱党、爱社会主义高度统一。习近平总书记指出："只有坚持爱国和爱党、爱社会主义相统一，爱国主义才是鲜活的、真实的，这是当代中国爱国主义精神最重要的体现。今天我们讲爱国主义，这个道理要经常讲、反复讲。"⑤ 第四，把弘扬爱国主义精神与扩大对外开放结合起来。弘扬爱国主义精神，必须坚持立足民族又面向世界。习近平总书记指出："中国的命运与世界的命运紧密相关。我们要把弘扬爱

---

① 胡锦涛. 给全国广大青年学生提几点希望 [J]. 人民教育，2009 (10)：1-2.

② 唱响爱国主义的时代强音：认真学习胡锦涛总书记在北大座谈会上的讲话 [N]. 中国教育报，2008-5-6 (01).

③ 习近平. 在纪念五四运动 100 周年大会上的讲话 [M]. 北京：人民出版社，2019：3.

④ 中共中央党史和文献研究院. 习近平关于社会主义精神文明建设论述摘编 [M]. 北京：中央文献出版社，2022：116.

⑤ 中共中央党史和文献研究院. 习近平关于社会主义精神文明建设论述摘编 [M]. 北京：中央文献出版社，2022：117.

国主义精神与扩大对外开放结合进来，尊重各国的历史特点、文化传统，尊重各国人民选择的发展道路，善于从不同文明中寻求智慧、汲取营养，增强中华文明生机活力。"① 加强爱国主义教育有助于增强民族向心力、凝聚力，爱国主义教育是培养以及加强人们认同民族、国家、文化、政治体制的重要途径。这表明，爱国主义教育要与社会主义核心价值观培育相结合，通过大力弘扬爱国精神与时代精神，为实现中华民族伟大复兴中国梦提供强大精神动力和精神支柱。习近平总书记关于爱国主义教育的相关论述进一步显示了爱国主义精神对实现中华民族伟大复兴的中国梦的重要性。

第三节　新时代大学生爱国主义教育的内在机理

对大学生进行爱国主义教育是一个长期的过程，这个过程要求各要素、各方面协同配合。爱国主义教育自身也是一个过程，这个过程由一系列的具体阶段构成，主要包括：教育前准备阶段、教育总体实施阶段、教育对象接受阶段、教育效果评估阶段。这几个阶段环环相扣，渐次展开。

一、教育前期准备阶段

为了确保大学生爱国主义教育工作有效开展，通常需要在教学之前进行充分的准备，结合大学生爱国主义教育的内容、教材的情况和教育的对象进行分析。

（一）教学内容选择

2019 年中共中央、国务院印发了《新时代爱国主义教育实施纲要》（以下简称"《纲要》"），《纲要》对爱国主义教育的具体内容作出了明确规定，也对新时代大学生爱国主义教育内容的选择提供了重要的指导。遵循《纲要》的重要指示精神，新时代大学生爱国主义教育在教学内容选择上需要明确的关键点主要有以下八点。一是坚持用习近平新时代中国特色社会主义思想武装全党、教育人民。在大学生爱国主义教育过程中，应当坚持用习近平新时代中国特色社会主义思想教育广大青少年，做到真学真懂真信真用，深刻领悟"两个确立"的决定性意义，不断增强做到"两个

---

① 中共中央党史和文献研究院. 十九大以来重要文献选编：中［M］. 北京：中央文献出版社，2021：313.

维护"的内在自觉，切实提高政治判断力、政治领悟力、政治执行力，始终把牢新时代大学生爱国主义教育的正确方向。二是深入开展中国特色社会主义和中国梦教育。青年大学生生逢其时，是中国梦的享有者；同时他们也肩负重任，中国梦必定要在他们手中实现。开展新时代大学生爱国主义教育，就要让他们懂得爱国不是一个口号，而是具体的、现实的行动，必须把个人"小我"融入祖国"大我"，把自己的理想同祖国和人民的命运紧紧结合起来，激发强国有我的青春激情，为中国式现代化建设挺膺担当、团结奋斗。三是深入开展国情教育和形势政策教育。围绕党的中心任务和工作大局开展国情教育和形势政策教育，这既是我们党的优良传统和政治优势，也是爱国主义教育的重要任务。开展新时代大学生爱国主义教育，一方面要让大学生了解近代中国的基本社会状况，引导其学习中国革命史和建设史；另一方面，要帮助大学生准确把握我国基本国情，在意识到祖国强大的同时发现祖国建设中需完善的地方，投身建设祖国的伟大事业，在正视基本国情的同时树立民族自尊心和自信心。四是大力弘扬民族精神和时代精神。以爱国主义为核心的民族精神和以改革创新为核心的时代精神，是凝心聚力的兴国之魂、强国之魂。新时代大学生的爱国主义教育应当大力弘扬中国人民在长期奋斗中形成的伟大创造精神、伟大奋斗精神、伟大团结精神、伟大梦想精神，生动展示人民群众在新时代的新实践、新业绩、新作为，激发大学生敢闯事业和为国奉献的热情。五是广泛开展党史、国史、改革开放史教育。把党史、国史、改革开放史教育与新时代爱国主义教育相统一，在爱国主义教育过程中，把握青少年群体的特点和习惯，组织好青少年学习教育，厚植爱党爱国爱社会主义的情感，让红色基因、革命薪火代代传承。六是传承和弘扬中华优秀传统文化。新时代的爱国主义既是富有时代精神的爱国主义，也是扎根优秀传统文化的爱国主义。爱国主义精神深深植根于中华民族心中，是中华民族的精神基因，有助于各个民族的团结统一，激励着一代又一代中华儿女为祖国发展繁荣而不懈奋斗。所以，新时代大学生爱国主义教育要继承好中华优秀传统文化。七是强化祖国统一和民族团结进步教育。党的二十大强调，"以铸牢中华民族共同体意识为主线，坚定不移走中国特色解决民族问题的正确道路""加强和改进党的民族工作，全面推进民族团结进步事业"[①]。这

---

① 习近平. 高举中国特色社会主义伟大旗帜 为全面建设社会主义现代化国家而团结奋斗：在中国共产党第二十次全国代表大会上的报告 [M]. 北京：人民出版社，2022：39-40.

也为学校教育提供了重要指引。八是加强国家安全教育和国防教育。党的二十大报告在国家安全一章中强调"全面加强国家安全教育""增强全民国家安全意识和素养，筑牢国家安全人民防线"①。百年大计，教育为本。我国已经进入"大安全"时代，对于大学生的爱国主义教育还需要融入广泛而深入的国家安全教育，这样才能增强广大学生群体的国家安全意识，把爱国的情感和总体国家安全观内化于心、外化于行。

（二）教材研究分析

2019 年，中共中央、国务院印发的《新时代爱国主义教育实施纲要》指出："要把青少年作为爱国主义教育的重中之重，将爱国主义精神贯穿于学校教育全过程，推动爱国主义教育进课堂、进教材、进头脑。在普通中小学、中职学校，将爱国主义教育内容融入语文、道德与法治、历史等学科教材编写和教育教学中，在普通高校将爱国主义教育与哲学社会科学相关专业课程有机结合，加大爱国主义教育内容的比重。"②《新时代爱国主义教育实施纲要》明确规定了要将爱国主义教育与大学生的思政课程和课程思政紧密结合。在此之前，习近平总书记在学校思想政治理论课教师座谈会上也指出："思政课是落实立德树人根本任务的关键课程，思政课作用不可替代，思政课教师队伍责任重大。"③高校思想政治理论课是对大学生进行爱国主义教育的主阵地，高校思想政治理论课教师是对大学生进行爱国主义教育的主力军。思政课教学内容的价值性是加强大学生爱国主义教育的第一法则，因此，无论是思政课程还是课程思政都必须坚持"内容为王"，教师在教学过程中要结合新时代大学生爱国主义教育的教学内容钻研好教材，备好课，整理好自己的教学思路，明确这节课教学的内容、教学的重点、教学的难点分别是什么。就专门的思政课而言，目前，正式开设的大学思政课主要有"思想道德与法治""马克思主义基本原理""中国近现代史纲要""毛泽东思想和中国特色社会主义理论体系概论""习近平新时代中国特色社会主义思想概论"。在各门课的教学准备过程中，思政课教师应当充分研究教材，结合爱国主义教育的内容，在合适的章节讲解

---

① 习近平. 高举中国特色社会主义伟大旗帜　为全面建设社会主义现代化国家而团结奋斗：在中国共产党第二十次全国代表大会上的报告 [M]. 北京：人民出版社，2022：53-54.

② 中共中央党史和文献研究院. 十九大以来重要文献选编：中 [M]. 北京：中央文献出版社，2021：317.

③ 习近平. 思政课是落实立德树人根本任务的关键课程 [M]. 北京：人民出版社，2020：2.

爱国主义的相关教学内容。例如，"思想道德与法治"课，在教材的第三章第二节中就专门有做新时代忠诚的爱国者的重要内容，思政课教师在对大学生进行爱国主义教育之前，需要充分准备这部分的教学内容，结合教材正确地开展教学。就其他的专业课而言，高校教师在专业课程的准备阶段，也要结合学生所学专业的特点，根据爱国主义教育的内容，研究教材、吃透教材，在专业教学的过程中寻找合适的教育契机对大学生进行爱国主义教育。概而言之，教师在对大学生进行爱国主义教育时，应当深钻教材、精心设计、有的放矢，这样才能做到文道结合、水乳交融、情境自生。

（三）教育对象分析

青年时期是价值观形成和确立的重要时期。青年在这一时期一定会经历各种各样的斗争，也可能出现不可预见的变化，抓好这一时期的价值观养成十分重要。如今"00 后"群体已经成为新时代大学生的主要组成部分，他们正处在人生的青年时期。作为一个年轻有活力的群体，他们热情开朗、活泼朝气、富有向上的激情，思维活跃又富有创新性，同时还具有较强的学习能力，但他们由于社会阅历不够，对许多问题的看法还不成熟，在认识和分析事物的时候，很容易出现肤浅和片面的理解。正如有学者研究指出的那样，"'00 后'大学生是空前开放的一代，这种开放打开了他们的视野，充盈了他们的思想，使他们变得包容而自信，活跃而博学"①。青年大学生除了上述特点外，其心理特点也有明显的不同，主要表现为"自我意识增强与自我认识不足并存；情感丰富与情绪波动大并存；意志力有所提高与意志力不稳定并存；智力发展水平较高与辩证思维能力稍弱并存"②。总而言之，当前的"00 后"大学生群体不仅具备青年群体的普遍特点，还在个性化的价值追求、自主化的学习方式、网络化的社交娱乐、务实化的人生理想等方面表现出自己的鲜明独特性，在需求方面呈现出碎片化、多维度、易变化的特点。面对这样一个具有鲜明特色的学生群体，在对其进行爱国主义教育时，就会面临着相对于其他群体而言更大的挑战。在教育准备阶段，要对大学生群体进行理性分析，了解更加具有自主性、探索性和创新性的学习生活，选取生动活泼的教学内容和具有时

---

① 项久雨. 品读"00 后"大学生 [J]. 人民论坛, 2019 (9)：112-114.
② 张耀庭. 大学生的心理特点与爱国主义情感培养刍议 [J]. 继续教育研究, 2015 (3)：103-105.

代性的教学工具，引导大学生从感官体验、实践经历中获取理论或知识，从而增强大学生爱国主义教育的效果。

二、教育总体实施阶段

新时代大学生爱国主义教育的教育实施过程是教师根据教育目的、教学内容和学生身心发展的特点，通过选取合适的教学理念，运用恰当的教学方式，营造良好的教学环境等指导学生有目的、有计划地掌握系统的爱国主义的相关知识，培养大学生热爱祖国的情感，在行动上自觉践行热爱祖国、维护祖国、为祖国做出贡献的过程。

（一）灌输与启发相结合

爱国主义是中华儿女最自然、最朴素的情感。大学生是最富有朝气、富有梦想的群体，他们正处于人生的"拔节孕穗期"。新时代大学生爱国主义教育要根据教育规律，把握学生的需求，围绕培养大学生爱国热情和家国情怀等内容，以马克思主义"灌输理论"为指导，开展"思想灌输"和"课堂灌输"。切实加强理论教育与科学阐释，通过全程的、系统的、精准的"思想滴灌"，引导大学生树立正确的历史观、民族观、国家观、文化观。在课堂教学中，思政课教师需要改变传统单向机械的"灌输"模式，通过多角度的理论分析和深入浅出的论证将爱国主义思想灌输到大学生的思想意识之中，引导他们树立正确的爱国观，坚持正确的价值导向。另外，在教育实施过程中，除了理论灌输之外，还可以同时运用启发引导的方法教育大学生形成正确的爱国认知。大学生是祖国的未来、民族的希望、社会的精英，他们肩负着实现中华民族伟大复兴的历史使命。在大学生爱国主义教育过程中，让学生明白在党的领导下，广大人民群众通过艰苦奋斗，让我们的国家从积贫积弱一步步走到今天的繁荣发展，这不只是中国奇迹，也是世界奇迹，从而激起大学生的爱国热情。同时，在教学过程中还要让大学生明白，我国仍处于社会主义初级阶段，人民日益增长的美好生活需要和不平衡不充分的发展之间的矛盾是当前我国社会的主要矛盾，在发展中需要解决的问题还很多。教师要教育大学生将国家富强、民族振兴作为己任，牢固树立国家至上、人民至上的理想信念，把"小我"与"大我"紧密联系起来，把爱国热情转化为实现中华民族伟大复兴中国梦的具体行动。

（二）专题教育和实践参与相结合

高校是培养社会主义建设者和接班人的重要场所，是进行爱国主义教育的重要阵地。一般来说，大学生爱国主义教育主要是以教材为主，与所发生的社会热点问题结合得相对较少，与基本国情教育也结合得不太充分，从而造成了爱国主义教育效果略微欠佳。所以，高校可结合时事开展大学生感兴趣的爱国主义教育，将一些时事和新闻热点作为课题，让大学生针对所发生的事件发表自己的意见和看法，从而了解大学生在爱国这个问题上的思想动态。思政课教师在大学生爱国主义教育中扮演着重要的角色，自然应当引导学生客观地认识事件的前因后果，使学生有一个成熟客观的认识，从而逐渐培养大学生理性的爱国主义意识。由于爱国主义精神的培育需要在长期的社会实践中进行，因此在大学生的爱国主义教育实施过程中，除了进行专题的理论教育和时政教育外，还可以选择经常性地组织以爱国主义为主题的校外实践活动，将校园生活与校外实践相结合。在组织实施这类活动时，其主题不能流于形式、太过宽泛，或主题不突出，否则难以起到相应的教育效果。所以在组织活动的过程中，应注意加强正面引导，避免出现低俗的内容。大学生在参与形式多样的实践活动中了解社会，增加阅历，能够更好地认识祖国的发展历史，看到祖国在改革开放四十多年中取得的伟大成就，从而激发自己的民族自信心和自豪感，进一步加深对祖国和人民的深厚情感。

（三）显性教育和隐性教育相结合

习近平总书记指出："弘扬爱国主义精神，必须把爱国主义教育作为永恒主题。要把爱国主义教育贯穿国民教育和精神文明建设全过程。"[①] 新时代大学生爱国主义教育在实施过程中，可以选择显性教育和隐性教育两种不同的教育方式，它们各自有不同的特点和功能。"所谓'显'，要求旗帜鲜明、理直气壮地开展爱国主义教育，牢牢坚守理论灌输的教育方式，充分发挥课堂教学的主渠道作用。"[②] 在新时代大学生爱国主义教育过程中，充分利用高校课堂教学的平台和资源，将爱国主义教育融入各门课程的教

---

① 中共中央党史和文献研究院. 习近平关于社会主义精神文明建设论述摘编 [M]. 北京：中央文献出版社，2022：116.

② 单文鹏. 论新时代爱国主义教育的"显"与"隐" [J]. 思想教育研究，2020（5）：89-93.

学内容和过程，有助于全面充实和加强中国梦和中国特色社会主义、中国共产党治国理政方略体系、社会主义核心价值观、形势与政策、"五史"教育等爱国主义教育的重要内容，形成更加合理和完善的课程体系，为更好地教育引导大学生深化对爱国主义的理论体系的认知和科学准确地回应大学生关注的国家和民族发展的现实问题带来益处。"'隐'则要求创新新时代爱国主义教育的柔性表达，丰富新时代爱国主义教育的实践形式，营造新时代爱国主义教育的社会氛围。"① 隐性教育不受时间和空间的限制，全天候、全方位地影响大学生的爱国情感，把隐性爱国主义教育融入显性课堂，能够增强显性爱国主义教育的生动性。总体而言，加强新时代大学生隐性爱国主义教育，就需要不断加强对高校隐性教育资源的利用、增强教育者的隐性教育意识，落实全员育人、全程育人和全方位育人的规划，引导新时代大学生从不同角度和层面认识和体验爱国主义的内涵和价值，从而达到培育大学生爱国情、强国志和报国行的目的。

三、教育对象接受阶段

大学生是十分宝贵的人才资源，是民族的希望，是祖国的未来。当代大学生爱国主义教育的成功与否直接关系到社会主义事业的兴衰成败。高校在开展爱国主义教育过程中要尊重大学生的爱国情感，深入开展大学生理性爱国主义教育，提高大学生独立思考和辨别是非的能力。

（一）理性折服

"理性折服，是指大学生在爱国主义的积极灌输和宣传下，通过自己有理性论证而信服不疑，使爱国主义之理入脑入心。它是大学生接受爱国主义教育的主要机制。"② 高校的思想政治理论课，从根本上说是从政治上引导人的思想，给人的思想赋予政治性，将政治性贯注思想性，实现"思政合一"。在对大学生进行爱国主义教育的过程中，一味灌输并不能取得好的成效，对大学生思想的引导还必须遵循一定的认识规律，通过启之以道、晓之以理，让大学生真正信服其中的真理、道理和学理。正如习近平总书记指出的"以透彻的学理分析回应学生，以彻底的思想理论说服学

---

① 单文鹏.论新时代爱国主义教育的"显"与"隐" [J].思想教育研究，2020（5）：89-93.

② 涂争鸣.论大学生爱国主义教育的接受机制 [J].黑龙江高教研究，2000（4）：27-29.

生，用真理的强大力量引导学生"①。思政课教师在对同学们讲解爱国主义的基本知识时，倘若只是机械地照本宣科地把关于爱国主义的一些基本理论告诉大家，就会出现老师机械地教、学生机械地学，课堂抬头率低，没有几个人能真正学深悟透的局面。因此在讲思政课时，切忌浮于表面、照本宣科，必须善于讲"理"，有理才会有力，有力才会有利。思政课教师要结合不断发展的社会实践，用学生喜闻乐见的形式，以系统完整、令人信服的学术框架，把知识给同学们讲清楚、讲透彻，思政课教师"说得有理""讲得在理"，学生就容易理解也容易接受，就能达到"以理服人"的目的。

（二）情境感染

大学生爱国主义教育是一项固本培元、凝心铸魂的思想政治教育实践活动，是国家在七十多年光辉历程中团结青年、引领青年、赢得青年的优良传统和政治优势。加强新时代大学生的爱国主义教育，在教育过程中让大学生充分接受爱国思想，培育起大学生的爱国情感，运用特殊的情景进行情感熏陶是帮助其认可和接受爱国主义思想的一个重要方面。情境感染作为一种通过感性的形式接受爱国主义教育的机制，是指个体在教学互动中或在参与的社会实践活动中，通过接收包含爱国主义内容的内容讲解或物体形象展示，以情感反应为中介而产生的深层次的精神渗透和观念认同，这是通过心理距离的不断缩减和高尚灵魂的反复浸润而实现的。情境感染虽然不常借助于严密的逻辑推理，但其折服人的效果却可以媲美于逻辑的力量。具体来说，在爱国主义教育过程中，教育者不必对爱国理论进行大量烦琐的阐释，也不必借助于缜密推理对爱国理论进行严密论证，而是将自己或其他先进模范内在的爱国观念通过真实的行为，直观地展现在大学生面前，以促成大学生产生内在的感动和深层的认同，并从他人的爱国行为显现中吸收精神营养，获取真善美的增量。爱国主义教育中的情境感染是一种心与心的呼唤，心与心的感应，心与心的碰撞，这种教育效果是硬性灌输难以达到的。这要求教师必须饱含真情，用富有情感的语言和极具感染力的表情，创设一种情境，制造一种氛围，和风细雨般地感染学生。

（三）榜样示范

爱国主义精神深深植根于中华民族心中，激励着一代又一代中华儿女

---

① 习近平. 论党的青年工作 [M]. 北京：中央文献出版社，2022：191.

为祖国发展繁荣而自强不息、不懈奋斗。时代呼唤爱国精神，榜样引领崇高事业。2019 年，习近平总书记对张富清同志的先进事迹作出了重要指示：张富清用自己的朴实纯粹、淡泊名利书写了精彩人生，是广大部队官兵和退役军人学习的榜样。张富清两次获得"战斗英雄"荣誉称号，退役转业后，深藏功名，主动为贫穷山区奉献一生。在部队，他保家卫国；到地方，他为民造福。他是大学生励志向上、报效祖国的榜样。榜样催人奋进，典型可敬可学。张富清是大学生爱国主义教育中的一个榜样，有效地增强了新时代大学生爱国主义教育的感染力和说服力。思政课教师应紧密结合当代大学生成长需求、群体特征、兴趣爱好和专业领域等方面，充分挖掘具有广泛代表性的时代榜样和大学生身边的榜样，重视榜样的示范引领作用，发挥榜样教育在弘扬爱国主义精神中的实效性。换言之，教育者通过树立身边不同的榜样人物和时代中具有代表性的榜样人物，将榜样身上所体现的爱国主义精神具象化，引导大学生"立榜样、学榜样、做榜样"，营造学榜样的良好风气，对大学生深入、持久、生动地进行爱国主义教育，努力培养德智体美劳全面发展的社会主义人才和时代新人。

四、教育效果评估阶段

"大学生爱国主义教育评价是指教育行政部门、高校、爱国主义教育工作者等评价主体依据一定的评价标准和指标体系，按照一定的原则，运用定性与定量相结合的方法，对大学生爱国主义教育过程、内容、效果、方式方法等进行价值判断的过程。"[①] 新时代大学生爱国主义教育在教育结果评价环节需要注意四个方面，即抓好"谁来评"、明确"评什么"、解决"如何评"和明晰"怎么改"。

（一）抓好"谁来评"

引导大学生热爱祖国、心系祖国、奉献祖国是我们党团结青年、引领青年、赢得青年的优良传统和政治优势。开展大学生爱国主义教育是一项关乎国家长远发展和民族兴盛的重要实践活动，对培育青年大学生的爱国爱民之心，引领一代代大学生拥护党的领导，坚定走社会主义道路具有十分重要的作用。新时代大学生爱国主义教育实效如何，还需要对教育结果进行客观真实的评价。在大学生爱国主义教育评价中，明确谁来评价至关

---

① 涂爱荣. 大学生爱国主义教育评价原则简析［J］. 学校党建与思想教育，2011（11）：67-68.

重要，评价主体方面有教育行政部门、学校主管思想政治教育工作的领导、爱国主义教育的工作者等。教育行政部门要扮演好"第一把关人"角色，从整体上对大学生爱国主义教育效果、质量进行把关，评估教育方案是否立足于教育实际和国家发展需求，是否科学严谨、合理有效，能否满足广大学生和教师的需求。学校主管思想政治教育工作的领导要扮演好"监督人"角色，将爱国主义教育有效地融入专业教学，以实现全员全程全方位育人目标。爱国主义教育工作者是教育活动的主要组织者和实施者，是推动教育活动开展的主要动力，要扮演好"检查员"角色，构建大学生爱国主义教育的长效机制。

（二）明确"评什么"

大学生爱国主义教育评价作为大学生进行爱国主义教育的一个重要环节，得到了教育主管部门和教育工作者尤其是德育工作者的深切关注。其中，如何建立科学合理的大学生爱国主义教育评价体系是大学生爱国主义教育过程机制中需要认真解决的问题。新时代大学生爱国主义教育要建立一套系统化的指标体系，并保证这些评价指标能够科学有效地收集信息，对客体进行正确的判断和评价。可见，指标体系是评估的核心，其选择是否得当直接影响评估的成败。建立科学合理的评价体系，需要注意的是"评价体系要关注当代学生的多样化的价值理念、主体意识和权利意识，激发学生的社会责任感、创新意识、竞争意识、包容意识、环保意识，并将其作为思想政治教育的重要评价指标，评价体系要围绕这些指标进行细化"①。新时代大学生的爱国主义教育是多目标、多层次、多因素的复杂系统，在爱国主义教育结束后，对学校的人才培育、教学、科研等方面建立依次逐级分解而构成的一个完整、多级的体系，有助于大学生爱国主义教育取得更好成效。

（三）解决"如何评"

大学生爱国主义教育是大学生思想政治教育的主要内容，在大学生爱国主义教育的评价上，首先是需要坚持正确的评价原则，例如坚持"自我评价与他人评价相结合的原则；阶段性评价与终结性评价相结合的原则；普遍性评价与特殊性评价相结合的原则；静态评价与动态评价相结合的原则；定性评价与定量评价相结合的原则"②。坚持正确的评价原则，才能对

---

① 叶海. 高校大学生思想政治教育体系的优化［J］. 黑龙江高教研究，2017（10）：147-149.

② 涂爱荣. 大学生爱国主义教育评价原则简析［J］. 学校党建与思想教育，2011（11）：67-68.

大学生爱国主义教育做出科学合理的价值判断。其次是要采取多种多样的教学评价方法，例如诊断性评价、形成性评价、总结性评价、相对性评价等。通过教学评价及时地提供反馈信息，教师能知道教学的结果如何，从而对教学工作有全面和准确的了解，并及时地对其做出相应的修改和调整。

（四）明晰"怎么改"

在实事求是地分析评价结果之后，应当做到及时反馈，听取师生对评价结果的意见和建议，确定改进的方案，合理策划下一阶段开展大学生爱国主义教育的目标和任务。《中华人民共和国爱国主义教育法》（以下简称"《爱国主义教育法》"）已由第十四届全国人民代表大会常务委员会第六次会议通过，自2024年1月1日起施行。这部法律从指导思想、目标内容和方法途径等多个方面为依法依规开展爱国主义教育提供了行动指南。新时代爱国主义教育需要各级部门以《爱国主义教育法》为指导，各部门协同配合，明确权责归属、建立联动机制，构建全方位、常态化的教育格局，形成爱国主义教育合力，共同下好大学生爱国主义教育这盘棋。

第四节　新时代大学生爱国主义教育的影响因素

大学生爱国主义教育并非单独的、独立于社会发展之外的社会实践活动，而是内生于社会发展各环节、各阶段的活动，必然受到多维因素的影响，剖析大学生爱国主义教育的影响因素对于提升大学生爱国主义教育实效性具有关键意义。

一、指导思想的明确统一

教育指导思想在教育实践中起着至关重要的作用，它指明了教育的核心任务和意义，帮助教育工作者确定教育的方向和目标，确保教育不仅注重知识传授，而且关注学生的综合发展。通过明确的教育目标，教育可以更好地满足个体和社会对于知识、技能和价值观的需求。新时代大学生爱国主义教育则是要坚持以习近平新时代中国特色社会主义思想为指导，这是因为习近平新时代中国特色社会主义思想是马克思主义中国化的最新成果，是开创新时代、引领新时代的重要精神旗帜，是实现国家富强、民族复兴、人民幸福的思想武器和行动指南。新时代大学生爱国主义教育坚持用习近平新时代中国特色社会主义思想武装全党、教育人民，是党的十八大以来我们不断深化对宣传思想工作规律性认识的重要成果，也是做好新形势下宣传思想工作的首要任务。第一，在爱国主义教育目标方面，习近平总书记进一步阐明了新时代大学生的爱国主义教育就是要培养社会主义建设者和接班人，并进一步指出新时代社会主义建设者和接班人应当坚持爱国之情、强国之志、报国之行的统一。在这一思想的指导下，教育者要帮助大学生正确看待国家发展和个人成长之间的辩证关系，树立远大的报国理想，为大学生埋下爱国主义的种子。第二，在爱国主义教育内容方面，习近平总书记在中共中央政治局第二十九次集体学习时，对当代中国爱国主义的鲜明主题、内在本质、突出特征和具体要求进行了阐述，为当前爱国主义教育指明了方向。开展好新时代大学生爱国主义教育，应当贯彻中国梦和中国精神教育、中华民族历史文化教育、党史和国史教育、祖国统一和民族团结教育等内容。第三，在爱国主义教育载体方面，提出"要充分利用我国改革发展的伟大成就、重大历史事件纪念活动、爱国主义教育基地、中华民族传统节庆、国家公祭仪式等来增强人民的爱国主义情怀和意识""要运用艺术形式和新媒体……生动传播爱国主义精神，唱响爱国主义主旋律"[1]。习近平总书记关于大学生爱国主义教育运用形式的重要论述彰显了爱国主义教育的时代性。第四，习近平总书记还强调："中国人是讲爱国主义的，同时我们也是具有国际视野和国际胸怀的。"[2] 习近平总书记对中国与世界的关系进行了透彻分析，强调爱国主义教育应该具有国际视野，弘扬爱国主义需要立足民族并面向世界，实现中华民族伟大复兴与世界各民族相互促进、相辅相成。一言以蔽之，坚持正确的思想对于如何开展大学生爱国主义教育具有重要的指导作用，偏离了正确的指导思想，大学生的爱国主义教育也会遭遇挫折。当前大学生爱国主义教育的指导思想就是习近平新时代中国特色社会主义思想，这是影响大学生爱国主义教育效果的首要因素。

二、教育内容的选取质量

教育内容在教育活动中起着关键性作用，既是实现教育目的的基本保

① 中共中央党史和文献研究院. 习近平关于社会主义精神文明建设论述摘编［M］. 北京：中央文献出版社，2022：116.

② 习近平. 坚定不移走和平发展道路 坚定不移促进世界和平与发展［N］. 人民日报，2013-03-20（01）.

证，又是教师组织实施教育活动的主要依据和准绳，更是学生学习和发展的基本资料，因此，用"内核"一词来描述爱国主义教育内容在爱国主义教育模式中的位置是合理的。

（一）教育内容是否政治正确

爱国主义教育的核心内容是强化大学生对国家与民族充分的认同感和自豪感，这也直接反映爱国主义教育的本质要求。习近平总书记指出："必须把爱国主义教育作为永恒主题。"① 在中国特色社会主义新时代的背景下，将爱国主义内容中的思想观念变成大学生的一种自觉行动，需要在内容体系上进一步分析和研究。其原因在于，新时代大学生爱国主义教育不仅要培养大学生的爱国情感，还要增强大学生的国家意识，通过爱国主义教育引导和激发大学生对本国的历史、本国的文化、本国的制度以及国家的发展成就等有充分的了解，加深大学生对国家发展的关心和关注，增强大学生对自己国家的认知和理解。在对大学生讲解爱国主义教育的相关内容时，要强化大学生的身份认同，培养他们对祖国的深厚情感，使新一代的大学生对国家产生归属感和责任感，愿意为国家的发展和繁荣贡献自己的力量。《新时代爱国主义教育实施纲要》中也明确规定了在新时代背景下爱国主义教育要讲授的内容，例如"坚持用习近平新时代中国特色社会主义思想武装全党、教育人民""深入开展中国特色社会主义和中国梦教育""深入开展国情教育和形势政策教育""广泛开展党史、国史、改革开放史教育""加强国家安全教育和国防教育"，等等。这些教育内容都具有鲜明的政治性，往往与国家的方针政策，尤其是发展战略规划挂钩。如果爱国主义教育的核心内容偏离正确轨道，大学生爱国主义教育内容的政治正确性被忽视，那么大学生对国家和民族的认同感就很难增强。

（二）教育内容是否与时俱进

习近平总书记指出："要把爱国主义教育贯穿国民教育和精神文明建设全过程。要深化爱国主义教育研究和爱国主义精神阐释，不断丰富教育内容、创新教育载体、增强教育效果。"② 爱国主义是一个历史范畴，是具体的、现实的，在社会发展的不同阶段、不同时期，具有不同的时代主

---

① 习近平. 大力弘扬伟大爱国主义精神为实现中国梦提供精神支柱 [N]. 人民日报，2015-12-31（01）.

② 中共中央党史和文献研究院. 习近平关于社会主义精神文明建设论述摘编 [M]. 北京：中央文献出版社，2022：116.

题。新时代新征程，中国共产党的中心任务就是团结带领全国各族人民全面建成社会主义现代化强国、实现第二个百年奋斗目标，以中国式现代化全面推进中华民族伟大复兴。在当代中国，加强爱国主义教育，就是要把推进中国式现代化作为主题，教育引导全国人民在中国共产党的领导下，献身于以中国式现代化为主线，全面推进强国建设和民族复兴的伟大事业中。由此，新时代大学生爱国主义教育在教育内容上要根据党和国家工作的重心紧跟时代前沿，充分运用好各种教育资源对大学生进行爱国主义教育。2019 年颁布的《新时代爱国主义教育实施纲要》就在 1994 年《爱国主义教育实施纲要》的基础上进行了创新，添加了"深入开展中国特色社会主义和中国梦教育"和"广泛开展党史、国史、改革开放史教育"等内容。党的二十大报告中也强调："弘扬以伟大建党精神为源头的中国共产党人精神谱系，用好红色资源，深入开展社会主义核心价值观宣传教育，深化爱国主义、集体主义、社会主义教育，着力培养担当民族复兴大任的时代新人。"① 这是为适应时代发展需要所新增的内容，这也为新时代开展爱国主义教育在内容方面明晰了方向。因此，爱国主义教育在内容上必须要根据时代发展变化坚持与时俱进。

（三）教育内容是否贴合学生实际

爱国主义教育旨在培养青年大学生的民族自尊心和自豪感，教育大学生为国家和民族无私奉献、英勇献身，自觉维护国家和民族的尊严与利益，促进国家现代化建设。这个过程是一个循序渐进、由感性到理性的教育过程，是思想政治教育的一个长期的工作任务。爱国主义教育本质上是塑造人的教育活动，在大学生爱国主义教育过程中，教育内容是否贴合学生的思想实际和生活实际，对教育效果有重要的影响，所以爱国主义教育内容必须结合大学生成长的认知、情感、行为等特点，在内容上做到螺旋性上升，循序渐进，由浅入深开展爱国主义教育，引起学生对爱国和爱党、爱社会主义产生广泛的共鸣，使爱国主义的情感成为锤炼大学生思想道德建设的基石，进而达到爱国主义教育的目标。

三、方法载体的使用情况

全媒体时代社会信息环境日趋开放，信息传播方式呈现出全方位、立

---

① 习近平. 高举中国特色社会主义伟大旗帜　为全面建设社会主义现代化国家而团结奋斗：在中国共产党第二十次全国代表大会上的报告 [M]. 北京：人民出版社，2022：44.

体化趋势，大学生爱国主义教育也面临新的机遇和挑战。在这种时代背景下，在爱国主义教育过程中所用到的方法和载体也是影响教育效果的重要因素，应该引起我们的思考和重视。

（一）教育方式是否丰富多样

我国历来注重爱国主义教育，经过无数教育者的实践和探索，形成了许多行之有效的爱国主义教育方法，例如理论灌输法、实践锻炼法、自我教育法、榜样示范法、比较鉴别法，等等。目前，大学生爱国主义教育主要还是沿用传统的方式方法。但是，由于每一个时代都有不同的社会环境，因此每一个时代的青年的特点也都不尽相同。在这样的时代背景下，应以何种方式顺应发展的新形势，应以何种办法应对全媒体发展带来的新问题，如何才能有效掌握全媒体发展的新契机，实现大学生爱国主义教育的创新发展，是新时代大学生爱国主义教育需要重视的影响因素。"工欲善其事，必先利其器。"在运用传统方法的基础上探索新办法，创新爱国主义教育方式，综合运用多种教育方法，从而增强爱国主义教育实效，这是必然趋势。当前，以课堂和书本为载体进行理论灌输是大学生爱国主义教育运用的主要教育方法。除了课堂教学外，习近平总书记指出，在大学生爱国主义教育过程中"要充分利用我国改革发展的伟大成就、重大历史事件纪念活动、爱国主义教育基地、中华民族传统节庆、国家公祭仪式等来增强人民的爱国主义情怀和意识，运用艺术形式和新媒体，以理服人、以文化人、以情感人，生动传播爱国主义精神，唱响爱国主义主旋律，让爱国主义成为每一个中国人的坚定信念和精神依靠"①。因此，必须根据时代的需要对爱国主义教育进行调整，不断创新大学生爱国主义教育的方式方法，同时具体情况具体分析，结合所处的环境选择合适的方法，并综合运用多种教育方法，这样有助于让爱国主义教育被大学生接受，从而增强新时代大学生爱国主义教育的效果。

（二）教育载体是否虚实结合

爱国主义作为社会的一种意识形态，必须要借助一定的教育载体才能够传播，这些教育载体承载着其目的、内容、任务、原则等信息。通过这些载体，爱国主义的目标和内容为受教育者所内化，被人们所接受，最终实现教育的目的。社会的不断发展使大学生爱国主义教育的载体分为传统

---

① 中共中央党史和文献研究院. 习近平关于社会主义精神文明建设论述摘编 [M]. 北京：中央文献出版社，2022：116.

载体和现代载体。传统载体包括管理载体、文化载体、活动载体、大众传播载体等。随着网络技术的飞速发展，互联网信息技术已经在不知不觉中占领了高校的教育领地，它弥补了传统媒体的滞后性和单一性等不足，增强了传播的深度和广度，使大学生思想政治教育更加具有时代性。简言之，网络以强大的功能超越了传统的教育载体，一跃成为当今社会最具现代化特色的思政课教育载体，它使课堂更加有趣，使知识的传播更加便捷，使学生的学习更加主动。新时代大学生爱国主义教育要求我们不仅要继承和运用好传统的教育载体，还必须充分利用网络信息技术这一新兴载体，大力传播与我国社会发展相一致的思想观念、价值观念、道德规范和社会所宣扬的先进文化，以更好地促进大学生爱国主义教育建设。

四、制度机制的建立健全

长期以来，教研工作在推进课程改革、指导教学实践、促进教师发展、服务教育决策等方面，发挥了十分重要的作用。新时代的大学生爱国主义教育应当注意教育中的关键因素，健全教育的工作支撑机制。

（一）队伍机制健全与否

健全工作支撑机制是影响大学生爱国主义教育效果的关键因素。首先，要坚持党委统一领导。各级党委是高校育人机制的制定者，是育人机制的实施者，在推进大学生爱国主义教育过程中担当着领导者的角色，大学中的党委部门是大学生爱国主义教育保障机制的首要部门。其次，要坚持学工部、团委组织协调。学工部和团委组织是在党委负责之下的全校性组织，是一个承上启下的中间部门，不仅要贯彻落实上级的要求，将高校的核心教育目标传达给辅导员、任课教师、其他行政人员和后勤人员，而且要收集广大学生的反馈意见，及时找到有效的解决方法，为广大学生爱国主义教育活动服务。再次，强化辅导员及学生骨干带动作用。辅导员在学生的心目中既是"良师"也是"益友"。辅导员处在学生工作的核心位置，在大学生爱国主义教育过程中，班主任和辅导员要时刻注意学生的动向，起到爱国主义教育实施和保障的骨干作用。最后，发挥任课教师的主导作用。任课教师既是和学生接触最多、最频繁的教师，也是高校爱国主义教育中育人机制的实施者。任课教师可以巧妙地利用课堂教学，发挥任课教师的主导作用，提升学生各方面的思想觉悟，培养高质量人才，这对高校育人机制的落实有推动和促进作用。

（二）资源整合机制健全与否

在新时代大学生爱国主义教育中，要整合各方面的教育资源，建立整合制度。"三全育人"模式的育人制度，应该在全校范围内实施，需要全校党委、学工部、团委、任课教师、其他行政人员、后勤服务人员的共同参与。不仅要思想上统一，更要行动上统一，形成一个紧密相连的整体，构建一个整合的"三全育人"机制。另外，监督管理制度是影响大学生爱国主义教育效果的又一因素。设立严格监控制度不仅能发挥上级的指导作用，树立权威，还能使被监督者提高工作效率和工作质量，将"对每一个学生负责"践行到日常生活中。高校党委和行政人员是爱国主义教育实施的监督者，要发挥好其监督管理的重要职责，使爱国主义教育的育人工作按照规定有序进行，使大学生的爱国主义教育真正见效。

（三）环境优化机制健全与否

首先是大学的校园文化建设。大学作为高等教育的重要阶段，学校教育在大学生爱国主义教育中扮演着重要角色。校园文化是学校的软实力，学校所创造的积极向上、健康向善的校园文化氛围，营造的浓厚爱国主义教育氛围，都传达着学校的爱国主题和教育理念，有助于学生养成维护国家荣誉和利益的意识和情感，也有助于增强大学生对祖国的热爱和责任感。其次是家庭环境在大学生的爱国主义教育中起着非常重要的作用。家庭是孩子的第一所学校，父母是孩子的第一任老师，这些都对大学生的爱国情感产生重要影响。家庭教育对大学生爱国主义教育的影响主要体现在大学生父母的思想观念、一言一行，以及与孩子的情感沟通等方面，这些都影响着大学生的爱国情感。最后是网络是大学生爱国主义教育的重要阵地，建设融思想性、知识性、趣味性于一体的教育网站有助于增强大学生爱国主义教育的效果。这也表明要加强网络思想政治队伍建设，形成网络爱国主义教育工作体系，牢牢把握网络爱国主义教育工作的主动权。

第三章　大学生爱国主义教育的
　　　　　发展历程

　　青年学生的爱国主义教育直接关乎国家和民族的前途与命运。自新民主主义革命以来，中国共产党始终高度重视对青年学生进行爱国主义教育，取得了许多重要的成果，积累了宝贵的经验。与此同时，由于国际国内形势的影响，在不同的历史时期，我们党在大学生爱国主义教育方面也存在一些不足。回顾和总结大学生爱国主义教育在不同历史阶段的举措、成就、经验和不足，对于增强大学生爱国主义教育的有效性，助力大学生厚植爱国情怀、砥砺报国之志、投身中华民族伟大复兴事业具有重大的现实意义和深远的历史意义。

　　大学生爱国主义教育属于高校思想政治教育的重要组成部分，总体上应该与思想政治教育史的发展阶段相一致，同时也要体现大学生群体与爱国主义教育的内容要求。每个阶段的时代背景、经济发展状况、政治发展状况、社会生活面貌等，决定着该阶段大学生爱国主义教育的内容和重点。因此，在考察大学生爱国主义教育的时候，需要紧密联系我国经济发展的历史阶段及其总体状况。根据中国共产党的建党历程，结合思想政治教育的历史分期，我们将一百年来中国共产党大学生爱国主义教育分为四个阶段：新民主主义革命时期的大学生爱国主义教育、社会主义革命和建设时期的大学生爱国主义教育、改革开放和社会主义现代化建设新时期的大学生爱国主义教育、中国特色社会主义新时代大学生爱国主义教育。在每一个时期，由于国际国内形势具有较大的差异，相应地，大学生爱国主义教育的目标内容和具体做法也有一些不同。回顾和总结这些历程和经验，对于推动新时代大学生爱国主义教育，帮助青年学生成长成才意义重大。

第一节　新民主主义革命时期的大学生爱国主义教育

马克思指出："物质生活的生产方式制约着整个社会生活、政治生活和精神生活的过程。不是人们的意识决定人们的存在，相反，是人们的社会存在决定人们的意识。"① 这一论述揭示了唯物史观的第一原理：社会存在决定社会意识。因此，考察新民主主义革命时期大学生爱国主义教育的基本情况，需要结合当时的社会历史条件，明晰大学生爱国主义教育面临的时代形势和特定任务，方能更好地理解当时的具体安排和做法，作出中肯、客观的历史评价。

一、新民主主义革命时期大学生爱国主义教育的形势与任务

1840 年鸦片战争以后，国家蒙辱、人民蒙难、文明蒙尘，中华民族遭受了前所未有的劫难。国家危难与民族危亡唤起了全体中国人民的拳拳爱国之心，无数仁人志士奋起反抗，寻找救国救民的出路。这是当时爱国主义教育面临的基本形势。这一时期，中国共产党面临的主要任务是，反对帝国主义、封建主义、官僚资本主义，争取民族独立、人民解放，为实现中华民族伟大复兴创造根本社会条件。"从这时起，实现中华民族伟大复兴成为全民族最伟大的梦想；争取民族独立、人民解放和实现国家富强、人民幸福，成为中国人民的历史任务。"② 总体上看，对青年学生进行爱国主义教育的主要任务有以下三点。

第一，唤醒爱国热情，激发广大青年探索救亡图存之路的自觉意识。19 世纪末，我国社会矛盾激化，中国人民顽强斗争，爆发了震惊世界的辛亥革命，推翻了清朝政府，结束了几千年来的封建君主专制制度，拉开了中国完全意义上的近代民族民主革命的序幕。辛亥革命传播了民主共和的理念，极大地促进了中国人民的思想解放，打开了中国发展进步的闸门。但由于历史进程和社会条件的制约，解决中国前途命运问题的正确道路和

---

① 中共中央马克思恩格斯列宁斯大林著作编译局. 马克思恩格斯选集：第二卷 [M]. 北京：人民出版社，2012：2-3.

② 中共中央党史和文献研究院. 中国共产党简史 [M]. 北京：人民出版社，中共党史出版社，2021：3.

领导力量还没有找到，辛亥革命最终没能改变旧中国半殖民地半封建的社会性质和中国人民的悲惨境遇，民族解放、人民独立的历史任务依然牵动着无数国人的心。一些先进知识分子总结辛亥革命失败的教训和经验，意识到救亡图存需先改造中国的国民性。1915 年 9 月，陈独秀在上海创办《青年杂志》（后改名《新青年》），高举民主和科学的旗帜，向传统封建思想、道德和文化宣战的新文化运动由此发端。北京大学与《新青年》成为新文化运动的主要阵地，青年学生成为重点改造对象，激发广大青年学生的爱国情怀与救亡图存意识变得紧迫起来。

第二，砥砺强国之志，教育广大青年树立共产主义的远大理想。爱国不是抽象的，而是具体的、有方向的。"十月革命一声炮响，给中国送来了马克思列宁主义"①，也为广大青年学子提供了救国图存应该"以什么理论、通过什么道路、实现什么目标"的方向指引。19 世纪末 20 世纪初，马克思主义作为一种社会思潮开始传入中国。1917 年，俄国十月革命的胜利为中国带来了马克思主义学说。李大钊先后发表《法俄革命之比较观》《庶民的胜利》《布尔什维主义的胜利》等文章，开始在中国传播马克思主义。五四运动前后，一些青年知识分子怀着救亡图存的爱国情赴国外勤工俭学，他们接触到了先进的马克思主义理论，许多人从此走上无产阶级革命道路，转变为马克思主义者。中国共产党成立前后，中国先进知识分子开始系统传播马克思列宁主义，并形成广泛的社会影响。中国共产党快速发展，对广大党员和先进知识分子进行马克思主义理论教育，为青年学生带来了全新的思想启迪。中国共产党第二次全国代表大会通过的党章明确提出，"党的最高纲领是：在最低纲领实现之后，建立劳农专政的政治，铲除私有财产制度，渐次达到共产主义"。入党誓词中，也明确提出"为共产主义奋斗终身"。可见，以马克思主义理论教育广大青年知识分子，指引他们爱国的正确方向——坚持社会主义的方向，帮助他们明确爱国的实践路径——投身社会主义革命，引导他们爱国的最终旨向——实现共产主义，成为新民主主义革命时期爱国主义教育的重要使命。

第三，务实报国行动，动员广大青年投身改造中国的革命事业。爱国主义是中华民族精神的核心，自古以来就存在于中华民族的血脉之中，去不掉、打不破、灭不了。19 世纪末 20 世纪初，以青年学生、青年知识分

① 习近平. 在庆祝中国共产党成立一百周年大会上的讲话 [M]. 北京：人民出版社，2021：7.

子、青年工人和青年手工业者为主体的青年群体开始成长为社会结构中新的社会群体。1919 年 1 月，英、美、法、日、意等战胜国在巴黎召开对德和会，决定由日本继承德国在中国山东的特权。虽然中国是战胜国之一，但北洋军阀政府却准备接受这个决定。这次和会上中国外交的失败，激起了广大国民的愤慨，于是，一场以青年学生为主，广大群众、市民、工商人士等阶层共同参与的，通过示威游行、请愿、罢工、暴力对抗政府等多种形式进行的爱国运动轰轰烈烈展开。青年学生成为这场运动中的先行者、生力军。中国青年作为充满生机活力的新兴社会力量，传承了传统文化中强大的爱国主义基因，产生了反抗外敌、逆天改命的民族复兴意愿，是最早的民族觉醒群体和冲破帝国主义牢笼的先锋力量。时代总是把历史责任赋予青年，因此，爱国主义教育要引导青年将强烈的爱国激情与斗争精神投身于改造中国的变革运动与革命事业之中。

总之，这一时期针对广大青年的爱国主义教育对于促进党的建设、教育引导中国先进知识分子积极投身中国革命，具有重要意义。不仅如此，爱国主义教育在客观上实现了"唤醒民众"的作用，它使中国无数有识之士、爱国人士参与改造中国的革命事业，凝聚了救亡图存的群众力量，更使国民党军队中的有识之士找到了爱国的方向与道路，并最终转向共产党，站在历史正确的一边，站在人民的一边。

二、新民主主义革命时期大学生爱国主义教育的主要做法与成效

新民主主义革命时期，大学生爱国主义教育具有极其重要的价值。它不仅直接关系到民族危亡时刻国民救亡图存的意志与决心，而且对于引导人民尤其是青年学生深刻领会马克思主义理论学说，坚定不移地走社会主义革命道路来实现中华民族伟大复兴具有不可替代的作用，唤醒了人民的强烈爱国之情，培育出无数可歌可泣的英雄人物。胡耀邦同志在《团结全国青年在建设祖国的伟大行列中奋勇前进》的工作报告中回顾青年的作用时指出，五四运动以来，中国青年在我国革命斗争中是"一个重要的方面军"。正是由于青年学生爱国主义教育的有效实施，我们党和人民才拥有了战胜敌寇、保家卫国的坚强意志，最终为打败日本帝国主义和国民党反动派奠定了重要的思想基础和群众基础。这一时期，中共中央发布了一系列关于青年工作的文件，如《青年运动决议案》（1923 年）、《关于青年工作的决定》（1936 年）、《关于加强战区青年工作的指示》（1938 年）、《为

开展国民精神总动员运动会告全党同志书》（1939年）……这些文件对青年学生爱国主义教育的基本思路与实施路径进行了指导。具体而言，爱国主义教育的主要做法是：依托党的宣传工作，面向全体社会成员，利用报纸刊物进行反对英美帝国主义、争取民族解放的爱国主义教育。

第一，依托中国共产党宣传工作的组织化开展爱国主义教育。1921年，中国共产党正式成立，宣传工作得以系统化组织化开展。爱国主义教育是宣传工作的重要组成部分。为系统开展爱国主义教育、马克思列宁主义教育、党的宣传等工作，中共中央意识到必须要有强固的宣传部负责各项事务，并指导各地方宣传部与之发生密切而系统的联系。1928年，《中央通告第四号——关于宣传鼓动工作》中要求："建立与健强中央宣传部的组织。各省委应立即建立宣传部，大的省委如江苏、广东等，至少要选择两个以上有相当理论经验的同志经常担任宣传部的工作。省委以下的党部如县委市委区委等皆应迅速设立宣传科，支部设宣传干事。支部——尤其是工厂支部应立即指定一个负责同志担任经常的宣传指导工作……上级党部应直接地密切地指导工厂支部的宣传鼓动工作之建立。在本党领导下的工会农协皆应迅速设立宣传机关……"① 文件要求设立各级宣传单位，担负对党内及党外工人、农民、兵士群众的各项宣传任务，其中，党的支部是党的基本教育机关，要"使支部成为党内以及对于群众的宣传鼓动工作的基础"②。1929年的《宣传工作决议案》进一步对宣传工作的组织问题做出规定，指出"中央宣传部应该是全国宣传教育工作的最高指导机关"，必须健全组织，建立审查科、翻译科、材料科、统计科、出版科、编辑委员会、文化工作委员会。抗日战争时期，中国共产党进一步健全完善各级宣传部的组织机构和工作职能，对党的宣传工作的领导机制进行适时调整。1940年10月，《中央宣传部关于充实和健全各级宣传部门的组织及工作的决定》颁布，其对各地党委宣传部的组织机构设置、干部队伍、领导方式和工作方式等做出明确规定。宣传工作的制度化规范化建设为系统稳定开展爱国主义教育提供了坚实的组织保障，针对青年学生的爱国主义教育正是在宣传工作的组织开展中得到有效实施。

---

① 中共中央文献研究室，中央档案馆. 建党以来重要文献选编（1921—1949）：第五册[M]. 北京：中央文献出版社，2011：606.

② 中共中央文献研究室，中央档案馆. 建党以来重要文献选编（1921—1949）：第五册[M]. 北京：中央文献出版社，2011：603.

第二，创办刊物进行爱国主义宣传。中国共产党正式成立之前，一些先进知识分子便开始有意识地、自觉地创办刊物报纸，以对全体国民进行爱国主义宣传教育。陈独秀、李大钊以《新青年》杂志作为主要阵地，进行民主与科学的思想引领，唤醒了青年学生的昂扬斗志与爱国热情。1918年，毛泽东和蔡和森等人在长沙发起成立了新民学会。1919 年 7 月，毛泽东创办《湘江评论》，宣传最新思潮，呼吁中国人民起而效仿十月革命。五四运动爆发后不久，周恩来在天津主编《天津学生联合公报》和《觉悟》，以对群众进行宣传，指导天津的学生运动。1919 年 9 月，他发起成立觉悟社，以社团的形式介绍和研究新思潮。一些出国勤工俭学的青年知识分子在国外直接接触到马克思主义诞生的欧洲社会，他们认真学习、探索真理，不少人变成马克思主义者。这些致力于改造中国的进步青年在回国后大多从事马克思主义理论传播。这都是早期爱国主义教育的主要做法。

1921 年中国共产党成立以后，中共中央根据斗争形势的需要创办了机关报刊，如中央政治机关报《向导》（1922 年）、中央理论机关刊物《布尔塞维克》（1927 年）、中央党报《红旗日报》（1930 年）、中华苏维埃共和国临时中央政府机关报《红色中华》（1931 年）、中央革命军事委员会机关报《红星》（1931 年）、中央经济政治机关报《实话》（1932 年）、苏区中央局机关报《斗争》（1933 年）、《前进报》（1934 年）、《战士》（1934年）。抗日战争爆发以后，根据形势需要，党在中央苏区特别注重加强党报建设，发挥党报在抗战中的爱国宣传鼓动作用，认为"党报是党的喉舌"，是鼓动群众、说服群众、组织群众的利器，并创办了《救国时报》（1935 年）等报刊。据统计，1927—1937 年，党在苏区创办了报刊近 300种①；在国民党统治区也积极筹办报刊，如《群众》（1937 年）、《新华日报》（1938 年）；后来又在延安时期创办了《解放日报》（1941 年）。简言之，中国共产党面向党内外创建报刊建立以爱国主义为核心凝聚力的抗日民族统一战线。当然，在革命战争的不同时期，由于党的主要任务、工作重点、负责同志有所不同，中共中央机关报刊的变化也较大。但整体来讲，党中央的机关报刊充分发挥了舆论向导作用，坚持动员群众，团结群众，教育党员，宣传党的路线、方针、政策，有力地激发了广大群众的爱

---

① 中共中央宣传部. 中国共产党宣传工作简史：上卷［M］. 北京：人民出版社，2022：74.

国热情，使中国人民紧紧团结在一起保卫祖国。

第三，以反对英美帝国主义、打倒日本帝国主义、争取民族解放为主要内容进行爱国主义教育。新民主主义革命时期，青年学生的爱国主义教育主要与党的政治工作、马克思列宁主义教育、理想信念教育等内容融合在一起。1923 年，《教育宣传问题决议案》中指出政治宣传工作的第一项内容就是反对英美帝国主义之各方面的宣传，直接对应爱国主义教育。1925 年，《对于宣传工作之决议案》提出党的宣传工作之努力应在全民族革命运动中。1925 年 8 月，中国共产党中央执行委员会、中国共产主义青年团中央执行委员会在《向导》上发表了《全国被压迫阶级在中国共产党旗帜底下联合起来呵！》，有针对性地面向青年学生呼吁"努力地继续帮助工人，反对帝国主义和军阀罢！赶快加入共产主义青年团，高举起共产主义运动的旗帜，向世界的帝国主义者奋斗"[1]。在推进国民革命运动的过程中，党深刻认识到在工农群众中开展宣传工作的重要性，宣传鼓动工人参加国民革命，领导了直接反抗帝国主义的五卅爱国运动。

土地革命时期中国共产党继续开展打倒帝国主义，打倒勾结军阀乘机侵略的美帝国主义，反对太平洋战争的爱国主义教育[2]。随着形势的发展，中国共产党当时的基本任务是准备迎接新的革命潮流高涨的到来。因此，中国共产党"加紧反军阀反帝抗租抗税反白色恐怖及争取一切民众运动之自由的鼓动与宣传"[3]，向广大群众解释：只有打倒资产阶级国民党的统治才能打倒帝国主义，只有打倒国民党和帝国主义的统治才能真正统一中国，获得和平。宣传对象也主要由工人、农民、兵士，扩大至学生、中小学教师、小资产阶级知识分子等。抗日战争时期，中共中央在《关于青年工作的决定》中提出"吸收广大青年参加抗日救国的民族统一战线中来"[4]；同时也动员全体中华儿女以铮铮铁骨战强敌、以血肉之躯筑长城、前赴后继赴国难，凝聚起抵御外侮、救亡图存的共同意志。解放战争时

---

① 中共中央文献研究室，中央档案馆. 建党以来重要文献选编（1921—1949）：第五册[M]. 北京：中央文献出版社，2011：603.

② 中共中央宣传部办公厅，中央档案馆编研部. 中国共产党宣传工作文献选编（1915—1937）[M]. 北京：学习出版社，1996：833-836.

③ 中共中央文献研究室，中央档案馆. 建党以来重要文献选编（1921—1949）：第五册[M]. 北京：中央文献出版社，2011：604.

④ 中共中央文献研究室，中央档案馆. 建党以来重要文献选编（1921—1949）：第十三册[M]. 北京：中央文献出版社，2011：373.

期，中国共产党呼吁全体人民"将革命进行到底"。另外，除宣传反对帝国主义以外，中国共产党将宣传工作的重点放在扩大党的政纲宣传、马克思列宁主义的宣传方面，特别注意宣传共产主义思想，使爱国主义教育与马克思列宁主义教育、理想信念教育协同并进、同步发力，对包括青年学生在内的广大人民群众进行彻底的反帝宣传与革命动员，强调"要善于根据青年群众自身的经验，要善于采取一切适合于青年心理的方法，来提高青年群众的觉悟程度，引导他们走向共产主义的道路。"[1]

第四，以多样化的方式开展爱国主义教育。新民主主义革命时期，中国共产党采用多种多样的方式进行爱国主义宣传。针对广大人民群众，中国共产党多方面拓展教育渠道，如：尽可能地公开发行日报及其他地方性的党报；编印发行画报画册、通俗小册子；利用群众的宣传组织与刊物，主动参加或帮助设立各种公开书店、学校、通讯社、社会科学研究会、剧团，举办演唱会、辩论会，编译新书刊物等；建立秘密发行路线，扩大推销党的机关报；设立工人学校读书班、马克思研究会、列宁主义研究会，创办工人补习学校或夜校等。简言之，中国共产党在完善自身组织建设的同时，不断拓展多样化的教育渠道，占领各领域的舆论阵地，全方位、立体化开展爱国主义宣传教育。

在教育宣传方法上，中国共产党深入人民群众，针对不同群体的认知方式与接受程度，注重方法运用的亲和力与针对性。"在职工运动中的宣传工作，我们应切实了解其客观所具有的条件，如不识字，识字不多，不善听纯粹理论的议论，注意目前切身的实际问题。"[2]针对工人建立工厂小报，设立工会短期训练班；针对农民运用农村画报与壁报，开办农民运动讲习所；针对军队建立宣传队（设口头宣传股和文字宣传股），建立俱乐部，聘请教授讲课和组织讨论会；针对青年群众组织建立共产主义青年团，进行马列主义宣传教育，建立青救会（青年救国联合会）、青年抗日先锋队，进行革命斗争、抗战动员。另外，一些具体方法如面向全国人民讲话、口头宣传（喊口号、火线喊话）、文字宣传（标语与画报、宣言传单、布告、报纸与壁报、写通讯）、艺术宣传（说书、大鼓、歌谣与抗战

---

[1] 中共中央文献研究室，中央档案馆. 建党以来重要文献选编（1921—1949）：第十三册[M]. 北京：中央文献出版社，2011：374.

[2] 中共中央文献研究室，中央档案馆. 建党以来重要文献选编（1921—1949）：第二册[M]. 北京：中央文献出版社，2011：257.

歌曲、戏剧）等。这些具体宣传方法有力地增强了爱国主义教育的普及性、亲和性与实效性。

除了以上教育方式方法以外，这一时期的青年爱国主义教育还包括与生产生活结合起来、青年学生自我修炼等。比如，脍炙人口的红色歌曲《南泥湾》就是在延安时期将爱国主义教育与生产生活紧密结合的生动写照。

三、新民主主义革命时期大学生爱国主义教育的经验总结

总体上看，这一时期青年学生爱国主义教育是中国共产党领导组织爱国主义教育的"开端"，在国家蒙难、民族危亡的时刻，其许多做法和举措极大地激发了广大青年学生自觉救亡图存、参与革命、挽救国家民族的爱国热情，直接掀起了爱国主义运动的浪潮，有力地促进了中国共产党领导的革命斗争，为我们留下了宝贵的历史经验。

第一，加强宣传思想文化建设，确保青年学生爱国主义教育有序展开。新民主主义革命经验证明，不断加强的宣传思想文化建设在激发群众爱国热情、凝聚军心民心，最终打倒军阀、抗日救亡、推翻国民党反动统治的革命大潮中起到了"生命线"作用。自中国共产党成立以来，党始终高度重视宣传工作，颁布了一系列文件如《对于宣传工作之决议案》（1925年）、《宣传部工作之进行计划》（1925年）、《中央通告第四号——关于宣传鼓动工作》（1928年）、《中央关于宣传教育工作的指示》（1939年）等，强调宣传工作的重要性，指导宣传工作如何开展，并从机构设置、人才培养、组织运行等层面不断加强宣传工作的组织化建设。新民主主义革命时期的宣传思想文化建设是面向全体社会成员开展爱国主义教育、马克思列宁主义教育的重要依托，青年爱国主义教育正是在系统化的宣传思想文化建设中得以有序、及时、规范的展开。

第二，利用思想理论武装，引导青年学生学习成长。在半殖民地半封建社会的旧中国，青年知识分子对社会现状是不满的，他们有强烈的改造社会、进行革命斗争的意愿，要革命就必须有科学的理论进行武装、正确的思想进行引领。这样才能抵制错误思想，将自己从现实蒙蔽中解放出来，从众多的救国理论中找到科学的理论思想。新民主主义革命时期，中国共产党高度重视利用党报党刊对青年学生进行理论武装、思想引领与舆论引导，党报党刊成为党的重要舆论宣传阵地。另外，中国共产党引导青

年学生举办讲座、爱国演讲、读书活动，通过这些方式加强青年文化政治教育，传播马克思主义理论，向青年知识分子阐明中国共产党对于中国革命及其前途的全部见解，回答中国向何处去这个关系重大的问题，引导青年用科学的理论指导爱国的革命实践，引领青年学习成长。

第三，以青年组织为核心，保持与青年学生的密切联系。新民主主义革命涉及范围广、阶层多、规模大，在这样的社会环境下，一些先进的青年自发自觉地形成青年组织，将更多的爱国青年团结在了党中央周围。中国共产党领导先进青年建立中国共产主义青年团（简称"共青团"），面向青年群体开展爱国主义教育。共青团这一核心组织在革命中发挥着引领作用，吸引更多的青年为国革命、为民族洒热血，成为党密切联系群众的纽带。抗日战争时期，中国共产党领导先进青年建立青年半武装及武装组织，如青年队、青年救国会、青年营、青年纵队，这些青年组织将全体青年紧紧团结在一起，大大加强了中国共产党与广大青年群众的组织联系与情感关系，在抵御外敌、保卫国家中发挥了显著作用。

这一时期，我们党对青年学生的爱国主义教育还存在一些不足。在教育内容方面，对马克思列宁主义理论的宣传不足，对一些错误的思想观念的批判不够彻底，未能关注青年学生本身的利益，导致学生群众不能坚固地团结在学生团体之下，不觉得学生团体是他们的利益保护者。当然，这也有许多客观的原因：如政治运动很多但是党的组织尚不牢固，很多工作不得不偏重党自身的发展；缺乏组织青年活动的经验，一些同志还没有明白关于青年自身利益与革命工作的关系。在教育方法层面，有些方法过于单一，多样化不足等。当然，与这一时期的不足相比，青年爱国主义教育的成就和经验是主要的，这些经验将在后文中进行集中总结。但由于这些不足曾给党领导的革命斗争带来巨大损失，因此需要认真反思并时刻牢记。

第二节　社会主义革命和建设时期的大学生爱国主义教育

社会主义革命和建设时期，大学生爱国主义教育的整体状况是与当时我国所面临的国际国内形势紧密相关的，考察这一阶段大学生爱国主义教育状况，同样也必须先考察当时的国际国内形势及其对大学生爱国主义教育的任务要求。

一、社会主义革命和建设时期大学生爱国主义教育的形势与任务

1949 年 10 月 1 日，中华人民共和国成立，实现了民族独立、人民解放，彻底结束了旧中国半殖民地半封建社会的历史，彻底结束了极少数剥削者统治广大劳动人民的历史，彻底结束了旧中国一盘散沙的局面，彻底废除了列强强加给中国的不平等条约和帝国主义在中国的一切特权，实现了中国从几千年封建专制政治到人民民主的伟大飞跃，也极大地改变了世界政治格局，鼓舞了全世界被压迫民族和被压迫人民争取解放的斗争。中国人民从此站起来了，中华民族任人宰割、饱受欺凌的时代一去不复返了，中国发展开启了新纪元。人民期盼已久的新中国成立了，全国各族人民革命热情高涨，中华大地呈现出万象更新的局面，中国共产党担负起领导全国各族人民建设新国家新生活的重任。总体上看，青年学生爱国主义教育的主要任务有以下三方面。

第一，保持革命热情，激发广大青年建设新世界的奋进意识。这个时代最为鲜明的特点，莫过于改天换地，新旧交替。1949 年 10 月 1 日被历史定格，一个旧时代结束了，新的时代开始了。中华人民共和国的成立，开启了中华民族伟大复兴的历史新纪元。党面临的主要任务是，实现从新民主主义到社会主义的转变，进行社会主义革命，推进社会主义建设，为实现中华民族伟大复兴奠定根本政治前提和制度基础。中国共产党和中国人民要向世界证明：中国人民不但善于破坏一个旧世界，也善于建设一个新世界。在这一伟大历史进程中，广大青年在中国共产党的路线方针政策指引下，同全国人民一道，踏上了实施社会主义改造、建立社会主义制度、探索社会主义道路的新征程。中国共产党必须大力加强全社会爱国主义教育、政治教育和思想改造，激发中国人民"敢教日月换新天"的雄心

壮志，以及万众一心、艰苦奋斗的伟大力量。

第二，持续理论武装，教育广大青年在科学理论指导下坚定共产主义远大理想。没有革命的理论，就没有革命的实践。一个民族要走在时代前列，就不能一刻没有理论思维，不能一刻没有正确思想指引。马克思指出："理论只要说服人，就能掌握群众；而理论只要彻底，就能说服人。"①做好青年工作，同样需要用党的科学理论武装青年。在这个时期，以毛泽东同志为主要代表的中国共产党人提出关于经济文化落后的中国如何开展社会主义建设的一系列重要思想。毛泽东思想是马克思列宁主义在中国的创造性运用和发展，是被实践证明了的关于中国革命和建设的正确的理论原则和经验总结，是马克思主义中国化的第一次历史性飞跃。用马克思列宁主义、毛泽东思想武装青年，逐步建立起马克思列宁主义、毛泽东思想占主导地位的新的文化意识形态，成为这个时期青年学生爱国主义教育的重中之重。

第三，引导爱国行为，动员广大青年投身社会主义革命和建设的伟大实践。青年是社会主义建设的生力军，中华人民共和国成立后，党领导广大青年全面建设新中国，为青年提供了施展才华的广阔空间。在社会主义革命和建设时期的不同发展阶段，党的工作重心或建设任务均有所不同，如：在国民经济恢复和发展时期，党要领导担负起土地改革等社会改革任务、恢复国民经济任务；在社会主义革命时期，党要领导担负起开垦荒地、植树造林等重点任务。领导广大青年积极参与抗美援朝、土地改革、恢复国民经济、实现民主改革等巩固新生人民政权的伟大斗争，踊跃投入"向荒山、荒地、荒滩进军""争做青年社会主义建设积极分子"热潮，广泛参加"学习雷锋好榜样""植树造林，绿化祖国""向科学进军"等重要活动和工作，是这一时期青年爱国主义教育的现实需求，也是爱国主义教育的最终落脚点。

总之，这一时期针对广大青年的爱国主义教育对于恢复国民经济、巩固新生人民政权、顺利完成"三大改造"，推进大规模社会主义建设具有重要意义。不仅如此，爱国主义教育在客观上发挥了"敢教日月换新天"的作用，它发挥了中国广大青年在社会主义建设中发愤图强、施展才干的先锋作用，凝聚形成了在中国共产党领导下共同建设新中国的统一意志。

---

① 中共中央马克思恩格斯列宁斯大林著作编译局. 马克思恩格斯选集：第二卷［M］. 北京：人民出版社，2012：9-10.

二、社会主义革命和建设时期大学生爱国主义教育的主要做法与成效

社会主义革命和建设时期，大学生爱国主义教育具有极其重要的价值。它直接关系到广大青年建设新中国、建设社会主义制度的意志与决心。这一时期，中共中央发布了一系列关于青年工作的文件，如团中央先后印发《关于在七年内扫除全国农村青年文盲的决定》（1955 年）、《关于组织青年参加边疆建设问题的一些意见》（1955 年）、《关于组织广大青年学习马克思列宁主义、学习毛泽东著作的决议》（1958 年）、《共青团中央关于加强学习马克思列宁主义、学习毛泽东著作的工作规划》（1960 年）、《关于在全国青少年中广泛开展"学习雷锋"的教育活动的通知》（1963 年）等。这些文件引导着广大青年积极参与抗美援朝、土地改革、恢复国民经济、实现民主改革等巩固新生人民政权的伟大斗争，踊跃投入青年突击队、青年节约队、青年监督岗、青年扫盲队等富有青年特色的工作，使广大青年成长为恢复和发展国民经济、促进各项社会改革的先锋力量。具言之，这一时期爱国主义教育的主要做法是：依托共青团这一先进青年的群团组织，以各种全国性运动为主要形式，将爱国主义教育与文艺工作紧密结合，在国家发展的不同历史时期、依据工作中心任务开展具有不同内容的爱国主义教育。

第一，大力发挥共青团在青年爱国主义教育中的功用。共青团是中国共产党领导下的先进青年的群团组织，是党的助手和后备军，是党和青年进行广泛联系的桥梁，承担着为党和国家培养社会主义建设者和接班人的重任。新中国成立以来，共青团作为党直接领导下的团结广大青年的群团组织，在社会主义革命和社会主义建设的过程中，始终发挥着引领青年、鼓励青年、教育青年的积极作用。1949 年，我们党为团结和教育整个青年一代，为更大地发挥中国青年在革命斗争中和国家建设中的积极性与创造性，发布了关于建立中国新民主主义青年团的决议，并抽调了大批青年干部开始在全国范围内建立团的组织。同年 4 月，中国新民主主义青年团召开了第一次全国代表大会，正式成立了中国新民主主义青年团。1953 年，胡耀邦代表中国新民主主义青年团第一届中央委员会作了题为《团结全国青年在建设祖国的伟大行列中奋勇前进》的工作报告，对青年团的工作任务做出指导要求，强调统合教育资源，综合施教，根据不同青年的不同特点有针对性地开展教育活动，以达到事半功倍的效果。共青团的政治属性

决定了它是开展青年爱国主义教育的组织，通过共青团组织，将广大优秀青年团结在党的周围，宣传党的路线、方针和政策，传播正能量，使党的观点成为青年的共同观点，使党的意志成为青年的共同意志，使对党的拥护如春风化雨，润物无声，深化青年对党的认识。

第二，以各种全国性运动为主要形式开展爱国主义教育。随着中华人民共和国的成立，宣传工作有了坚实的政治基础和制度保障，爱国主义教育也在党的各项宣传任务中不断系统完善。新中国成立以来，党和国家根据不同发展阶段的不同工作任务，发起了多项思想宣传运动，以深化广大群众对于党和国家工作任务和政策方针的认识。1950年5月，中共中央发出关于在全党全军开展整风运动的指示，1952年12月，中共中央进一步做出关于实行精兵简政、增产节约、反对贪污、反对浪费和反对官僚主义的决定，发出关于宣传文教部门"三反"运动的指示，强调加强"三反"运动的群众性、全国性宣传。1950年11月，中共中央发出《关于开展抗美援朝运动的指示》，新闻总署、新华社连发指示，要求进行抗美援朝运动宣传，约请民主人士、学者、教授进行演讲。1951年2月，中共中央发出《关于进一步普遍开展抗美援朝爱国运动的指示》，轰轰烈烈的抗美援朝宣传教育运动使全体中国人民的爱国热情被极大地激发出来。1950年10月，中共中央发出《关于镇压反革命活动的指示》，1951年2月发出《关于宣传镇压反革命的指示》，1951年4月进一步发出《关于加强镇压反革命宣传工作的指示》，要求各级宣传部高度重视。各地通过召开各种会议等形式，调动各种舆论工具，利用各界代表会、座谈会、控诉会、展览会、广播大会等各种方法揭露反革命罪行，宣传镇压反革命政策，动员和组织了千千万万的青年检举了许多罪恶重大的反革命分子，检举了贪污分子和违法资本家的犯法行为。由于这些伟大斗争的教育，中国青年的政治觉悟有了提高。1951年11月，中共中央发出《关于在学校中进行思想改造和组织清理工作的指示》《关于在文学艺术界开展整风学习运动的指示》，由教育界开始的以改造思想为主要内容的学习运动逐渐扩展为全国规模的知识分子思想改造运动，青年团团结了广大的青年学生和知识青年参加了知识分子的思想改造运动，迅速地清除了广大青年中帝国主义、封建主义的思想影响，强化了爱国主义和国际主义的思想。1953年，中央宣传部制发《为动员一切力量把我国建设成为一个伟大的社会主义国家而斗争——关于党在过渡时期总路线的学习和宣传提纲》，在全国范围内开展大规模学习宣传活动，使广大青年学生实现了社会主义的思想转变。当然，这期间全国性宣传运动还有很多，如在土地改革过程中，团中央动员了几十万知识青年深入农村工作，动员了绝大多数的农村青年积极参加伟大的土地改革运动。总之，这些全国性的宣传运动虽然面向的是全体人民，但其实实在在地对广大青年学生起到了教育作用，直接为广大青年学生指明了爱国方向，明确了报国行动。

第三，基于党和国家工作任务的变化，调整爱国主义教育内容。一方面，不同的发展阶段具有不同的爱国主义教育内容。新中国成立之初，中国共产党领导全国人民建立各级政权，医治战争创伤，恢复国民经济，进行了有关新中国成立和大政方针的宣传。正当财政经济状况基本好转的时候，1950 年 6 月，朝鲜战争爆发，美国立即武装干涉，新中国受到外国侵略的严重威胁。中共中央毅然做出抗美援朝、保家卫国的决策，组建中国人民志愿军入朝作战。为了激发社会各阶层特别是广大青年的爱国热忱，中共中央发出开展抗美援朝爱国运动的指示，"保和平，卫祖国，就是保家乡"成为宣传教育的主基调。全国迅速掀起参军、参战、支前热潮，报名参军的青年达 70 万人。毛泽东的长子毛岸英也奉调随第一批志愿军入朝参战。抗美援朝激发了广大青年战士坚持祖国和人民利益高于一切、为了祖国和民族的尊严而奋不顾身的爱国主义精神。1953 年，朝鲜战争停战协议签订，在中国共产党领导下，全国人民迎难而上、奋起直追、自力更生、艰苦奋斗，一场大规模的经济建设热气腾腾地在神州大地全面铺开。新的形势和任务催生爱国主义教育新内容。团中央在全国范围内建立"青年突击队"鼓励广大青年参与"急、难、险、重、新"的工作。20 世纪50 年代国家建设全面展开，发展农业、粮食增产成为摆在党面前的一个重要问题。团中央呼吁全国青年"向荒山、荒地、荒滩进军"，从而掀起一场大规模的青年志愿垦荒运动。1955 年 2 月，团中央发起"争取做一个社会主义建设积极分子"和"为社会主义建设立功"活动，激励培养了大批热爱工作、虚心学习、不怕困难、联系群众的青年积极分子。对广大青年学生的爱国主义教育不是空泛的，而是具体的、现实的，这也体现出这一时期将爱国主义教育与实际工作紧密结合的鲜明特征。另一方面，学习马克思列宁主义、毛泽东思想是这一时期爱国主义教育的核心内容。1958年，共青团三届三中全会发出《关于组织广大青年学习马克思列宁主义、学习毛泽东著作的决议》，号召全国青年开展一个学习马克思列宁主义理论、学习毛泽东著作的运动。1960 年 3 月，共青团三届六中全会批准《共青团中央关于加强学习马克思列宁主义、学习毛泽东著作的工作规划》。1960 年 4 月，团中央和全国总工会、全国妇联联合召开了"全国青年学习马克思列宁主义、学习毛泽东著作黑龙江现场会"，这一活动在全国青年中产生很大影响，推动了马克思列宁主义与毛泽东思想学习活动的进一步开展，激发了青年学习毛泽东著作的高涨热情，逐渐形成了学习毛泽东著作的青年群众性运动。伟大的共产主义战士雷锋就是在学习毛泽东著作过程中成长起来的中国优秀青年的杰出代表。1963 年 2 月 15 日，团中央发出《关于在全国青少年中广泛开展"学习雷锋"的教育活动的通知》，教育引导广大青年将理论学习付诸为人民服务的伟大实践。

第四，将爱国主义教育与文艺工作紧密结合。在人类发展的每一个重大历史关头，文艺都能发时代之先声、开社会之先风、启智慧之先河，成为时代变迁和社会变革的先导。党的爱国主义教育与思想文化建设事业息息相关。新中国成立以来，我国文艺事业欣欣向荣。可以说，新中国的文化建设，首先是从文学艺术方面着手。党和人民政府重点发展人民的文学、艺术、戏剧、电影等文化事业。歌唱祖国、礼赞英雄从来都是爱国主义主题文艺创作的重要内容。自延安文艺座谈会以来，收录优秀文艺作品的《中国人民文艺丛书》共 55 种全部出版。另外，还有歌剧文学剧本《白毛女》，小说《太阳照在桑乾河上》《暴风骤雨》《铜墙铁壁》《红旗谱》《野火春风斗古城》《革命家庭》，话剧《龙须沟》，歌剧《长征》，歌曲《歌唱祖国》《我们走在大路上》《全世界无产者联合起来》，电影《钢铁战士》《枯木逢春》《英雄儿女》，音乐舞蹈史诗《东方红》等。这些以革命战争、社会改革与建设为题材，歌颂家国情怀的文艺作品，启发了广大青年的政治觉悟，加强了广大青年感知革命时代的深刻体验，激发了他们追忆革命时代、建设新中国的爱国热情，成为这一时期爱国主义教育的鲜明特色。对此，1951 年，中共中央发出《关于写作电影剧本工作的指示》，指出电影已成为党的宣传教育工作中最重要武器之一，它是传播革命思想、培养爱国主义的最有威力的武器。

第五，以组织具有特色的"青"字头活动为载体开展爱国主义教育。1953 年 6 月，在青年团二大期间，毛泽东发表题为《青年团的工作要照顾青年特点》的著名谈话。随后，一个创造性开展青年工作的热潮在全国迅速掀起，全国范围内组织并开展了建立青年突击队、建立青年垦荒队、争做社会主义建设积极分子、建立青年节约队、设立青年监督岗、开展扫盲活动等具有青年特色的工作。其中，青年节约队是青年志愿组织起来的业余的义务劳动性质的生产组织。1954年8月，长春建筑工程公司开始组织青年节约队。1955年，中共中央发出"厉行全面节约，克服一切浪费"的号召后，青年节约队在全国范围内发展起来。青年监督岗是根据生产与经济活动的实际需要，为了帮助党政机关发现和消除厂矿企业工作中的缺点和不良现象而设立的。自1951年12月1日，中共中央下发《关于实行精兵简政、增产节约、反对贪污、反对浪费和反对官僚主义的决定》后，青年监督岗的岗位工作就逐渐成为群众性的活动。青年扫盲队是青年团为有效开展扫盲活动而建立的青年组织。从1955年起，团中央要求全国农村团组织普遍建立青年扫盲队，组织农村知识青年担任民校、记工学习班、识字小组的教员和辅导员。组织青年参加义务劳动是爱国主义教育的又一种实践形式。1954年9月，团中央的一份报告认为，义务劳动不仅在学生中有必要提倡，而且在机关、工厂和农村青年中也可以提倡。义务劳动作为团组织的一项活动内容，在全国范围内逐渐展开，并成为一项传统性爱国主义教育活动。

除了以上教育方式方法以外，这一时期的青年爱国主义教育还包括榜样示范引领、重视实践锻炼等。比如，团中央发出《关于在全国青少年中广泛开展"学雷锋"的教育活动的通知》掀起"学雷锋"活动浪潮。

三、社会主义革命和建设时期大学生爱国主义教育的经验总结

总体上看，新中国成立后，中国共产党在坚实的政治前提和制度保障的基础上，开展了对广大青年包括青年学生的系统化、规范化爱国主义教育，在"改天换地"的关键时刻，其许多做法和举措极大地激发了广大青年学生万众一心、艰苦奋斗，自觉投身社会主义建设的雄心壮志，有力地推进了社会主义革命和社会主义建设事业，为我们留下了宝贵的历史经验。

第一，在引导青年学习马克思列宁主义与毛泽东思想中，帮助青年夯实爱国认知。新中国成立以后，伴随着社会主义建设高潮的到来，图书无论是作为武器还是工具，都有了更为广阔的天空，其服务的领域更是扩展至经济建设、文化建设、思想建设等。在广大群众自发阅读、自觉学习的基础上，党中央非常重视青年学子的读书问题，重视提升广大青年学生的

马克思主义理论素养。1958 年，共青团三届三中全会通过《关于组织广大青年学习马克思列宁主义、学习毛泽东著作的决议》，自此，各地团组织按照决议要求，广泛组织青年学习马克思列宁主义和毛泽东著作的理论学习活动。各种各样的学习方式营造出"毛主席的书我最爱读"的浓厚学习氛围，千百万名青年把毛泽东著作作为必修的教科书，从中学习观察、分析问题的立场、观点、方法，改变了整个社会的价值取向和精神风貌。通过学习马克思列宁主义与毛泽东著作，主流意识形态得以确立，国家观念、阶级意识得以培育，爱国主义、集体主义被广大青年学生广泛认同接受。广大青年学生在思想认知上有了质的提高：爱国与爱社会主义本质上高度一致。

第二，在宣传英雄事迹、榜样人物中，帮助青年培养爱国情感。改造社会、开创社会主义新风尚需要新的人格、新的社会风尚。新中国成立以来，在社会主义革命与社会主义建设过程中，青年们皆是热血沸腾、发奋图强，掀起了建设社会主义的新浪潮。在这段奋斗史中，涌现了许多可歌可泣的英雄人物，如人民的勤务员、共产主义战士雷锋同志，人民的好干部焦裕禄，革命烈士邱少云，铁人王进喜等。在中国共产党的领导下，全国各地掀起了榜样人物、英雄事迹的学习宣传活动。如 1963 年 2 月，团中央发出《关于在全国青少年中广泛开展"学雷锋"的教育活动的通知》；同年 3 月 2 日，《中国青年》出版"学习雷锋同志专辑"，并刊出毛泽东的题词"向雷锋同志学习"，在青年中引起极大反响；3 月 5 日，根据中央统一安排，首都各大报纸同时刊出毛泽东的题词。此后，学习雷锋的热潮迅速在全国范围内掀起。1966 年，中央人民广播电视台发表长篇通讯《县委书记的榜样——焦裕禄》，全国学习焦裕禄精神的热度之高、持续时间之长超乎想象。可以说，榜样人物的事迹极大地感染了广大青年学生，他们向榜样看齐，将热爱祖国、无私奉献、自力更生、艰苦奋斗等精神融入社会主义建设事业。

第三，在引导青年参与爱国主义社会实践中，帮助青年坚定爱国意志。新中国成立以来，党和国家各项事业百废待兴，建设一个不同于旧社会的新世界迫在眉睫。青年历来是站在时代前列的先锋力量，新中国的青年学生不仅追求思想上和政治上的进步，拥有"敢教日月换新天"的爱国激情，而且追求实践上的突破，具有"脚踏实地"的报国行动。随着社会中的各项民主改革、社会主义建设轰轰烈烈地向前推进，如何引导广大青年学生参与改革与建设的伟大实践，成为这一时期爱国主义教育的重要任务。在中国共产党的领导下，青年团组织了包括学生在内的广大青年积极参加抗美援朝战争及后勤保障工作，参与土地改革运动、"三反"运动、"五反"运动、知识分子思想改造运动、知青下乡运动。1962年7月，中国共产主义青年团中央委员会的《给走向农业战线的团员和青年的一封信》对广大青年走向农村发挥了重要作用。从1962年秋至1966年夏，四年时间里，全国城镇知识青年有129万人下乡，加上回乡知识青年和1962年前下乡的知识青年，总人数大约有1 000万人[①]。在投身于恢复和发展国民经济事业的建设工作后，广大青年学生进一步改造了自己的思想，实现了爱国与报国的伟大志向，将青春热血洒在祖国最需要的地方。广大青年学生紧密地团结在中国共产党周围，万众一心，众志成城，致力于改变一穷二白的落后面貌，画出了最新最美的图画。

由于历史条件限制，这一时期的爱国主义教育也存在各种各样的不足。比如：没有处理好政治运动与爱国主义教育的关系；没有处理好学校教育与政治运动的关系。这些教训需要我们长久铭记。

第三节　改革开放和社会主义现代化建设新时期的大学生爱国主义教育

1978年12月，党的十一届三中全会召开，果断结束"以阶级斗争为纲"，实现党和国家工作重心战略转移，开启了改革开放和社会主义现代化建设新时期，实现了新中国成立以来党的历史上具有深远意义的伟大转折。以邓小平同志为主要代表的中国共产党人，团结带领全党全国各族人民，围绕"什么是社会主义、怎样建设社会主义"这一根本问题，借鉴世界社会主义历史经验，创立了邓小平理论，解放思想，实事求是，把党和国家工作重心转移到经济建设上来，实行改革开放的历史性决策，深刻揭示社会主义本质，确立社会主义初级阶段基本路线，明确提出走自己的路、建设中国特色社会主义，并开创了中国特色社会主义。党的宣传工作、爱国主义教育紧紧围绕党和国家中心工作，在党领导人民开创中国特

[①] 郭晓平. 中国共青团史［M］. 武汉：华中师范大学出版社，1992：215.

色社会主义、开创改革开放和社会主义现代化建设新局面中做出了重要贡献。

一、改革开放和社会主义现代化建设新时期大学生爱国主义教育的形势与任务

随着对外开放政策的不断推进，考察改革开放和社会主义现代化建设新时期的形势必须放眼世界。邓小平指出，和平和发展是当今时代的主题。一是和平。20 世纪 70 年代后期，美苏争霸愈益激烈并给世界安全带来新的威胁，引发国际社会对安全的普遍担忧。1989—1992 年苏联解体、东欧剧变，从此，国际格局从"两极对立"走向"一超多强"，和平的要素大大增加。21 世纪前后，美国开始将重心转向中国。但是 2001 年发生的"9·11"事件使得布什政府改变了战略，"恐怖主义"成为世界各国的共同敌人，中国、美国、俄罗斯三个大国在"反恐"问题上展开合作。此后的十年，美国将重点放在中东地区，这在客观上为中国发展赢得了宝贵机遇。二是发展。随着中美正式建交以及《中日和平友好条约》的签订，中国的国际发展环境大为改善，一大批国家开始与中国建立经贸合作关系。这种情况对于刚刚从"文化大革命"中走出来，急需发展资金、先进技术和科学管理经验的中国来说是难得的发展机遇。1998 年和 2008 年两次世界经济危机，中国的表现引人注目，中国成为稳定和推动世界经济发展的重要力量，国际地位稳步提升。但是，这一时期国际关系暗流涌动，既有合作，也存在深刻的矛盾和斗争。

从国内发展形势来看，"文化大革命"结束后，经过两年的徘徊与拨乱反正，国家经济社会秩序大为改善，我国社会主义建设进入新的历史阶段。从农村到城市，轰轰烈烈的改革在全国范围内进行，对外开放也迈出坚定步伐。1992 年，邓小平"南方谈话"明确了社会主义的本质和根本任务，改革开放与生产关系、经济体制、政治体制等全方位的调整大大促进了生产力发展，中国实现了从生产力相对落后的状况到经济总量跃居世界第二的历史性突破，实现了人民生活从温饱不足到总体小康、奔向全面小康的历史性跨越，中华民族迎来了从站起来到富起来的伟大飞跃。这一时期国家发生了许多大事，遇到了许多困难。在应对这些困难挑战时，党中央和广大人民群众一起，众志成城，着力维护国家安全和人民生命财产，谱写了一曲曲感天动地的英雄赞歌。在思想理论方面，从改革开放到党的

十八大召开，中国共产党在把马克思主义与中国实际相结合的过程中，不断创新和发展马克思主义，先后产生了邓小平理论、"三个代表"重要思想、科学发展观。这些党的创新理论构成了中国特色社会主义理论体系，对于中国特色社会主义现代化建设发挥了重要的指导作用。

这一时期，大学生理想信念教育面临着四个任务。一是挣脱思想束缚，促进思想解放，加强中国特色社会主义理论的学习和宣传，不断提高马克思主义理论水平。二是帮助广大青年树立改革开放的信心，为改革开放的顺利推进提供思想保证、精神动力与舆论支持。三是坚定爱国情怀，坚持马克思主义在意识形态领域的指导地位，防范和应对西方"和平演变"，坚决同各种错误思潮作斗争。四是加强网络安全建设，为助力青年成长成才营造风清气正的网络舆论环境。

二、改革开放和社会主义现代化建设新时期大学生爱国主义教育的主要做法和成效

1978年5月，中央党校内部刊物《理论动态》和《光明日报》先后刊登《实践是检验真理的唯一标准》一文，但对真理标准问题的讨论遭到了很大阻力，邓小平和许多老一辈革命家如叶剑英、李先念、陈云、胡耀邦等公开支持这一问题的讨论，由此便形成了一场深刻而广泛的思想解放运动。12月13日，邓小平作了题为《解放思想，实事求是，团结一致向前看》的讲话，进一步解放了人们的思想，为马克思列宁主义、毛泽东思想正本清源。1981年，党的十一届六中全会通过的《关于建国以来党的若干历史问题的决议》，科学评价了毛泽东的历史地位和毛泽东思想的科学体系，标志着党在指导思想上的拨乱反正胜利完成。

1977年7月，邓小平复出后，主动要求分管教育科学工作，随着一系列政策制度的落实，尊重知识、尊重人才的社会氛围逐渐形成，我国教育科学文化事业开始呈现勃勃生机。在党和国家的重大历史转折时刻，广大青年重燃爱国热情，掀起新的爱国主义热潮。同样不可忽视的是，由于不能正确认识新中国成立以来我们工作中发生的失误，特别是不能正确认识"文化大革命"这种全局性、长时间的严重错误，有些同志对社会主义祖国的前途感到茫然，信心不足，以至于彷徨起来。因此，加强爱国主义教育成为极为迫切和重要的事情。

第一，相关部门颁布专门文件，为大学生爱国主义教育提供政策保

障。改革开放以来，国内思想领域要在实现拨乱反正的基础上，进一步凝心聚力，达成改革开放的思想共识。因此，中国共产党加强对爱国主义教育的领导，紧抓爱国主义教育的理论建设、教材建设、制度建设和基地建设。中共中央陆续针对爱国主义教育专门印发意见，颁布文件。这极大地提高了社会层面对爱国主义教育的重视程度，进一步明确、摆正了爱国主义教育在宣传工作中的战略地位。

1983 年 7 月，中共中央宣传部、中共中央书记处研究室发布了《关于加强爱国主义宣传教育的意见》（以下简称《意见》），要求在社会主义现代化建设进程中，经常地进行和加强爱国主义的宣传教育，培养全体人民特别是青年的爱国主义精神，提高他们的爱国主义觉悟。在中央文件的指导要求下，教育部于 1983 年 8 月发布《教育部关于学习贯彻〈关于加强爱国主义宣传教育的意见〉的通知》，从重大意义、方式方法、过程载体等层面对各级各类学校如何贯彻执行《意见》做出了详细规定和指导要求。1991 年，中共中央宣传部等部门联合下发了《关于充分运用文物进行爱国主义和革命传统教育的通知》，强调要为爱国主义教育提供专业的博物馆、文物，支持爱国主义教育发展。1993 年，中共中央宣传部、国家教委、广播电影电视部、文化部《关于运用优秀影视片在全国中小学开展爱国主义教育的通知》指出，要用优秀爱国主义教育影视片激发大中小学生的爱国主义情感和志向。1994 年，中共中央又印发了《爱国主义教育实施纲要》，文件明确指出：在新的历史条件下，加强爱国主义教育，继承和发扬爱国主义传统，对于振奋民族精神，增强民族凝聚力，团结全国各族人民自力更生，艰苦创业，为建设有中国特色社会主义的宏伟事业而奋斗，具有重要的现实意义和深远的历史意义。文件将青少年作为爱国主义教育的重点对象，明确爱国主义要贯穿于整个育人过程，并对爱国主义教育的基本原则、主要内容、基地建设、社会氛围、党的领导等层面提供了总体性指导。这些文件成为爱国主义教育的"指挥棒"与"参考书"，使全国范围内掀起了爱国主义教育的高潮。

第二，推动思想政治教育学科建设进程，为大学生爱国主义教育提供学理支撑。这一时期，思想政治教育的重要性更加凸显，实现了从经验型到科学化的突破式发展。自 1984 年设置本科专业以后，思想政治教育正式作为一门学科单独发挥作用。作为思想政治工作的重要环节，爱国主义教育也在思想政治教育的专业化、科学化与学科化发展中实现了从经验型到科学化的跨越式发展。为了贯彻落实《国营企业职工思想政治工作纲要（试行）》关于"有条件的可以增设政治工作专业"的精神，1984 年 4 月，教育部印发《关于在十二所院校设置思想政治教育专业的意见》，决定在南开大学等 12 所院校首批增设思想政治教育专业，采用正规化的方法培养思想政治工作专门人才。1987 年，复旦大学等 10 所大学开始招收硕士生，培养"具有适应思想政治工作需要的知识结构和实践能力的高级专门人才"。自 1984 年创办思想政治教育专业至 1997 年学科专业目录调整，全国共有 70 所高校设置了思想政治教育专业。对于这个新兴专业，国家教委给予了高度重视，每年召开相关工作会议，研讨学科建设中的诸多问题。广大思想政治教育工作者也积极参与其中，产出了一批研究著作、教材、论文等成果。据不完全统计，截至 1990 年年底，出版的论著、教材约 350种，其中思想政治教育原理方面的有 69 种，思想政治教育方法论方面的有18 种，思想政治教育史方面的有 6 种，青年学方面的有 19 种，德育学方面的有 30 种，文献论文集 36 种，词典工具书 16 种，其他的 80 余种[①]。可以说，思想政治教育学科创立与发展过程中的众多成果为开展爱国主义教育提供了重要的理论和方法论指导。

第三，根据党和国家发展需要，设置丰富生动的爱国主义教育内容。这一时期，在新的历史条件下，爱国主义教育的素材非常广泛。从历史到现实，从物质文明到精神文明，从自然风光到物产资源，社会生活的各个领域都蕴藏着极为丰富的爱国主义教育瑰宝，这些内容形象生动且符合广大青年学生的成长需要。爱国主义教育最核心的部分仍是加强马克思主义理论教育。这里的马克思主义理论既包括经典马克思主义理论，也包括中国化马克思主义理论。1992 年，中宣部、国家教委、共青团中央共同颁发的《关于进一步组织高等学校青年师生学习马克思主义理论的通知》强调：要充分认识青年师生学习马克思主义理论的重要意义；要理论联系实际，重点解决立场、信念和人生观、价值观问题；要着眼于培养一支骨干队伍，并努力在他们中造就一批青年马克思主义者。1998 年，中共中央发出《关于在全党深入学习邓小平理论的通知》，强调"用邓小平理论教育广大青年特别是青年学生，是关系改革开放前途和二十一世纪国家面貌的大事，是坚持党的基本路线一百年不动摇的长远大计……要鼓励青年积极

---

① 张耀灿，徐志远. 现代思想政治教育学科论［M］. 武汉：湖北人民出版社，2003：85.

学习邓小平理论，树立远大理想和正确的世界观、人生观、价值观。"①
2003 年，中共中央发出《关于在全党兴起学习贯彻"三个代表"重要思
想新高潮的通知》，要求充分认识在全党兴起学习贯彻"三个代表"重要
思想新高潮的重大意义，深刻领会"三个代表"重要思想的基本精神，学
习贯彻"三个代表"重要思想要着力解决实际问题、要注意突出重点区分
层次②。2008 年，《中共中央关于在全党开展深入学习实践科学发展观活
动的意见》发出，要求全党开展学习实践科学发展观的活动，学习实践活
动以县级以上领导班子和党员领导干部为重点，全体党员参加，着力解决
党性不强、党风不正、执行党纪不严的问题③。高校贯彻落实中央对于开
展这些学习活动的要求，广大大学生特别是大学生党员的马克思主义理论
水平得到显著提升。

　　需要补充的是，这一时期，爱国主义教育内容除了重视马克思主义理
论教育之外，还新增了中华民族历史观、中华优秀传统文化、党的基本政
策、社会主义建设成就、中国国情、社会主义民主和法制等更多维度的内
容。可以说，丰富的教育内容极大地拓展了大学生的知识视野，指引了大
学生爱国与报国的方向。如《关于加强爱国主义宣传教育的意见》中指
出：在新的历史时期，我国各族人民爱国主义的主要内容，就是邓小平同
志代表党中央所提出的三大任务，即"加紧社会主义现代化建设，争取实
现包括台湾在内的祖国统一，反对霸权主义、维护世界和平"。这三大任
务，是历史赋予我们每一个爱国者的庄严而崇高的使命。文件要求做好以
下十个方面的宣传：宣传祖国新貌和建设成就；宣传英雄人物、先进集体
的模范事迹；宣传成功的建设经验；宣传祖国的壮丽河山、名胜古迹；宣
传重大的历史事件和著名的历史人物；宣传历代杰出的文艺家及其作品；
宣传历代杰出的科学家及其贡献；宣传历代文物；宣传各民族人民对祖国
的历史贡献；宣传侨居国外的爱国者和世界各国的著名爱国者。《爱国主
义教育实施纲要》（以下简称《纲要》）更是系统地明确了要善于运用国情

　　① 中共中央文献研究室. 十五大以来重要文献选编：上 [M]. 北京：中央文献出版社 2000：
423-435.
　　② 中共中央文献研究室. 十六大以来重要文献选编：上 [M]. 北京：中央文献出版社 2005：
314-323.
　　③ 中共中央文献研究室. 十七大以来重要文献选编：上 [M]. 北京：中央文献出版社 2009：
554-564.

资料，并注意挖掘和利用各种宝贵的教育资源，不断丰富爱国主义教育的内容。《纲要》指出，爱国主义教育包括中华民族悠久历史的教育、中华民族优秀传统文化的教育、党的基本路线和社会主义现代化建设成就的教育、中国国情的教育、社会主义民主和法制教育、国防教育和国家安全教育、民族团结教育、"和平统一、一国两制"方针的教育。

第四，根据青年学生的思想活动特点，采用灵活多样的爱国主义教育载体与方法。这一时期，《纲要》直接明确将爱国主义教育贯穿于大学教学与育人过程，要求高校根据教育对象不同的年龄层次、心理特点、知识水平和接受能力，科学安排活动内容，注意思想性和艺术性，力求富有吸引力和感染力。在践行爱国主义教育实践过程中，各类大专院校积极创造条件，以课程教学、实践活动（基地）、文化产品、网络平台为载体开展爱国主义教育。一是坚持课程育人，将爱国主义教育融入课程，开设以中国历史、文学、艺术、科技等为主要内容的传统文化选修课，开设以爱国主义教育为主要内容的专题讲座。二是坚持实践育人，积极开辟爱国主义教育的校外课堂，建立爱国主义教育实践基地，对学生进行直观、形象的教育，同时也组织学生参加适当的生产劳动、社会实践和军事训练等活动，增强他们对人民群众的感情和对国家的责任感。三是坚持文化育人，在大学校园中引入与爱国主义教育相关的影视、音乐、戏剧等文学艺术，将当时热播的优秀影视片纳入教学计划，扎扎实实做好放映、观看、宣传、教育工作。四是坚持网络育人。这一时期，随着我国互联网的接入与发展，中国网民规模呈现持续扩大的趋势，大学生作为网络"原住民"，是网络参与和使用最活跃的群体之一。高校不断加强校园网络建设，在网上开展生动、形象的爱国主义教育成为这一时期的教育特色。

在利用上述不同载体的过程中，各高校也实行了一些具体做法，如结合重要节日、纪念日，组织参观、瞻仰、祭扫活动。各类学校深入开展了以"我爱我的祖国"为主题的教育活动；结合爱国主义教育主题，组织社会考察和社会实践活动，如"三下乡"活动；利用爱国主义教育基地开展党、团组织生活和少先队活动；开展美化基地环境和维护设施的义务劳动；结合参观、瞻仰、考察，组织开展征文、主题演讲、专题讲座、知识竞赛等教育活动；在寒暑假利用爱国主义教育基地举办"冬令营""夏令营"；把有关历史事件、英烈事迹、建设成就编入党课、团课和职工轮训教材、校本教材，贯穿于思想政治教育和课堂教学全过程；建设爱国主义教育专题网站等。这些教育方式方法具有多样性与灵活性，为高校多维度、全方位开展爱国主义教育提供了宝贵经验。

互联网是这一时期大学生爱国主义教育中浓墨重彩的一笔。1994 年，我国接入国际互联网。从此，网络日益与人们的日常生活、学习和工作紧密相连。2000 年，教育部颁发《关于加强高等学校思想政治教育进网络工作的若干意见》，强调要运用网络手段拓展思想政治教育的视野，用正确、积极、健康的思想文化占领网络阵地。2004 年 5 月，全国高校思想政治教育示范网站——中国大学生在线（www.univs.cn）正式开通。2004 年 12 月，教育部、共青团中央共同下发《关于进一步加强高等学校校园网络管理工作的意见》，强调要充分认识加强高校校园网络管理工作的重要性和紧迫性，构筑网络思想政治教育重要阵地；建设校园主网站，构筑大学生获取信息、学习知识和交流思想的主流网络平台；掌握校园网舆情，引导网上舆论。2009 年，教育部在武汉举办高校新闻网创新发展论坛，主题为"积极建设健康向上的高校校园网络舆论环境"。这些制度和活动有效地加强了网络思想政治教育，增强了爱国主义教育的吸引力，提高了实效性。这一时期，针对大学生的爱国主义教育或者有助于加强大学生爱国主义教育的活动或相关举措还有很多，比如，面向全社会开展社会主义精神文明建设、公民道德建设，面向大中小学开展廉洁教育、加强马克思主义理论学科建设、加强各群体的思想政治教育，等等。这些都包含丰富的大学生爱国主义教育内容。

三、改革开放和社会主义现代化建设新时期大学生爱国主义教育的经验总结

经历了改革开放的实践探索，中国特色社会主义进入稳步发展时期，中国共产党的执政理念也逐步成熟，开始高度重视在全社会开展爱国主义教育，推动大学生爱国主义教育进入系统化、规范化阶段。从总体上看，这一时期大学生爱国主义教育卓有成效，积累了非常重要的经验。

第一，始终坚持党的领导，推动爱国主义教育规范化、常态化。改革开放和社会主义现代化建设时期，中共中央首次颁布了爱国主义教育的纲领性文件，并配套出台了相关文件，各有关部门、社会力量共同行动，推

动爱国主义教育形成了新的高潮。这说明，党高度重视爱国主义教育，进一步加强对爱国主义教育的领导。在党的坚强领导下，各地贯彻执行爱国主义教育的相关文件，制定出符合当地实际的爱国主义教育方案；各级党政机关也带头加强对全体工作人员特别是领导干部的爱国主义教育，要求领导干部以身作则，做好表率。教育、文化、民政、旅游、园林等部门以及工会、共青团、妇联等人民团体，直接担负着对群众进行爱国主义教育的责任，分别结合各自的工作特点，制定出爱国主义教育的具体实施细则；各级党委宣传部门要在党委和政府统一领导下，切实担负起协调、指导的责任。社会各方力量如博物馆等文化事业单位、文化影视公司等提倡和扶持弘扬爱国主义精神的各类文艺作品的创作，在评奖、宣传等方面加强引导……质言之，各方面的力量得到有机协同，爱国主义教育合力初步形成。可见，党的领导与相关文件的出台是规范化、常态化开展爱国主义教育的坚强保障。

第二，尊重学生认知特点，创新教育方式方法。这一时期，随着爱国主义教育的规范化、常态化发展，大学生爱国主义教育也越来越科学化。其突出表现是尊重大学生的认知特点与思维方式，选取多样化的、时代性的、创新性的教育方法。大学生群体具备较强的认知能力、活跃的思维，他们乐于并善于接受新鲜事物，对社会事件有着较高的敏锐度与参与度，对党和国家有着较高的政治认同与价值认同。因此，高校抓住大学生的兴趣点，利用重要法定节日、传统节日对其进行爱国主义教育，深入开展"我爱我的祖国"等主题教育，受到广大青年学生的欢迎，这些活动激发了他们对祖国的热爱，对社会主义制度的认同。同时，大学生活跃在互联网上，可以说，网络在一定程度上改变了他们认识世界、学习知识的方式。因此，高校不断加强网络思想政治教育建设、网络校园文化建设，利用网络对大学生进行爱国主义教育，起到了事半功倍的效果。

第三，丰富教育内容素材，优化教育内容设置。中国共产党历来都非常重视爱国主义教育。自新民主主义革命以来，爱国主义教育内容始终与经典的马克思主义理论与中国化的马克思主义有关，在广泛的参与与深度的学习中，广大青年学生的马克思主义理论水平不断提升，共产主义理想进一步坚定。与此同时，改革开放以来，在推进社会主义现代化建设的过程中，爱国主义教育内容也在不断丰富充盈。由于工作中心任务调整，党和国家深化爱国主义教育维度，增加中华民族历史教育内容，引导大学生在民族的生生不息中坚定历史信心；增加中华优秀传统文化教育，引导大学生在高洁的民族精神气节中树立文化自信；增加中国社会主义现代化建设成就与中国国情教育，引导大学生在实实在在的现实发展中坚定道路自信；增加国防教育与国家安全教育，引导大学生在居安思危中燃起斗志。随着社会发展与党和国家工作重心的调整，爱国主义教育内容始终常学常新、丰盈充实、生动活泼。

第四节　大学生爱国主义教育的历史经验

通过对新民主主义革命时期、社会主义革命和建设时期，以及改革开放与社会主义现代化建设新时期大学生爱国主义教育的做法和成效的历史考察，可以看出一些带有共性的规律，从中总结一些基本经验。

一、坚持以马克思主义为指导思想，将爱国和爱党、爱社会主义相统一

在庆祝中国共产党成立 100 周年大会上，习近平总书记发表重要讲话，他指出：“马克思主义是我们立党立国的根本指导思想，是我们党的灵魂和旗帜……中国共产党为什么能，中国特色社会主义为什么好，归根到底是因为马克思主义行！”中国共产党坚定不移地选择了马克思主义作为救国兴国富国强国的科学理论指南，始终高度重视以马克思主义理论武装全党，教育人民，培养青年。在马克思主义理论指导下，爱国主义教育经历了革命、建设、改革的长期历程，为党和社会主义建设事业提供了精神动力和信仰支柱，培养了生生不息的青年人才。无论是在战火纷飞的革命年代，还是建设与改革时期，中国共产党始终高度重视对广大青年学生的理论武装，其核心内容便是马克思主义理论教育，包括马克思主义基本原理教育和中国化的马克思主义理论教育，通过培养青年学生的共产主义信仰与中国特色社会主义共同理想，引导青年将爱国和爱党、爱社会主义相统一。在全面建设社会主义现代化国家新征程中，更要加强青年学生的马克思主义理论武装，用习近平新时代中国特色社会主义思想教育广大青年，使他们成为新时代马克思主义的传承者、践行者和创新者。

二、加强中国共产党的组织领导，动员协同社会各方力量参与

党政军民学，东西南北中，党是领导一切的。回顾爱国主义教育的发展历程，中国共产党精心的组织与正确的领导是其顺利开展工作与取得成效的根本保证。中国共产党自成立以后，就有计划地针对青年学生开展爱国主义教育。在新民主主义革命的不同发展阶段，中国共产党出台了不同的宣传工作决议，有组织地开展反帝反封建、传播马克思主义理论的爱国主义教育。自新中国成立后，中国共产党的爱国主义教育有了更坚实的政治保证和制度基础，爱国主义教育与各类全国性宣传运动相融合，其较新民主主义革命时期更加合法化、系统化，发挥了广大青年作为社会主义建设生力军的作用，有效地将他们的强烈爱国热情转化为建设社会主义的蓬勃激情。改革开放以来，中国共产党对爱国主义教育的领导更加规范化、科学化，中共中央针对爱国主义教育出台了专门的纲领性文件，教育部也出台了相应的指导意见，大学生爱国主义教育实现了从经验型到科学化的跨越式发展。与此同时，在党中央的坚强领导下，社会各方力量积极配合，为爱国主义教育提供了坚实的社会支持，推动爱国主义教育在党和国家意志与人民意志高度统一的社会环境中不断发展。新时代爱国主义教育正式继承了坚持党的领导、协同各方力量的优良传统，不断推进爱国主义教育常态化、制度化。

三、服从服务于党和国家的中心任务，同社会主义建设实践相结合

爱国主义教育要始终紧扣时代主题，服务于党和国家在不同历史阶段的中心任务。爱国不是空谈的、抽象的，而是具体的、实际的。这里的具体和实际就是党和国家所处的历史发展阶段与工作中心任务。大学生如果只有口头上、心理上、情感上的爱国，那么这种爱国是不彻底的，爱国一定要体现在具体的实际行动中。回顾历史，中国共产党历来重视在实际工作中开展爱国主义教育，引导大学生实实在在地参与社会实践，在实际工作中感知祖国的发展进步，在攻坚克难中感受祖国的建设责任。如在新民主主义革命时期，中国共产党围绕抵抗外寇、反对帝国主义和救国图存、争取民族独立和人民解放的主要任务，成立青年团，广大青年积极主动成立青年抗日先锋队、青年救国联合会，紧紧团结在党中央周围。在社会主义革命和建设时期，党面临的主要任务是进行社会主义革命，推进社会主

义建设。在这一任务规定下，爱国主义教育激发了广大青年"敢教日月换新天"的雄心壮志，通过开展各类教育宣传，广大青年成为社会主义建设的先锋力量。改革开放和社会主义现代化建设新时期，我们面临的主要任务是解放和发展生产力，使人民摆脱贫困尽快富起来，为实现中华民族伟大复兴提供充满新活力的体制保证和物质条件。此时，爱国主义教育围绕解放广大青年思想观念、使其投身于从"站起来"到"富起来"的现代化建设实践中的重要任务，教育引导广大青年在把握时代发展大势、勇立时代潮头中挥洒青春的汗水，实现远大报国志向。历史与实践都证明，只有服务于党和国家的中心任务，与社会主义建设实践相结合，爱国主义教育才能真实有效。

四、尊重把握大学生群体思想特质，满足学生成长成才发展需要

爱国主义教育是一个系统的复杂过程，由教育理念、教育目标、教育主客体、教育内容、教育方法、教育载体、教育环境等要素组合而成。这些过程性要素共同作用于爱国主义教育实践与成效，而教育客体是决定爱国主义教育成效的关键性因素。可以说，大学生爱国主义教育的成效，很大程度上取决于教育是否符合大学生的特点、满足大学生的需要，即教育过程的各种因素必须符合大学生群体特征和发展需求。早在 1953 年，毛泽东就提出青年团的工作要照顾青年的特点："十四岁到二十五岁的青年们，要学习，要工作，但青年时期是长身体的时期，如果对青年长身体不重视，那很危险……青年人就是要多玩一点，要多娱乐一点，要蹦蹦跳跳，不然他们就不高兴。"[1] 习近平总书记也强调："要尊重青年天性，照顾青年特点，经常到青年中去，同青年零距离接触、面对面交流，了解他们的思想动态、价值取向、行为方式、生活方式，倾听他们对社会问题和现象的看法，对党和政府工作的意见和建议。"[2] 与其他群体相比，大学生表现出一些群体性差异，这种差异需要教育者去洞察、把握和分析，需要教育过程各要素增强针对性，如坚持"以学生发展为中心"的教育理念、选取符合青年成长需求与兴趣爱好的教育内容、使用具有亲和力与吸引力的教育方法，等等。简言之，爱国主义教育要理解与包容青年学生，让他们在相对自由宽松的环境中升华情感、涤荡心灵。

---

① 中共中央文献研究室编毛泽东文集：第六卷 [M]. 北京：人民出版社，1999：277.
② 习近平. 在纪念五四运动 100 周年大会上的讲话 [N]. 人民日报，2019-05-01 (01).

五、遵循厚植爱国主义情怀的内在规律，实现知情意行的循序渐进

习近平总书记多次强调，培养社会主义建设者和接班人，要在厚植爱国主义情怀上下功夫①。爱国主义情怀，实质上是融爱国认知、爱国之情、强国之志、报国之行为一体的复合性主体状态②。心理学方面的研究认为，人的心理结构，是由认知、情感、意志、行为四方面组成的，其生成依循知、情、意、行由浅入深、依次递进、循环往复的发展逻辑。爱国主义情怀是人的一种高尚的心理，也遵循着知、情、意、行的生成逻辑，因此，"认知形成—情感生成—意志锻造—行为践行"是大学生爱国主义教育的重要内在机制，是个体爱国主义情怀生成的内在规律。在我国大学生爱国主义教育的长期实践过程中，组织者、教育者和研究者们越来越深刻地认识到，大学生爱国主义教育要真正达到塑造灵魂、培养新人的根本目的，必须要遵循爱国情怀生成的内在规律，坚持促进大学生爱国主义知、情、意、行的协调发展。在这一逻辑生成系统里，爱国主义教育首先是一种认知教育，爱国情感是产生爱国行为的内部动力，爱国主义的意志，是调节爱国行为的精神力量，是为了实现一定的爱国行为而克服一切困难和障碍的强大动力，爱国主义教育最终要落实到实践行动中。大学生爱国主义教育的发展历程表明，实践教育始终是提升大学生认知水平、唤起大学生情感共鸣、增强大学生责任感的有效途径。

---

① 习近平.用新时代中国特色社会主义思想铸魂育人 贯彻党的教育方针落实立德树人根本任务 [N].人民日报，2019-03-19 (01).

② 刘建军.厚植爱国主义情怀的理论阐释 [J].思想理论教育，2019 (9)：12-16.

第四章 新时代大学生爱国主义教育的现状审视

当前，中国特色社会主义进入新时代，中华民族伟大复兴正处于关键时期。新时代加强爱国主义教育，对于振奋民族精神、凝聚全民族力量，夺取新时代中国特色社会主义伟大胜利，实现中华民族伟大复兴的中国梦，具有重大而深远的意义。这一时期与过去相比有诸多不同。从背景层面来讲，伴随着经济全球化、政治多极化、文化多元化、信息网络化的深入发展，当今世界正处于百年未有之大变局，一方面全球化浪潮势不可挡，另一方面保护主义、民族主义有所抬头，爱国主义教育面临着全新的时代际遇。与此同时，党的十八大以来，伴随着改革开放的深入推进，以习近平同志为核心的党中央统筹推进"五位一体"总体布局、协调推进"四个全面"战略布局，使中国特色社会主义事业取得历史性成就、发生历史性变革，中华民族迎来了从站起来、富起来到强起来的伟大飞跃。这些实践与成就推动我国社会主要矛盾转化为人民日益增长的美好生活需要和不平衡不充分的发展之间的矛盾。人民群众不仅对物质文化生活提出了更高期待，而且在民主、法治、公平、正义、安全、环境等方面的要求日益增长，美好生活需求更加全面、更加综合，精神需求更加突出，爱国主义教育具备了更加坚实的现实基础。开展爱国主义教育，要以国际国内发展大势为重要际遇。

第一节 新时代大学生爱国主义教育面临的机遇与挑战

当前，我国大学生爱国主义教育可谓机遇与挑战并存：一方面，我国综合国力不断增强，中国特色社会主义进入新时代，中华民族伟大复兴进入关键时期，中国式现代化深入推进，为青年学生创造了前所未有的发展机遇与成长舞台，也为大学生爱国主义教育带来了重要机遇；另一方面，国内一些利益矛盾问题依然突出、意识形态领域态势复杂、西方对我国的战略焦虑不断上升，由此带来的遏制和打压日益严峻，这又决定了大学生爱国主义教育将是一个不可松懈、长期努力的过程。

一、新时代大学生爱国主义教育面临的机遇

第一，中国特色社会主义进入新时代，新的历史方位为大学生爱国主义教育提供了新的时代背景。中国特色社会主义是改革开放以来党的全部理论和实践的主题。党的十八大以后，以习近平同志为核心的党中央以巨大的政治勇气和一往无前的进取精神，肩负起对民族、对人民、对党的责任，以实现中华民族伟大复兴的中国梦为总目标引领新时代新征程，以作风建设为切入口推进党的建设新的伟大工程，以全面深化改革开放为根本动力推进中国特色社会主义伟大事业，党和国家事业很快打开新局面，展现新气象。随着改革的不断深入和各项事业的发展，党和国家深刻认识到单兵突进、零敲碎打调整、碎片化修补很难取得实质性效果，于是注重增强各领域改革的全面性、系统性、关联性和互动性，使中国特色社会主义经济建设、政治建设、文化建设、社会建设、生态文明建设"五位一体"总体布局和全面建设社会主义现代化国家、全面深化改革、全面依法治国、全面从严治党"四个全面"战略布局统筹联动、相互促进。党的十九大指出，中国特色社会主义进入新时代。伟大的时代召唤青年力量。中国特色社会主义进入新时代这一新的历史阶段赋予青年新的时代责任与使命。青年是中国特色社会主义事业的生力军，这一宏伟事业的成功，需要一代又一代有志青年的接续奋斗。

第二，中华民族伟大复兴进入关键时期，新的发展阶段为大学生爱国主义教育提供了全新的发展指向。新时代爱国主义的本质要求就是爱国和爱党、爱社会主义的高度统一，就是要在中国共产党的领导下实现中华民族伟大复兴的中国梦。2012 年 11 月 29 日，习近平总书记在国家博物馆参观"复兴之路"展览时，第一次阐释了中国梦的概念。他说："现在，大家都在讨论中国梦。我以为，实现中华民族伟大复兴，就是中华民族近代

以来最伟大的梦想。"① 中国梦关乎中国未来的发展方向，凝聚了中国人民对中华民族伟大复兴的憧憬和期待；它是整个中华民族不断追求的梦想，是亿万人民世代相传的夙愿，每个中国人都是中国梦的参与者、创造者。实现中国梦依靠青年。实现中华民族伟大复兴的接力棒，已经交到当代青年手上。2013 年 5 月 4 日，习近平总书记在同各界优秀青年代表座谈时强调："中国梦是我们的，更是你们青年一代的。中华民族伟大复兴终将在广大青年的接力奋斗中变为现实。"② 青年是祖国的未来，是民族的希望，也是我们党的未来和希望。要实现党的十八大提出的"两个一百年"奋斗目标，实现中华民族伟大复兴的中国梦，当代中国青年重任在肩。实现中国梦依靠青年也成就青年，在这个意义上，中国梦承载当代青年的共同追求，实现中国梦成为新时代中国青年践行爱国情、强国志与报国行的最终旨归。

第三，全面建成小康社会取得历史性成就，新的实践成就天然地增强了大学生爱国主义教育认同度。中国共产党和中国人民历经数十年的团结奋斗，终于在中华大地上全面建成了小康社会，历史性地解决了绝对贫困问题，夺取了新中国建设、中华民族伟大复兴进程中的历史性胜利，写下了中国经济社会发展、人类文明进步历史上浓墨重彩、绚丽夺目的一笔，在人类的伟大时间历史中创造了中华民族的伟大历史时间。2021 年 7 月 1 日，习近平总书记在庆祝中国共产党成立 100 周年大会上庄严宣告，我们在中华大地上全面建成了小康社会。全面建成小康社会作为党和人民团结奋斗赢得的历史性胜利，意味着社会主义能够创造出更高水平的生产力，激发整个社会从经济基础到上层建筑各个方面变革重组的根本动力，支撑中国社会发展向更高层面的美好样态不断演进；标志着彻底消除了绝对贫困，整体性提升了人民生活水平，中国人民朝着实现共同富裕、过上美好生活的宏伟目标阔步迈进。全面建成小康社会科学解答了"人们首先必须吃、喝、住、穿"这一人类经济社会发展的重大基础性课题，成功实现了"民亦劳止，汔可小康"这一中华儿女追逐数千年的梦想，铸就了中华民族发展史上的重要里程碑，有力地提振了全党全国人民以中国式现代化全面推进中华民族伟大复兴的信心和决心，极大地激发了当代青年的爱国热情与雄心壮志。全面建成小康社会本身是最具说服力的爱国主义教育素材。

① 习近平. 习近平谈治国理政［M］. 北京：人民出版社，2014：36.
② 习近平. 习近平谈治国理政［M］. 北京：人民出版社，2014：49.

第四，中国式现代化稳步推进，为大学生爱国主义教育提出了新的任务使命。党的二十大报告指出，在新中国成立特别是改革开放以来长期探索和实践基础上，经过党的十八大以来在理论和实践上的创新突破，我们党成功推进和拓展了中国式现代化。从现在起，中国共产党的中心任务就是团结带领全国各族人民全面建成社会主义现代化强国、实现第二个百年奋斗目标，以中国式现代化全面推进中华民族伟大复兴。习近平总书记谆谆勉励广大青年："要坚定不移听党话、跟党走，怀抱梦想又脚踏实地，敢想敢为又善作善成，立志做有理想、敢担当、能吃苦、肯奋斗的新时代好青年，让青春在全面建设社会主义现代化国家的火热实践中绽放绚丽之花。"① 中国式现代化与青年是"双向奔赴"的，中国式现代化为青年发展提供了历史机遇与广阔舞台，同时，广大青年是中国式现代化的建设者和接班人。推进和拓展中国式现代化，离不开青年对现代化问题的关注、思考与实践，当代青年要为中国式现代化多做贡献，做大贡献。中国式现代化的稳步推进已经并将持续为青年提供更多的成长成才机会，广大青年必将在中国式现代化的时代舞台上释放青春力量与主体动能，践行爱国情怀与强国行动。

二、新时代大学生爱国主义教育面临的挑战

习近平总书记指出："当前，百年变局和世纪疫情交织叠加，世界进入动荡变革期，不稳定性不确定性显著上升。……我们所处的是一个充满挑战的时代，也是一个充满希望的时代。"② 大学生爱国主义教育隶属于观念上层建筑范畴，总是受制于一定的社会经济基础，同时也受到政治上层建筑的影响。新时代以来，以习近平同志为核心的党中央深入推进改革实践，我国经济社会发展不断取得新的成就，全面建成小康社会，中华民族伟大复兴进入关键时期，开启全面建设社会主义现代化国家新的伟大征程，这些都为大学生爱国主义教育创造了重要的经济基础和社会条件。与此同时，大学生爱国主义教育也面临着众多挑战，如百年变局背景下的大国竞争、西方国家在意识形态领域的霸权、信息科技的飞速发展、社会发展中存

---

① 习近平. 高举中国特色社会主义伟大旗帜 为全面建设社会主义现代化国家而团结奋斗：在中国共产党第二十次全国代表大会上的报告 [M]. 北京：人民出版社，2022：71.
② 习近平在博鳌亚洲论坛 2021 年年会开幕式上发表主旨讲演 [N]. 人民日报，2021-04-21（01）.

在的矛盾、青年群体自身的变化等。

第一，百年变局背景下的大国竞争将长期存在。国际形势变化，特别是大国之间在国家利益和意识形态上的竞争，是影响大学生爱国主义教育的重要因素。当国际社会中各国之间的关系较为稳定的时候，国家的安全环境相对和平稳定，这对于大学生爱国主义教育来说是积极因素；反之，如果各国之间的关系紧张，国家的安全环境恶化，也必然会给爱国主义教育带来消极影响。当今世界，并不太平。习近平总书记指出："从国际看，世界百年未有之大变局进入加速演变期，国际环境日趋错综复杂。"[①] 国际形势继续发生深刻复杂的变化，世界处于百年未有之大变局，经济全球化遭遇逆流，大国博弈日趋激烈，世界进入新的动荡变革期。

一方面，进入 21 世纪以来，中国与世界的关系发生了根本性变化，今天的中国，前所未有地走近世界舞台的中心，中国共产党领导中国人民成功开辟了中国式现代化道路，创造了人类文明新形态，在 21 世纪的中国高高举起了科学社会主义的伟大旗帜，中华民族伟大复兴迎来了不可逆转的历史进程。中国不再只是国际体系参与者，而是一个贡献者、建设者。这是历史性角色的转变。300 多年前，"中国热"风靡欧洲，精美的中国瓷器与典雅的中国式园林走进欧洲国家的王宫。如今，中国班列、中国制造与中国资本进入更广阔的天地。大发展的中国与世界水乳交融。英国《金融时报》对中国崛起发表了论断，认为"中国的崛起是我们这个时代最重大的事件。一个占世界人口五分之一的国家实现复兴，其影响是深远的，使全球重心从西方转移到了东方"。

另一方面，从世界范围来看，人类社会还处于资本主义占主导的"大时代"。一个事实是：在过去几百年中，全球经济秩序一直都是西方国家把持的。在世界政治、经济、文化、社会、生态等各领域的发展中，无论是现实发展水平，还是对于发展秩序的维护（话语权），资本主义都占据绝对优势。中国长期受到西方国家的遏制和打压，这些国家不愿意看到一个崛起的中国，不愿意承认中国对于世界的贡献。其背后的原因仍然是两种社会制度的长期较量。总的来说，国际局势中的大世之争，其实就是新旧秩序的对撞。世界局势，尤其是中国面临的发展安全问题无疑对大学生爱国主义教育产生了重要影响。例如，2022 年 8 月 2 日深夜，时任美国国

---

① 习近平. 习近平谈治国理政：第四卷 [M]. 北京：外文出版社，2022：119.

会众议院议长佩洛西不顾中方严正交涉，明目张胆窜访中国台湾地区，国内外舆论哗然。中国外交部、国防部、国台办等众多部门在第一时间向美方提出了严正交涉和抗议。这一事件在广大民众特别是青年群体中引发了激烈反应。正确分析大国博弈的本质和特征，合理引导社会中泛起的种种舆论，激发广大民众特别是青年的爱国主义情感，是今后持续开展爱国主义教育的重点任务，也是一项极大的考验。国际竞争的无序对国际秩序和国际安全带来更多的不确定性，给大学生爱国主义教育带来强烈冲击。

第二，意识形态领域受到西方话语霸权的强势影响。自20世纪90年代以来，以美国为首的西方国家一直占据国际话语权的主动权。西方国家长期操纵国际意识形态议题设置，大搞双重标准。其实西方国家不仅操纵意识形态议题，对于包括经济、文化、生态、民生、军事等在内的任何议题，西方国家都会有双重标准。对于中国，这种双重标准格外明显。部分西方政客热衷于搞新"冷战"，故意罔顾事实，操纵国际舆论，在人权等问题上设置虚假命题，肆意干涉中国内政，炮制所谓"中国威胁论""中国霸权论"，严重损害中国的国际形象。实际上，西方国家一直高度重视意识形态斗争，也积累了熟练的意识形态斗争方法，拥有强大的舆论机器，且一些国际组织存在"亲西方化"倾向。这也说明国际舆论场仍被某些大国操控这一客观事实，这成为我们发展的不利因素，全方位地冲击着爱国主义教育效果。

第三，我国经济社会发展客观存在诸多矛盾。中国特色社会主义是一项前无古人的伟大事业，在前进道路上同样会遇到各种各样的矛盾。党的十九大报告指出，我国经济建设方面存在的问题主要是："发展不平衡不充分的一些突出问题尚未解决，发展质量和效益还不高，创新能力不够强，实体经济水平有待提高，生态环境保护任重道远；民生领域还有不少短板，脱贫攻坚任务艰巨，城乡区域发展和收入分配差距依然较大，群众在就业、教育、医疗、居住、养老等方面面临不少难题；社会文明水平尚需提高；社会矛盾和问题交织叠加，全面依法治国任务依然繁重，国家治理体系和治理能力有待加强；意识形态领域斗争依然复杂，国家安全面临新情况；一些改革部署和重大政策措施需要进一步落实；党的建设方面还存在不少薄弱环节。"① 当前，我国社会发展的主要矛盾是人民对美好生活的需求

① 习近平. 习近平谈治国理政：第三卷［M］. 北京：外文出版社，2020：7-8.

与不平衡不充分的发展之间的矛盾。不平衡不充分的发展在社会中表现为各种具体的社会矛盾问题，如阶层群体发展不平衡、地域发展不平衡、经济发展与生态保护之间的矛盾、贫富差距过大等。同时，权力腐败和滥用问题影响党群关系和谐、社会公正存在一定缺失、民生问题仍存在不少短板，这些问题体现了社会治理中存在的风险和挑战，需要妥善应对。如若这些问题解决不好，必将成为大学生爱国主义教育的"消解剂"，影响青年学生对执政党的信任，对中国特色社会主义道路、理论、制度与文化的信心，对马克思主义的信仰和中国特色社会主义共同理想的信念。

第四，信息科技高速发展使社会舆论复杂化。在人类社会发展的历史长河中，科技是最大的"助推器"。在科技高速发展的时代，人类对知识的占有量加速增长，尤其是信息技术的不断成熟，刷新了人类获取信息的方式，以"虚拟社区""虚拟课堂""虚拟场景"为标志的"虚拟社会"逐渐渗透到人们的日常生活中。当前，人类正在经历第四次科技革命，其标志是大数据、区块链、人工智能、物联网等信息技术的广泛运用，"二次元"、"元宇宙"、chatGPT等新概念已走进人们的视野。简言之，生成于信息技术变革，受到人工智能技术深度推演的科技革命重塑了整个社会系统，使我们的日常生活、学习、工作都面临更加复杂的环境，其中既有良好的机遇，也有严峻的挑战。信息技术的高速发展大大拓展了大学生爱国主义教育的可用资源，创新了教育方式，但同时为其带来了一定挑战。一是科技重要性日益凸显，"技术至上主义"有所盛行，一定程度上削弱了教育者的理论权威；二是无处不在的信息科技引发科技伦理问题，如何正确科学又合理地运用人工智能、大数据技术等科技产物，如何正确认识人与机器的关系，影响着人们对于人类未来命运的看法；三是信息网络领域成为意识形态斗争的新阵地，也成为大学生爱国主义教育新的竞技场。把握"制网权"成为主导意识形态建设的关键抓手。可以说，一个风清气正的网络空间是大学生爱国主义教育的有利条件。然而透视现实，网络信息技术的快速发展重塑了社会舆论的形成机制，在某种程度上，放大甚至扭曲了社会中的矛盾问题，干扰了大学生的思想认知，削弱了大学生爱国主义教育的效果。

第五，当代青年学生思想特质、成长需求与话语体系发生深刻变化。爱国主义教育对大学生的影响程度，总是取决于爱国主义教育满足大学生需求的程度。不同时期的青年学生，其思想状况以及对于爱国主义教育的需求有很大的差异。这些都对爱国主义教育提出了新要求。中国特色社会主义进入新时代便是当代大学生的际遇，也是我们认识当代大学生的基本前提。改革开放以来，社会主义市场经济、经济全球化和科技信息化三种环境交叠，成为新一代大学生成长的大背景。他们既是市场经济的"原住民"，也是经济全球化的"原住民"，更是互联网的"原住民"。

首先，当代大学生的自我特质发生了变化。一是当代大学生更加务实。市场经济的利益导向、竞争驱动等属性伴随着当代青年的成长，务实是这一代人的基本特征。务实的品质增强了现实的人和现实社会的结合，但也使当代青年和长辈之间形成了明显的代际差异，并且尤为集中地体现在物质和精神的关系上。二是当代大学生更具开放意识。他们经历了经济全球化的历史进程，国际视野开阔，思维更加活跃。三是当代大学生更适应网络化生存。这一代人的生活、学习方式已经从"触网"向网络生存转变。智能手机在他们手里既是信息交流工具，也是生活、学习和工作的平台，由此形成了当代大学生的第三个特征，即网络化生存。获取信息、认识天下、人际交往、商务活动、日常生活等无往不在，使大学生拥有了更为开阔的视野。四是当代大学生具有较强的主体意识、民主意识、法律意识等。社会处于上升阶段，时代不断进步、互联网技术快速发展等客观条件赋予了他们宽广的视野和自信的心态，他们朝气蓬勃、好学上进。当然，不平衡不充分的现象存在于任何时代，我们也不能忽视当代青年群体中存在的泛功利主义、享乐主义等倾向，"丧文化""佛系"等也影响着一些大学生。这些特质是时代与社会发展衍生出来的全新特质，要求教育者必须充分做好学情分析，摒弃固有思维，以全新的视野、包容的气度把握大学生思想特质与需求，使爱国主义教育契合当代大学生的思想状况与成长诉求。

其次，当代大学生话语体系发生深刻重塑。当代青年的话语特征表现在两个方面。一方面是符号化的创制与运用。在网络的推动下，形形色色的符号化话语成为青年群体的亚文化符号。大学生更愿意在网络交流中通过连续的表情包来表达心情，以成倍的语速看视频，并且这种符号化运用已使青年学生群体中形成了"圈层"。另一方面是娱乐化的沉醉与失落。当代大学生热衷于戏谑、调侃自我，将自己戏称为"打工人""单身狗""小镇做题家""当代孔乙己"。这些话语的使用与创制表现了大学生话语体系的求新求奇与求简求快的特征。这些要求教育者打破固有传统话语体系，充分了解、熟悉各种网络热词，找到触发大学生兴趣点和兴奋点的话语表达方式，在思政课堂上加以应用，将有意义的内容以有意思的形式表达出来，引起大学生的思想共鸣。吸纳并学习青年话语，有助于与青年对话，使爱国主义教育先入耳、再入心。

第二节　新时代大学生爱国主义教育的主要做法

世界在变的同时中国也在变。经过 40 多年的改革开放，我国进入中国特色社会主义新时代，社会主要矛盾已转化为"人民日益增长的美好生活需要和不平衡不充分的发展之间的矛盾"，我国进入新发展阶段。在此背景下，大学生爱国主义教育面临重大发展转型：一方面，大学生爱国主义教育需要与新的历史方位和新的发展阶段相适应；另一方面，面对国际趋势与国内变化，大学生爱国主义教育需要在目标、内容、方法和途径等要素结构方面进一步完善优化，务求实效。在这种现实际遇与客观要求下，党和国家及相关各部门颁布多项政策、采取多种手段加强爱国主义教育，把大学生爱国主义教育推向新的高度。

一、学习习近平新时代中国特色社会主义思想，在强化理论引导中推进爱国主义教育

习近平新时代中国特色社会主义思想是马克思主义中国化的最新理论成果，是 21 世纪的马克思主义，包含着对青年成长成才的重要论述，对中华民族伟大复兴的重要论述等，蕴含着丰富的大学生爱国主义教育理论内容。为加强大学生对习近平新时代中国特色社会主义思想的学习，增强习近平新时代中国特色社会主义思想的入课、入脑、入心，各高校构建习近平新时代中国特色社会主义思想教学课程，围绕"习近平新时代中国特色社会主义思想概论"课程，一并设置"习近平法治思想""习近平经济思想"等课程；完善习近平新时代中国特色社会主义思想概论课教学环节，将习近平新时代中国特色社会主义思想概论全目标融入学生培养方案、全方位进入思政课教学体系、全环节纳入思政课教育过程；将习近平新时代中国特色社会主义思想教育落实到学校人才培养总目标，体现于培养方案

和教学大纲之中，高质量讲好上好习近平新时代中国特色社会主义思想概论课，坚持不懈用习近平新时代中国特色社会主义思想铸魂育人。2020年，教育部组织编写了马克思主义理论研究和建设工程重点教材《习近平总书记教育重要论述讲义》，为推动习近平新时代中国特色社会主义思想"三进"工作打下扎实基础。2023年，中宣部会同教育部组织编写的《习近平新时代中国特色社会主义思想概论》，是高校思想政治理论课的权威用书，成为大学生爱国主义教育的权威教材。对于习近平新时代中国特色社会主义思想的武装学习，为大学生爱国主义教育提供了科学的世界观和方法论指导。

二、注重价值熏陶，在培育社会主义核心价值观中推进爱国主义教育

社会主义核心价值观回答了我们要建设什么样的国家、建设什么样的社会、培育什么样的公民的重大问题。习近平总书记指出："青年的价值取向决定了未来整个社会的价值取向，而青年又处在价值观形成和确立的时期，抓好这一时期的价值观养成十分重要。"[①] 大学生是国家未来的建设者，加强大学生社会主义核心价值观教育是把大学生培养成社会主义事业合格接班人的重要途径，关系国家发展和民族振兴。爱国是社会主义核心价值观的重要内容，对大学生进行爱国主义教育与培育践行社会主义核心价值观是同向同行的。2013年12月23日，中共中央办公厅印发《关于培育和践行社会主义核心价值观的意见》，强调培育和践行社会主义核心价值观要从小抓起，从学校抓起；要构建大中小学有效衔接的德育课程体系和教材体系，创新中小学德育课和高校思想政治理论课教育教学，推动社会主义核心价值观进教材、进课堂、进学生头脑。高校承担着培育时代新人的重大使命，成为培育社会主义核心价值观的主阵地和主战场，始终把"培养什么样的价值观"和"培养什么样的人"紧密结合起来，教育引导广大青年学生"扣好人生第一粒扣子"，培养大批德智体美劳全面发展的社会主义建设者和接班人。这无疑是对爱国主义教育的强化与拓展。

---

① 习近平. 习近平谈治国理政 [M]. 北京：人民出版社，2014：172.

三、依托"三全育人",在落实立德树人根本任务中推进爱国主义教育

立德树人是党的十八大和党的十九大前后相继、一以贯之的教育理念。党的十八大报告首先提出:"把立德树人作为教育的根本任务。"① 党的十九大报告与党的二十大报告再次强调:"全面贯彻党的教育方针,落实立德树人根本任务。"② 这是党中央在新时代对教育根本任务的新概括与新要求。高校所立之德内含着明公德,所树之人必须具有家国情怀,因此,落实立德树人的各项举措与爱国主义教育是同向同行、相辅相成的。2018年9月10日,习近平总书记在全国教育大会上发表重要讲话,他指出:"要把立德树人融入思想道德教育、文化知识教育、社会实践教育各环节,贯穿基础教育、职业教育、高等教育各领域。"③ 这一论述指明立德树人是一项复杂艰巨的系统工程,需要整合各方力量统筹落实。因此,构建完善的立德树人"三全"(即实现大学全员立德树人、全过程立德树人和全方位立德树人)机制,是高等学校贯彻落实立德树人工作的必要举措。在"三全育人"的理念指导下,各高校进一步把握"三全"立德树人的深层含义、构成要件,不断构建并完善"三全"立德树人的工作体系,坚持用习近平新时代中国特色社会主义思想铸魂育人,紧扣立德树人根本任务,深刻回答"培养什么人、怎样培养人、为谁培养人"这一教育的根本问题,持续推进全员、全过程、全方位育人。与此同时,高校将加强爱国主义教育、厚植爱国主义情怀与完善"三全育人"工作格局、健全系统化立德树人长效机制紧密结合,并努力在"三全育人"格局下探索新时代爱国主义教育有效途径,坚持"课堂教学、社会实践、校园文化"全方位育人,厚植爱国主义情怀;在"入学""在学""毕业"全过程育人,塑造爱国主义认同;"导师、朋辈、校友"全员育人,凝聚爱国主义合力,培养德智体美劳全面发展的社会主义建设者和接班人。

---

① 习近平. 习近平谈治国理政:第四卷 [M]. 北京:外文出版社,2022:339.
② 习近平. 高举中国特色社会主义伟大旗帜 为全面建设社会主义现代化国家而团结奋斗:在中国共产党第二十次全国代表大会上的报告 [M]. 北京:人民出版社,2022:34.
③ 习近平. 论党的宣传思想工作 [M]. 北京:中央文献出版社,2020:351.

四、整合各方资源，在善用"大思政课"中推进爱国主义教育

2021 年全国两会期间，习近平总书记在看望参加全国政协十三届四次会议的医药卫生界、教育界委员时强调："'大思政课'我们要善用之，一定要跟现实结合起来。"① 同时他指出："我们要在全社会大力弘扬家国情怀，培育和践行社会主义核心价值观，弘扬爱国主义、集体主义、社会主义精神，提倡爱家爱国相统一，让每个人、每个家庭都为中华民族大家庭作出贡献。"② 这就指明了，新时代爱国情怀的最主要特征就是坚持爱家、爱党、爱国、爱社会主义相统一。这就要发挥好家庭、学校、社会的作用，充分整合各方资源，善用"大思政课"开展爱国主义教育。2022 年 7 月，教育部等十部门印发《全面推进"大思政课"建设的工作方案》，进一步提出要坚持开门办思政课，强化问题意识、突出实践导向，充分调动全社会力量和资源，推动思政小课堂与社会大课堂相结合，推动各类课程与思政课同向同行，为加强爱国主义教育指明了方向和路径。爱国主义教育具有时间跨度大、空间覆盖广、群体参与度高等特征，是名副其实的"大思政课"。高校要在加强"大思政课"建设中弘扬爱国主义。如创新大思政课的实践教学场景和方式，通过互动式教学、探究式教学、体验式教学、情景式教学等方式，丰富学生的学习体验，让爱国主义教育"生动"起来；加强与其他高校、社会、实践基地等层面的资源共建、共享，充分挖掘社会实践中的爱国元素，将爱国主义教育从"学校小课堂"，搬上"社会大课堂"，让爱国主义教育"丰富"起来。

五、守好主渠道，在加强思想政治理论课建设中推进爱国主义教育

新时代以来，党中央对办好学校思政课越来越重视。2019 年 3 月 18 日，习近平总书记主持召开学校思想政治理论课教师座谈会并发表重要讲话，强调"办好思想政治理论课，最根本的是要全面贯彻党的教育方针，解决好培养什么人、怎样培养人、为谁培养人这个根本问题"，"青少年阶段是人生的'拔节孕穗期'，最需要精心引导和栽培……思政课作用不可

---

① 习近平. "大思政课"我们要善用之"（微镜头·习近平总书记两会"下团组"·两会现场观察）[N]. 人民日报，2021-03-07（01）.

② 中共中央党史和文献研究院. 习近平关于注重家庭家教家风建设论述摘编 [M]. 北京：中央文献出版社，2021：71.

替代，思政课教师队伍责任重大"①，并对思政课教师提出了"六个要"的要求。在习近平总书记的关怀和指导下，学校思想政治理论课建设在人员队伍、经费投入、平台建设、制度建设等方面稳步推进，特别是各地在构建大中小学思政课一体化建设、"思政课程"与"课程思政"一体化建设等方面的改革创新如火如荼，取得显著成效。爱国主义教育是思想政治教育的重要内容，思政课是对大学生开展爱国主义教育的主渠道。高校充分发挥思想政治理论课程在爱国主义教育中的基础性作用，理直气壮地将爱国主义教育全方位地融入思政课教学全过程，让爱国主义元素进教材、进课堂、进头脑；建设一批爱国主义公共选修课，以课程为载体，在课堂内外给学生讲清楚新时代"爱国主义的本质内涵、为什么要爱国以及怎样爱国"的基本问题，培养大学生树立家国情怀。具体而言，一是创新教学内容。高校思政课充分发挥教师教学创新的主导性和主动性，在教学资源的挖掘与教学内容的组织中积极融入爱国主义精神，在创新教学内容上讲深讲透新时代厚植爱国主义情怀的道理、情理和事理。二是改革教学方式，开展互动式、启发式、交流式教学，提供主题、精选案例、创设情境，充分发挥学生的主体性，引导其在参与和体验中升华爱国主义情感。思想政治理论课教学能使大学生在理论自信和理论认同中形成"爱国共鸣"，从而激发青年学子的强烈爱国情怀。

六、建设实践载体，在引导组织各类实践活动中推进爱国主义教育

"纸上得来终觉浅，绝知此事要躬行。"爱国主义情怀最终要落实到爱国主义行动中，因此，爱国主义教育必须要加强实践养成，使爱国情怀从实践中孕育、深化并最终践行于行动。而现实社会中不断丰富的实践载体，是爱国主义教育在新时代扬帆起航的坚实地基。高校高度重视依托多种实践载体，通过组织各类实践活动让大学生在实践感知中树立家国情怀。高校充分利用重大历史事件和国家重大节庆日，利用政治仪式，开展实践活动，引导大学生在活动的仪式感、庄重感、荣誉感中增强爱国情怀；把爱国主义内容融入党日团日、主题班会以及各类主题教育；广泛开展文明校园创建，强化校训校歌校史的爱国主义教育功能，组织开展丰富多彩的校园文化活动；组织大学生参观纪念馆、展览馆、博物馆，参加军

① 习近平. 习近平谈治国理政：第三卷 [M]. 北京：外文出版社，2020：328-331.

事训练、冬令营、夏令营、文化科技卫生"三下乡"、学雷锋志愿服务、"挑战杯"等科研发明和创新创造活动、孝老爱亲等社会公益活动等，更好地了解国情民情，强化爱国担当；密切与城市社区、农村、企业、部队、社会机构等的联系，丰富拓展爱国主义教育校外实践领域，引导大学生在服务他人、奉献社会的过程中完善和提升自己，升华家国情怀。

七、充盈网络空间，在唱响网络主旋律中推进爱国主义教育

网络空间是亿万网民共同的精神家园。新时代以来，党和国家大力推进网络强国建设，高度重视唱响互联网爱国主义主旋律，让爱国主义充盈网络空间，从内容供给、载体创新、话语引领、制度保障等方面着手，使网络爱国主义教育成为一个全网统筹、多方联动、协同发力的基础性、系统性工程。在大力加强网络爱国主义教育的政策支持与社会背景下，大学生爱国主义教育也紧跟互联网发展趋势，充分利用网络的特性和优势，以更具时代性、亲近性，更富有"网感"的方式开展，构建网上网下同心圆，网络空间也成为高校营造新时代爱国主义教育浓厚氛围的重要阵地。近年来，将线下爱国主义教育内容转化为数字化信息，推动爱国主义教育与网络传播有机结合，占领爱国主义教育的网络阵地，成为一种丰富网上正能量宣传内容的有效方式。在内容方面，高校结合重大历史纪念日、国家发展重要节点、传统文化节日等时机，适时推介体现爱国主义内容，适合网络传播的音频、短视频、网络文章、纪录片、微电影等，同时整理制作专题性的爱国主义教育资源，让教育对象不仅在关键时间节点接受爱国主义教育，而且在日常生活中也能浸润在生动丰富的爱国主义教育资源和氛围中。在方式方法上，大学生爱国主义教育主动结合大学生的兴趣点和接受习惯，用好融媒体产品，打通网上网下、版面页面，依托社交媒体、视频网站、手机客户端等传播平台，运用虚拟现实、增强现实、混合现实等新技术，大力开发并积极推介体现中华文化精髓、富有爱国主义气息的网络教育内容；利用移动端无缝嵌入日常生活的优势，生动活泼开展网上爱国主义教育，让广大大学生在潜移默化中接受熏陶，大大增强了爱国主义教育的吸引力和时代感。

八、强化文化浸润，在传承弘扬革命文化和中华优秀传统文化中
推进爱国主义教育

"求木之长者，必固其根本；欲流之远者，必浚其泉源。"对每一个中

国人来说，爱国是本分，也是职责，是心之所系、情之所归。爱国主义是千百年形成的对祖国的最深厚情感，是中华民族文化的根基所在。革命文化是中华优秀传统文化的集成创新。中华优秀传统文化与革命文化激励着众多爱国志士忠贞为国、前赴后继，是文明互鉴视野下中华民族文化软实力的象征性存在，是当代大学生爱国主义教育的厚重资源。高校注重对中华优秀传统文化与革命文化的挖掘和阐发，注重发扬跨越时空、超越国度、富有永恒魅力、具有当代价值的文化精神，主动把握广大青年学生的期待和需求，积极探索传统文化资源的当代表达方式，将中华优秀传统文化与革命文化全面融入教育过程、文化创造、学习生活，用好红色资源，推进校园文化建设，做好传统文化教育成果展示活动；构建中华文化与革命文化的课程和教材体系，加强对传统文学艺术的扶持，创作更多体现中华文化精髓与革命精神、传播当代中国价值观念的爱国主义优秀作品，提供丰富的精神食粮，在课程中用丰富具象的革命文化和中华优秀传统文化来阐释相对抽象的精神世界，讲清楚革命文化以及中华优秀传统文化中蕴含的丰富爱国主义元素，增强大学生对爱国主义的可知可感；搭建好各类文化育人平台，举办不同类型的革命文化传承活动，如红色故事会、红歌比赛；用好中华优秀传统文化实践育人基地、红色教育基地，形成一种实践养成的长效机制，打造全方位、多维度的文化育人空间，使大学生在弘扬和传承中华传统美德与优秀传统文化的魅力中感受中华民族的气节与风骨，增强民族自尊心和自信心，滋养爱国初心。

简言之，新时代以来爱国主义教育的举措越来越丰富，推动大学生爱党爱国爱社会主义的思想基础得到持续巩固。

第三节　新时代大学生爱国主义教育的基本经验

党的十八大以来，各高校深刻把握习近平总书记关于爱国主义教育的一系列重要论述，贯彻落实党和国家关于爱国主义教育的一系列重要部署与决策，采取有力、有效的多项措施，推动大学生爱国主义教育取得显著成效。因此，有必要对这些举措做法进行总结提炼，形成具有鲜明时代特征的基本经验，为今后大学生爱国主义教育的完善与成熟提供基本的经验遵循。

一、建强主体力量，打造大学生爱国主义教育共同体

教育主体结构的健全性、专业性与合理性直接决定着爱国主义教育的功能发挥成效。新时代以来，高校在推进爱国主义教育的过程中尤其注重健全主体力量。一是明确组织领导力量。尤其是《新时代爱国主义教育实施纲要》（以下简称《纲要》）颁布以来，各高校高度重视爱国主义教育的组织建设，校党委加强宏观指导、统筹协调和督促落实，严格落实意识形态工作责任制；要求各级党组织对标《纲要》指导与学校要求，做好爱国主义教育的推进工作；宣传部、社科处、学工部、校团委、图书馆等单位将爱国主义教育落实到各自工作实践中，形成爱国主义教育的组织实施合力。二是健全教师队伍。配齐建强学校思想政治理论课专职教师队伍。习近平总书记指出："要配齐建强思政课专职教师队伍，建设专职为主、专兼结合、数量充足、素质优良的思政课教师队伍。"[①] 在学校思想政治理论课教师座谈会上，习近平总书记针对提高思政课教师素养提出了"六个要"：政治要强，情怀要深，思维要新，视野要广，自律要严，人格要正。按照习近平总书记提出的配齐思政课教师以及思政课教师的"六要"要求，高校进一步规范思政课教师的遴选条件和程序，严把政治关、师德关、业务关，既重高标准、严要求，又要有灵活性，鼓励吸引符合条件的相关学科专家教师、党政管理干部、辅导员转岗或参与思政课教学；研究制定思政课教师任职标准，建立思政课教师退出机制，对违反职业道德、不能胜任思政课教学的教师，及时调离思政课教师岗位。与此同时，在课程思政教育理念的倡导下，各专业课教师也不断提升政治意识，培养育人情怀，大大增强了思政课教师力量。在加强思政课教师队伍建设的火热氛围中，由思政课教师、辅导员、班主任等组成的爱国主义教育师资队伍也越来越庞大，教师队伍的健全与完备有力地推动了爱国主义教育的成熟发展。

二、尊重教育对象，激发大学生主体能动性

新时代以来，"以学生发展为本"的教育理念日渐深入人心。爱国主义教育说到底是一项做人的思想的工作，根本旨归在于激发个体的爱国情

---

① 习近平. 论党的宣传思想工作 [M]. 北京：中央文献出版社，2020：388.

怀，充分发挥主体能动性使其参与报国与强国的伟大实践。就爱国主义教育实践而言，将学生放在主体地位，全面提升学生的课堂参与性，这是提高爱国主义教育实践效果的重要策略之一。在爱国主义教育实践中，教育的对象是学生，如果学生不能积极地参与教育过程，那么即使教学模式具有先进性，教学方法具有科学性，最终的教育效果还是无法达到预期。因此，要全面增强爱国主义教育效果，充分激发教育对象的主体意识和能动作用，使其能够全面投入爱国主义教育的学习和探究。新时代以来，爱国主义教育始终坚定教育的主体责任和教师的主体地位，同时尊重学生，建立新型师生关系，实现学生的主体地位转换，充分调动学生参与爱国主义教学课堂、爱国主义主题宣讲、爱国主义实践活动等一切教育性活动的主体能动性，注重以爱国主义教育为大学生提供更多成长成才的机遇，引导大学生将爱国情怀内化于心，外化于行。各高校普遍尊重并接纳新生代大学生具备的独特性、活跃性、自我意识突出等群体特征，鼓励新生代大学生多元化、个性化的成长发展方式。针对大学生的认知水平、思想层次、接受程度开展阶段性的、发展性的爱国主义教育活动，创新爱国主义教育过程各要素，调整教育理念、拓展网络阵地、丰富教育内容、优化教育形式、调整话语体系、利用政治仪式教育、号召广大学生"歌唱祖国"等。这些举措大大提升了大学生参与教育过程的热情度与互动度。

三、优化介体结构，拓展大学生爱国主义教育方法渠道

教育介体结构一般由教育内容结构、方法结构与载体结构构成，关乎爱国主义教育的实践效果。新时代以来，大学生爱国主义教育在内容、方法、载体方面进行了全面调整与优化，推动爱国主义教育取得显著成效。一是优化内容结构体系，更新爱国主义教育内容。融入习近平新时代中国特色社会主义思想，中国特色社会主义和中国梦教育，党史、国史、改革开放史教育，中华优秀传统文化教育等内容，可以使内容结构体系更加凸显时代性与发展性，贴近大学生的认知水平与成长需求，因此，教育内容更具吸引力。二是创新方式方法结构，丰富爱国主义教育方法。一方面，创新课堂理论讲授法，采取互动式、启发式、交流式教学，借助新科技打造线上育人与线下育人双向融合的"智慧课堂"。各高校积极利用科技发展的新成果提高课程吸引力，主动探索"慕课"和"翻转课堂"等新型教学模式进行课堂创新，打造出既有学理性又有感染力的"智慧课堂"。另

一方面，丰富实践锻炼法，在传统实践活动的基础上，各高校纷纷以国家重要节日纪念活动为契机，组织开展系列庆祝或纪念活动。三是拓展载体平台，开辟爱国主义教育新载体。各高校坚持以学校思想政治理论课为爱国主义教育主渠道，守好这一主阵地；挖掘、用好新媒体与融媒体平台，使校园内的各类媒体平台能够聚焦爱国主义主题，创新宣传与传播方式，适应分众化、差异化传播趋势；占领互联网这一新兴阵地，以爱国主义为主题制作适合网络传播的音频、短视频、文章、纪录片、微电影等，让爱国主义元素充盈校园网络空间；用好爱国主义教育基地和国防教育基地，全国范围内多批爱国主义教育示范基地的建设为大学生爱国主义教育提供了良好的实践平台，成为高校推进爱国主义教育的重要载体。

四、善用社会资源，挖掘大学生爱国主义教育潜在势能

"巧妇难为无米之炊。"社会资源是保障任何工作得以顺利进行的根本。推进爱国主义教育需要进一步完善社会资源保障，实现学校资源与社会资源的强化整合与优化配置，保障教育效力最大化。习近平总书记强调："'大思政课'我们要善用之，一定要跟现实结合起来。上思政课不能拿着文件宣读，没有生命、干巴巴的。"① 习近平总书记进一步强调了社会资源的重要性，要求学校思想政治理论课要与现实相结合，彰显强烈的现实关怀。爱国主义教育内容无疑是宏大且广泛的，但教材内容的有限性与完成性难以涵盖丰富多彩的社会实践，这一矛盾要求爱国主义教育要充分吸纳社会实践中的丰富资源。并且，爱国主义教育最终落实于社会实践中个体报国的行动。高校深刻领会习近平总书记的重要讲话精神，将爱国主义教育扎根于社会实践，用好丰富的社会资源，挖掘社会实践中的生动资源素材。一是建立社会资源引入机制，保障社会资源进教育。建立引入机制，及时将教育对象最关切的社会热点问题与社会事件引入教育活动，将社会实践中发生的与爱国爱党爱社会主义相关的正、反面事例纳入教育内容，丰富爱国主义教育内容；吸纳社会各界先进性榜样示范人物走进学校课堂，弘扬爱国传统，真正让爱国的人讲爱国，打造言传与身教于一体的爱国主义教育。二是拓展社会实践平台，弥合情怀与现实鸿沟。古语有云：物有甘苦，尝之者识；道有夷险，履之者知。社会大舞台提供的实践

---

① 习近平. "大思政课"我们要善用之"（微镜头·习近平总书记两会"下团组"·两会现场观察）[N]. 人民日报，2021-03-07（01）.

资源是印证爱国主义价值性、践行爱国行动真实性的重要资源，是弥合爱国情怀与爱国行动之间的鸿沟的关键环节。因此，各高校纷纷与社会中的爱国主义教育实践基地建立长期稳定的合作关系，常态化、持久化开展社会实践活动，引导大学生在实实在在的社会实践中，体悟并坚定爱国情怀，最终将爱国情怀转化为强烈的报国志向与行动。

第四节　新时代大学生爱国主义教育存在的问题及其原因分析

新时代以来，大学生爱国主义教育的已有做法与基本经验构成了全面建设社会主义现代化国家新征程的现实基础，理应全面系统地对其进行提炼、概括与总结。但这并非意味着新时代以来，大学生爱国主义教育已经足够完善与成熟。大学生爱国主义教育是一个持久的、需要紧跟时代与社会发展的不断完善的历史过程。正如我们孜孜不倦探索真理，却只能无限趋近真理，而真理与谬误是一个矛盾统一体一样，大学生爱国主义教育有经验，但也存在问题与不足。剖析新时代以来大学生爱国主义教育的问题与原因则是消除爱国主义教育的结构性矛盾、使爱国主义教育在攻坚克难中实现螺旋上升的迫切需求。纵观现实，新时代以来社会发展既取得了重大成就、实现了历史性变革，也面临着前所未有的机遇与挑战，大学生爱国主义教育在服从服务于党和国家中心任务，激发青年学子爱国情、报国志与强国行的过程中真真切切地发挥着重要作用，但其仍存在一定结构性问题需要解决，因此，找到问题所在，并剖析问题背后的深层原因，爱国主义教育才能在新征程新任务中实现自身功能价值的最大化。

一、新时代大学生爱国主义教育的现存问题

尽管高校在推进大学生爱国主义教育方面采取了一系列举措、做法，取得了可喜的成效，但结合新时代新征程提出的新要求与新境遇，大学生爱国主义教育仍存在一些结构性问题尚需解决。如大学生爱国主义教育的实施运行基本实现常态化，但制度化发展缓慢；爱国主义教育目标内容日益丰富化，但存在现实性与生动性不强的问题；爱国主义教育载体与方法日益多样化，但亲和力与创新性有所不足；爱国主义教育协同育人理念逐

渐形成，但与中小学段、社会、家庭等各方力量实际融合效果欠佳。这些问题在一定程度上制约并阻碍着新征程新要求下大学生爱国主义教育有效性的发挥。

（一）大学生爱国主义教育实施运行基本实现常态化，但制度化发展较为缓慢

2019年，《纲要》颁布以后，各高校深刻领会《纲要》的指导意见和基本精神，将爱国主义精神贯穿于大学教书育人的全过程，采取多样化的教育手段与方式，规范爱国主义教育进课堂、进教材、进头脑的基本流程，推动爱国主义教育常态化、长效化发展。如将爱国主义教育与哲学社会科学相关专业课程有机结合，在各类课程中加大爱国主义教育内容的比重；创新爱国主义教育的手段与形式，丰富和优化爱国主义教育课程资源，支持和鼓励以多种形式开发爱国主义相关的微课、微视频等教育资源和在线课程，开发体现爱国主义教育要求的音乐、美术、书法、舞蹈、戏剧作品；办好学校思想政治教育理论课，打造爱国主义教育主阵地，推动思想政治理论课程改革创新、加强思政课教师队伍建设，让有爱国情怀的人讲爱国，让更多学生发挥主体能动性，参与爱国主义教育；广泛组织开展校内外的实践活动，把爱国主义内容融入各类主题教育活动，组织学生"三下乡"，参观爱国主义教育实践基地；以各种节庆日活动为契机开展政治仪式熏陶教育，如"同升国旗、同唱国歌"活动……这些做法与举措日趋成熟，基本构成了高校开展爱国主义教育的"传统惯例"，推动大学生爱国主义教育基本实现了常态化运行，这是非常值得肯定的。

但与此同时，我们也必须看到大学生爱国主义教育虽基本实现了常态化，但在制度建设层面还存在一定的不足。部分高校内部尚未出台专门的爱国主义教育规章制度来保障大学生爱国主义教育的规范化、长效化运行，仅有一些倡导性标语、文件通知、宣传公告、指导性意见、工作落实方案等。在考察这些实施方案的具体内容时会发现，部分高校对于爱国主义教育的顶层设计与统筹规划多见于所列举的常态化举措与做法，少有制定明确的规章制度、运行机制等硬性保障来推动爱国主义教育以制度化的形式科学运行。而没有明确的规章制度的硬性支撑与保驾护航，爱国主义教育不可避免地存在运行秩序流畅性、规范性不足，实施过程调动性、协调力匮乏的结构性问题。简言之，制度建设的不足直接影响高校爱国主义教育的长效化、常态化与规范化。党的十九届四中全会从"常态化制度

化"的高度对理想信念教育提出要求，因此，"常态化制度化"也应成为爱国主义教育的下一步导向指引。

（二）大学生爱国主义教育目标内容日益丰富化，但存在现实性与生动性不足的问题

爱国在不同历史时期、不同地理区域有着不尽相同的表现形态和具体内容。毛泽东指出："爱国主义的具体内容，看在什么样的历史条件之下来决定。"① 党的十八大以来，习近平总书记围绕爱国主义及爱国主义教育作出一系列重要论述，高校深刻把握爱国主义包含哪些内容，当代中国爱国主义的主题是什么、本质是什么，如何理性爱国等关键问题，注重以理论武装塑造大学生的爱国认知，引导大学生正确认识爱国主义的基本内涵。《纲要》规定了新时代爱国主义教育的基本内容包括：坚持用习近平新时代中国特色社会主义思想武装全党、教育人民；深入开展中国特色社会主义和中国梦教育；深入开展国情教育和形势政策教育；大力弘扬民族精神和时代精神；广泛开展党史、国史、改革开放史教育；传承和弘扬中华优秀传统文化；强化祖国统一和民族团结进步教育；加强国家安全教育和国防教育。相较于 1994 年颁布的《爱国主义教育实施纲要》中规定的基本内容，如中华民族悠久历史的教育、中华民族优秀传统文化教育、党的基本路线和社会主义现代化建设成就的教育、中国国情的教育、社会主义民主和法制教育、国防教育和国家安全教育、民族团结教育、"和平统一、一国两制"方针的教育……新时代爱国主义教育的基本内容随时代的发展与历史条件的变化而发生了较大调整，时代性与丰富性与日俱增。

高校将《纲要》的基本内容融入立德树人全过程，将爱国主义教育基本内容与哲学社会科学相关专业课程有机结合，在思政课与其他专业课中加大爱国主义教育内容的比重，爱国主义教育内容更加丰富。但不可否认，当前高校的爱国主义教育在内容层面的生动性与现实性仍显得不足。这主要表现为：高校思政课教师或专业课教师尚未灵活地、巧妙地把握爱国主义教育的基本内容，在教案设计、课堂讲授中对基本内容的阐释较为单一化、模式化、固定化，"照本宣科"现象仍然不同程度地存在着。一方面，爱国主义内容趣味性、生动性与活泼性不足，不够吸引大学生主动学习、乐于接受，"抬头率"不高现象普遍存在，大学生爱国主义教育效

---

① 毛泽东. 毛泽东选集：第二卷 ［M］. 北京：人民出版社，1991：320.

果不明显，流于形式、浮于表面。另一方面，爱国主义教育内容现实关怀不强、问题意识不足，甚至有些教师刻意回避现实中的问题，因其"敏感"遂"避而不谈"，因此抓不住大学生的痛点、痒点与关注点，无法及时回应并澄清大学生对于现实问题的困惑疑虑，也就较难激发大学生的批判意识与居安思危意识，较难激发大学生对党和国家前途命运的深刻关切。

（三）大学生爱国主义教育的载体与方法日益多样化，但亲和力与创新性尚显不足

载体与方法是教育的两大中介。大学生爱国主义教育目标与内容的价值实现依托于载体与方法的运用。但是，当前爱国主义教育的方法运用与载体使用存在两大主要问题。

一是方法使用缺乏亲和力。当前爱国主义教育的阵地主要在思想政治理论课堂上，以理论教育为主、社会实践为辅。但对于大学生群体而言，比起理论讲授的"单向灌输"，他们更倾向于实践锻炼和情境体验。但当前，爱国主义教育基本上仍是以理论灌输方式为主，此种模式虽然有利于受教育者更好地掌握理论知识，但是此种方法以教师为主体，学生大多是被动接受知识，获得的理论知识难以内化成为学生自身的思想行为体系，也不利于受教育者爱国主义情感与意志的培养和调动。当代大学生思维活跃、见识广，对一些问题都有着自己独特的观点和看法。理论灌输的教学模式一定程度上影响了教育者和受教育者之间的互动，压抑了大学生自我观点和看法的表达，导致大学生对此种方式的爱国主义教育难以产生浓厚的参与兴趣，甚至认为这样的理论讲授枯燥无味。相比之下，以重大节庆日活动为载体的爱国主义教育实践活动、组织大学生观看爱国影视作品等方式更受大学生的欢迎，目前部分高校也确实在这种实践载体与实践锻炼方式中做出了很多尝试，但这远远不够。教育资源价值尚未得到有效的、全方位的挖掘，体现出当前大学生爱国主义教育的载体与方法的亲和力有所不足。

二是方法载体创新性不足。传统意义上的爱国主义方法主要有理论教育法、实践锻炼法、榜样示范法；传统意义上的思想政治教育载体主要集中于课程教育、实践活动、大众媒介。这也是当前大学生爱国主义教育的主要方法与主要载体。但是时代潮流滚滚向前，以智能化、网络化与信息化为主要特征的第四次科技革命迅速发展，社会矛盾以新的内容与形式呈

现、受教育者思想特质与认知方式急剧变化，传统的方法和载体在应对极速变化的教育环境过程中显得绵软无力。比如，在引导社会思潮与社会舆论方面，高校历来是各种社会思潮角逐纷纭的前沿阵地，大学生群体是话语权争夺的重要对象。然而，面对各类社会思潮尤其是错误社会思潮的影响与渗透，高校显得比较被动，传统的理论讲授、实践锻炼法都较难及时有效回应社会思潮的强烈冲击。有效应对多元化的社会思潮及其引发的社会舆论成为各高校网络舆情治理的一大难题。为此，各高校必须合力尽快探索出舆论引导、舆情治理的全新方法，以有效应对西方价值观、各类思潮、青年亚文化等社会意识形态的剧烈冲击。

（四）大学生爱国主义教育协同育人理念逐渐形成，但与中小学段、家庭、社会等各方力量融合的实际效果欠佳

"一名学生爱国主义感情的培养、爱国主义情怀的生成，是大中小学不同学段持续施教的合力结果，绝不是哪一个阶段单方面的功劳。一名学生爱国品行的进步与提升，也不单单是学校教育的成果，而是学校、家庭、社会教育共同作用的结果。"[1] 也就是说，大学生爱国情怀的培养，是一个系统的整体的工程，不能片面化、孤立化地展开，为此，需要确立整体性视野进行统筹规划。一方面，推进大学生爱国主义教育，不能割裂中小学阶段，各学段不能各自为政、各行其是、自话自说、孤芳自赏，而是要彼此关照、相互衔接、螺旋提升，要把大中小学爱国主义教育作为一个层层递进的有机整体，作为由不同学段构成的整体性实践过程来对待，要加强各学段一体化的顶层设计和实践统筹。另一方面，推进大学生爱国主义教育，不能忽视家庭与社会两方力量的参与培养。爱国主义教育不只是学校的事情，学生接受爱国主义教育的效果如何，能否生成强烈的爱国之情、坚定的强国之志和切实的报国之行，往往并不单方面取决于学校教育的影响，还取决于家庭教育、社会教育的综合影响和合力作用。不同的空间会给人带来不同的影响和体验，这种影响和体验会产生叠加效应。从个体教育与成长过程来看，家庭、学校和社会构成了个体教育发展的基本空间格局。因此，要确保学校教育、家庭教育、社会教育的同向同行、协同发力，让家庭成为爱国情怀培育的发酵地，家庭与社会协同互构，努力形成"学校—家庭—社会"三方面的教育合力。

---

① 白显良. 新时代推进大中小学爱国主义教育一体化建设的几点思考［J］. 思想理论教育，2020（4）：17-18.

然而在现实中，大中小学一体化建设本身尚未成熟化、制度化，仍处在完善、建设阶段，大中小学爱国主义教育一体化也受制于这一客观发展现状，尚未形成良性的互促共进效应，协调各学段开展爱国主义教育成为当前各级教育部门必须着力解决的重要问题。另外，家庭教育、社会影响与学校教育构成反差和冲突的情况在现实中也存在，需要引起足够的重视。例如，在学校教育中常常出现"5+2＝0"的现象，即5天的学校教育与2天的家庭社会影响相抵消。有学者将这种现象进行理论化升华，认为我国现实生活中客观存在"在学校接受了中华民族传统美德教育以及革命传统等的爱国主义教育，可是在家庭中接受的却是具有利己主义的实惠教育，在社会上接受的又是追求利益最大化的商品化教育"的现象[①]。尤其是对于大学生群体，他们接触社会的机会更多，以后更是直接步入社会接受社会环境的再教育，受到社会的直接影响，现实中存在的教育反差和抵牾误导了大学生的价值选择，也弱化消解了爱国主义教育的实际效果。

二、新时代大学生爱国主义教育现存问题的原因分析

当前，大学生爱国主义教育在实施运行、教育内容、教育方法、教育载体、教育资源互补方面均存在不同程度的结构性问题，只有深入探究这些问题背后潜藏的深层次原因，才能从根本上解决问题，切实提高大学生爱国主义教育实效，更好地服务于全面建设社会主义现代化国家新征程，更有力地汇聚实现中华民族伟大复兴中国梦的青年力量。

（一）大学生爱国主义教育实施运行体系"法治支撑"亟待落实

当前，国家层面对开展爱国主义教育的法治保障主要体现在以下方面：《中华人民共和国宪法》《中华人民共和国教育法》中规定了开展"爱国主义、集体主义、社会主义教育活动以及理想、道德、纪律、法制、国防和民族团结教育活动"的法律总则；2019年颁布的《新时代爱国主义教育实施纲要》强调把爱国主义精神融入相关法律法规和政策制度，体现到市民公约、村规民约、学生守则、行业规范等的制定完善中，发挥指引、约束和规范作用。在全社会深入学习宣传相关法律，广泛开展法治文化活动，使普法过程成为爱国主义教育过程。严格执法司法、推进依法治理，综合运用行政、法律等手段，对不尊重国歌、国旗、国徽等国家象征与标

① 唐霞. 中美爱国主义教育现状比较研究 [M]. 北京：中共中央党校出版社，2011：70.

志，对侵害英雄烈士姓名、肖像、名誉、荣誉等行为，对破坏污损爱国主义教育场所设施，对宣扬、美化侵略战争和侵略行为等，依法依规进行严肃处理。依法严惩暴力恐怖、民族分裂等危害国家安全和社会稳定的犯罪行为。2023 年 10 月 24 日，第十四届全国人民代表大会常务委员会第六次会议通过了《中华人民共和国爱国主义教育法》，该法律自 2024 年 1 月 1 日起施行，我国正式以法治方式推动和保障新时代爱国主义教育。这对于大学生爱国主义教育制度化发展无疑是一个巨大的推动力。这些规定、倡导、相关立法都是国家层面强化爱国主义教育制度与法治保障的一系列重大举措，从不同层面为爱国主义教育提供了制度保障。但截至目前，部分高校仍未出台专门的爱国主义教育规章制度，大学生爱国主义教育实施运行体系"法治支撑"亟待落实。法治层面的不完善是大学生爱国主义教育制度化发展缓慢的直接因素。

（二）大学生爱国主义教育内容体系存在"供需矛盾"

当前，"供需矛盾"实际上体现在思想政治教育的多维领域的各个过程中，聚焦到大学生爱国主义教育这一视域，教育内容结构方面的"供需矛盾"尤其明显。大学生爱国主义教育内容结构体系的"供需矛盾"是指高校爱国主义教育内容"供给侧"的宏观、广阔和宽泛与大学生个体"需求侧"的自我化、个性化和小众化之间的结构性矛盾。2019 年，中共中央、国务院印发了《新时代爱国主义教育实施纲要》，明确规定了爱国主义教育的基本内容包括：习近平新时代中国特色社会主义思想，中国特色社会主义和中国梦教育，国情教育和形势政策教育，民族精神和时代精神，党史、国史、改革开放史教育，中华优秀传统文化、祖国统一和民族团结进步教育，国家安全教育和国防教育。可见，爱国主义教育涉及的内容非常广泛，纵览古今、宏观广阔。高校在推进爱国主义教育的过程中，始终以《纲要》规定的内容为基本遵循，为大学生"供给"宏大、磅礴的教育内容。这自然有利于大学生扩展格局视野，提升爱国境界，培养为党和国家奉献青春的"大我"。但《纲要》规定的基本内容毕竟为宏观层面的基本遵循，并非一成不变的"硬性准绳"，实际上也蕴含着灵活运用教学素材、生动活化教学内容的隐性规定。

当前，部分教师在爱国主义教育的备课与教学过程中存在片面注重教学内容与《纲要》规定的"完全一致性"的吻合度的问题，注重在爱国主义教育的"供给侧"结构发力，这在一定程度上忽略了大学生本身的成长需求与主体能动性，教育内容的"需求侧"结构被弱化。于是出现上述所说问题：爱国主义教育内容日益丰富化，但仍不够生动具体，大学生个体较难产生共鸣与共情，产生小我与大我的"疏离感"。实际上，如所有教育规律一样，爱国主义教育的成效呈现与价值实现最终落脚于受教育者的需求满足上。因此，教育者必须努力提高自身的理论素养和专业本领，增强对教育内容的优化整合意识，既要在教学大纲中整体系统性地吸收《纲要》中的基本内容要求，也要在备课与教学实践过程中灵活化、生动化地处理这些基本内容，将更具生活性、形象化与生动性的爱国主义元素融入《纲要》规定的基本内容之中，使二者有机结合，为大学生提供生动化的教育素材。同时，要精准把握大学生的时代特征与思想动态，熟悉掌握大学生对爱国主义教育的期待与诉求，从大学生所思所想所感的现实问题出发，从小我到大我，循循善诱、抽丝剥茧地引导大学生正确认识为什么要爱国，从而牢固树立坚定的爱国情怀，最终将爱国情怀转化为报国行动与强国实践。

（三）大学生爱国主义教育方法载体相对"滞后错位"

当前，大学生爱国主义教育方法载体在一定程度上相对滞后。与"80后""90后"相比，"00后""05后"大学生群体在认知方式与思想特质方面发生了非常显著的变化。新时代以来，随着信息技术的高速发展和应用领域的不断拓宽，互联网已经融入现代社会生产生活的各个层面，对经济建设、社会发展、国家治理和人民生活等都产生了重大影响。党的二十大报告对加快建设网络强国作出了重要战略部署，网络强国建设已成为社会主义现代化国家建设的重要内容。随着互联网的飞速发展与完善，我国网民数量再创新高，截至 2022 年 12 月，我国网民规模为 10.67 亿人，较2021 年 12 月新增网民 3 549 万人，互联网普及率达 75.6%。其中，网民中使用手机上网的比例为 99.8%，20~29 岁的网民占比为 14.2%，大学生群体正是处在这个比例之中，占比较大。互联网的快速发展为大学生群体的成长、成才搭建了规模庞大的万物互联网络、信息获取中心、人际交往平台。但是，当前大学生爱国主义教育存在网络利用不彻底、模式化问题。一方面，方法运用相对"滞后"。这突出地表现为教师授课用网络的模式化：多数教师在用网络时习惯于借助 ppt、视频、音频、图片，这些依托于网络的教学辅助工具在"00 后"群体中已经相对过时了。另一方面，载体开发相对"滞后"。随着新媒体、自媒体的蓬勃发展,媒体融合成为大势所趋。但反观现实,大学生爱国主义教育虽然充分意识到媒体融合发展的规律和趋势,但尚未细化媒体融合举措、形成媒体融合规范管理与监督,利用融媒体平台推进教学改革、构建爱国主义教育融媒体矩阵尤其迫切。

与此同时,大数据、人工智能、AR\VR技术的快速发展,为大学生爱国主义教育提供了更多的技术手段与教育平台。但目前以弘扬爱国主义精神为主题的思政课多为大班课堂教学,学生人数多,教学任务繁重,实践活动也多停留在课堂这个单一环境中,实践教学简单老套,缺乏创新性。但是,新技术的发展推出了VR虚拟仿真体验教学产品,这是深入研究当代大学生思想特点和认知规律,积极创新爱国主义教育的全新教学载体成果。以5G、大数据、云计算、物联网、区块链、人工智能等现代信息技术为支撑,综合运用VR、AR、MR和流媒体、超高清等技术手段,能够构建全息化、可视化的教学流程,为学生提供沉浸式、交互式的学习体验。如能够塑造革命年代战火纷飞的情境体验,为学生提供更为真实的战争场景,增强大学生的革命信仰与爱国精神体验。这是培养大学生爱国情怀的极佳手段,理应成为大学生爱国主义教育运用的先进方法,但囿于技术或资金等原因,目前各高校对这种现代技术手段的应用率较低,成效不佳。

(四)大学生爱国主义教育各项教育势能整合缺乏"机制牵引"

这里所讲的大学生爱国主义教育的教育势能包括:家庭教育、社会教育、小学教育、中学教育。就目前而言,各项教育势能尚未实现良性互促共进,协同效果不佳。

一方面,"学校—家庭—社会"协同育人机制尚未健全。大学生爱国主义教育始终通过政府、学校、家庭、社会等多重主体和多重途径来完成。在"学校—家庭—社会"的"通识+个性+导向"逐层递进的立体化爱国主义教育体系中,学校主要完成的是爱国主义通识教育和孩子的个性化教育,而家庭针对孩子的具体情况,重点完成孩子的个性化补充教育,社会主要发挥主流文化与媒体的导向教育。可以说,"学校—家庭—社会"基本构建起了大学生爱国主义教育的立体场域和开放格局。2021年10月23日,第十三届全国人民代表大会常务委员会第三十一次会议通过《中华人民共和国家庭教育促进法》（以下简称《家庭教育促进法》），该法律于2022年1月1日起施行。该法律的实施彰显了家庭教育的重要地位和基础作用，有利于真正实现学校教育和家庭教育的相互配合与协同发力。该法律第十六条明确指出，未成年人的父母或者其他监护人应当针对不同年龄段未成年人的身心发展特点开展家庭教育，其中包括爱国主义教育、铸牢中华民族共同体意识、培养家国情怀。另外，《教育部等十三部门关于健全学校家庭社会协同育人机制的意见》于2023年1月17日正式出台，其加速了"学校—家庭—社会"的协同育人机制的构建。但目前"学校—家庭—社会"的协同育人机制仍处于前期筹备建设阶段，尚未形成成熟完善的工作机制、制度体系与运行机制，"学校、家庭、社会协同推动思政课建设的合力没有完全形成"。

另一方面，大中小学爱国主义教育一体化建设尚不健全。2019年3月，习近平总书记在全国学校思想政治理论课教师座谈会上明确提出，要"在大中小学循序渐进、螺旋上升地开设思想政治理论课""要把统筹推进大中小学思政课一体化建设作为一项重要工程"，这对推进大中小学思想政治理论课一体化建设提供了根本遵循。爱国主义教育也应要遵循不同学段课程建设的规律，体现大中小学的阶梯性，努力实现螺旋上升。2020年12月，中共中央宣传部、教育部印发了《新时代学校思想政治理论课改革创新实施方案》，为如何建设大中小学一体化的思政课提供了顶层设计方案。虽然，大中小学一体化建设理念已经进入实施运行阶段，在北京、上海、四川、山东等地进行了踊跃探索，取得了一些成就经验，但总体上看，大中小学思政课一体化的制度机制的制定仍有一个探究、理解、贯彻的过程。目前，大中小学思政课一体化建设面临碎片化、条块化、分散化等复杂问题。如组织机制方面存在这样几个问题：大中小学思政课一体化的标准是什么？大中小学思政课一体化建设主体有哪些？大中小学思政课一体化牵头单位是谁？这些问题反映出一体化建设中统筹管理机制的不足。运行机制方面也存在问题：大中小学思政课一体化各自有哪些权利和责任？各地各单位如何开展大中小学思政课一体化相关工作？其内在关联如何？不同学段教师之间如何常态化沟通交流？不同学段的教育资源何以常态化共享？这些问题反映出一体化建设中一些具体运行机制存在欠缺。评价机制也存在一些问题：如何评价大中小学思政课一体化建设的成效？评价指标是什么？谁来评价？评价结果如何利用？这些问题反映出一体化建设的后期评价、反馈、改善层面机制的不健全。以上问题的悬而未决成为一体化建设实现规范化、专业化、科学化发展的体制壁垒，亟须完备的体制机制将其打破。这一深层次难题直接影响着爱国主义教育的多维势能聚合。

第五章 新时代大学生爱国主义教育的目标原则

从词义本源上讲，目标指的是射击、攻击或寻求的对象，也指想要达到的境地或标准。关联其社会意义分析，目标是行动的先导，是对活动预期结果的主观设想，是在头脑中形成的一种主观意识形态。原则，是指经过长期经验总结所得出的合理化的现象，是行事所依据的准则。大学生爱国主义教育作为一项有组织、有目的、有计划的社会实践活动，必须明确目标定位，以确保各项教育活动实现预期的教育目标；同时，还必须坚持基本的教育原则，以保证各项教育活动不偏离主导性目标定位，保障教育目标实现和教育效果提升。可以说，爱国主义教育的目标及原则在新时代大学生爱国主义教育过程中起到"举旗定向"的作用，明确目标原则是系统科学开展爱国主义教育的重要前提。

第一节 新时代大学生爱国主义教育的目标定位

大学生爱国主义教育目标具有多维性，基于不同维度、不同主体可制定不同的教育目标。因此，从系统论的角度，可将大学生爱国主义教育目标视为一个层层递进、逐渐细化的目标体系。具体可以分为三个层次：首先是战略目标，即新时代大学生爱国主义教育是服务于为党育人和为国育才这一战略定位的；其次是育人目标，即新时代大学生爱国主义教育是致力于帮助大学生树立正确的世界观、人生观和价值观，帮助大学生个人全面发展并成长为一个对社会有贡献的人；最后是教学目标，即通过开展新时代大学生爱国主义教育实践，厚植大学生的"知"国之明，灌溉大学生的爱国之"情"，让大学生胸怀强国之"志"和实践报国之"行"。

一、宏观战略目标：为党育人、为国育才

爱国主义精神彰显着中华民族的根和魂，是民族精神的核心，加强新时代大学生的爱国主义教育则是增强中华民族凝聚力、向心力和竞争力的关键举措，同时也是国家教育的使命应然和当前时代变化的使然。新时代大学生爱国主义教育的宏观战略目标，应从国家、民族和世界三个维度加以把握。在国家发展的维度，要厚植家国情怀，培养热爱祖国、奉献祖国的新时代大学生；在民族复兴的维度，要培养堪当民族复兴大任的时代新人；在人类命运共同体的维度，要培养立足中国并且面向世界的新时代大学生。

（一）培养热爱祖国、奉献祖国的新时代大学生

"爱国"是融入中华民族的血脉和基因，联结着千千万万中华儿女的重要精神纽带，是每个人心中的精神支柱和力量源泉，激发了全体中华儿女为了国家的兴旺发达而甘愿奉献青春的不竭动力。正如有学者指出的，"爱国主义内蕴着爱祖国山河、爱骨肉同胞、爱中华文化、爱自己国家等基本内涵，是中华民族几千年来自强不息、绵延发展的主旋律，激励中国人民在历史洪流中奋勇向前、战胜前进道路上一切艰难险阻，体现了中华儿女对华夏大地、中华民族、中华文化的归属感、认同感、尊严感与荣誉感的统一，成为中华民族精神的核心之所在"①。国家和社会发展的无数事实也证明，"爱国"对于一个国家的独立和富强、繁荣和发展至关重要。加强爱国主义教育既是延续中华民族爱国基因的重要方式，也是培养爱国人才的重要途径，还是我国加快教育现代化、建设教育强国的重大战略决策。例如，2022 年党的二十大报告强调要实施科教兴国战略，强化现代化建设人才支撑，加快建设教育强国、科技强国、人才强国，这一战略的重点是培养热爱祖国、胸怀祖国的优秀人才。从党和国家发展战略的定位来看，教育事业是中国特色社会主义事业的重要组成部分，也是中国共产党所领导的事业全局中的重要一环。以教育强国建设支撑中国式现代化，其关键就是培养热爱祖国、奉献祖国的新时代大学生，这是新时代教育发展的历史使命。中国共产党肩负着为中国人民谋幸福和为中华民族谋复兴的

---

① 本刊记者. 着力深化新时代大学生爱国主义教育：访西南大学马克思主义理论研究中心主任黄蓉生教授 [J]. 马克思主义研究，2023（6）：11-20.

时代使命，在领导中国特色社会主义教育事业时，必须坚持社会主义的办学方向，着力回答好"培养什么人、怎样培养人、为谁培养人"这一根本问题，使教育事业的发展与党和国家事业的发展同向同行、相互适应。因此，就新时代大学生的爱国主义教育宏观的战略目标定位而言，把社会主义中国建设成为世界强国，这是新时代爱国主义的最高目标，这一战略目标定位是立足国家发展实际的。

爱国是对祖国的一种尊敬和珍视，是在千百年来的社会实践中形成的一种对祖国的最深厚的感情，它不仅是对祖国的热爱，而且是一种责任和使命，还体现为个人或集体对自身所属国家的一种积极的认同态度和自觉的维护行为。中国特色社会主义进入新时代，我国实现了跨越式的发展，也取得了里程碑式的重大成就。在新形势下，党要领导人民迈向全面实现社会主义现代化的新征程，这一伟大目标的实现离不开爱国主义的精神支撑。青年兴则国兴，青年强则国强。青年人作为新时代最富希望、最具活力的群体，更需要热爱祖国、忠于祖国、忠于人民。所以，立足于中国特色社会主义新时代新形势，大学生爱国主义教育需要依据社会的发展变化，制定与社会发展相适应的教育目标和教育任务，既不断推进爱国主义教育实践，也为社会的发展注入强大动力。习近平总书记指出，"青年是整个社会力量中最积极、最有生气的力量，国家的希望在青年，民族的未来在青年"[①]。高校大学生是青年群体中的中坚力量，肩负着实现国家富强、民族复兴、人民幸福的时代重任，广大青年大学生要牢记习近平总书记的殷切嘱咐，抓住时代机遇，树立远大志向，时刻保持昂扬斗志，在实践中淬炼品格、增长本领。以新时代大学生爱国主义教育目标为指引推进大学生爱国主义教育，目的就是要让大学生树立爱国主义情怀，积极主动地将个人理想与国家命运联系起来，通过国防教育增强大学生的国家安全意识，使其自觉维护国家主权，关心国家安全和发展利益；通过国家历史教育帮助他们正确认识祖国历史的发展演变和现实的机遇挑战，增强大学生的爱国的情感和振兴祖国的责任感；同时不断强化大学生的民族自尊心与自信心，引导他们自觉弘扬伟大的爱国主义精神，高举爱国主义旗帜，不断锐意进取，自强不息，艰苦奋斗，顽强拼搏，真正把爱国之志变成报国之行。

---

① 习近平. 论党的青年工作 [M]. 北京：中央文献出版社，2022：209.

（二）培养堪当民族复兴大任的新时代大学生

实现中华民族伟大复兴是近代以来中国人民最伟大的梦想，贯穿在党的百余年奋斗历史中，是百余年党史的鲜明主题。从中华民族五千年的历史沧桑到今天的国家富强、人民幸福、民族振兴，都烙印着中华民族坚强不服输的毅力和顽强拼搏的精神。在新民主主义革命时期，面对外敌入侵、民族危亡，无数志士仁人怀着一颗赤诚的爱国之心，为了寻找救亡图存、革新图强之路而多次实践、上下求索。习近平总书记指出："爱国主义是中华民族精神的核心。爱国主义精神深深植根于中华民族心中，是中华民族的精神基因，维系着华夏大地上各个民族的团结统一，激励着一代又一代中华儿女为祖国发展繁荣而不懈奋斗。"① 回望筚路蓝缕的民主革命时期，中国共产党团结带领中国人民浴血奋战、百折不挠，实现了民族独立、人民解放，建立了社会主义新中国，为实现中华民族伟大复兴创造了根本社会条件。在中国共产党的领导下，我们从新中国成立初期的一穷二白逐渐发展成为世界第二大经济体；从手工作业简单制造到世界第一大工业国；从出口以初级产品为主到世界第一货物贸易大国；从外汇储备只有1.08 亿美元到连续 13 年稳居世界第一……70 余年沧桑巨变，新中国创造了一个又一个人类发展史上的伟大奇迹。这些伟大的发展成就雄辩地说明，实现中华民族伟大复兴是近代以来中华民族最伟大的梦想。中国共产党一经成立，就把实现共产主义作为党的最高理想和最终目标，义无反顾肩负起实现中华民族伟大复兴的历史使命，团结带领人民进行了艰苦卓绝的斗争，谱写了气吞山河的壮丽史诗。中国的发展日新月异，有关统计数据显示，"党的十八大以来，我国综合国力持续提升。近三年，中国经济总量连续跨越 70 万亿元、80 万亿元和 90 万亿元大关。按不变价计算，2018 年国内生产总值是 1952 年的 175 倍，年均增长 8.1%；其中，1979—2018 年年均增长 9.4%，远高于同期世界经济 2.9%左右的年均增速，对世界经济增长的年均贡献率为 18%左右，仅次于美国，居世界第二。2018 年，我国人均国民总收入达到 9 732 美元，高于中等收入国家平均水平"②。这些数据表明，中华儿女具有实现中华民族振兴的信心和决心，在爱国主义精神的激励下不畏艰难险阻、艰苦奋斗，一次又一次地创造了人类历史上的发

---

① 中共中央党史和文献研究院.习近平关于社会主义精神文明建设论述摘编［M］.北京：中央文献出版社，2022：115.

② 国家统计局综合司.沧桑巨变中国奇迹［N］.光明日报，2019-09-17（07）.

展奇迹，造就了如今的社会主义现代化中国。

中华民族昂首屹立于世界民族之林，身处新时代的青年应感到自豪。新时代的大学生是中国特色社会主义建设漫漫征程中强有力的接班人，是实现中华民族伟大复兴的中坚力量，应准备担当起更大的责任和使命。2022年4月25日，习近平总书记在同中国人民大学师生代表座谈时强调："立足新时代新征程，中国青年的奋斗目标和前行方向归结到一点，就是坚定不移听党话、跟党走，努力成长为堪当民族复兴重任的时代新人。"① 教育是国之大计、党之大计，新时代大学生的爱国主义教育是实现民族复兴的强大精神动力，对实现中华民族伟大复兴具有决定性意义。新时代大学生的爱国主义教育，在国家发展战略层面就是要培养具有责任担当的时代新人，助力实现当今中国国富民强的美好愿望。当下大学生爱国主义教育的工作，在教学目标上要积极培养出具有责任感与使命感的新时代大学生，督促大学生成长为有责任、有担当的时代新人，勇立时代潮头，自觉投身到实现中华民族伟大复兴的征程中去，做新时代的青年追梦人，积极主动肩负起以实现中华民族伟大复兴为目标的时代重任。

（三）培养立足中国面向世界的新时代大学生

爱国主义教育主要培养受教育者热爱祖国的观念、情感和维护祖国尊严的意识，但新时代的爱国主义并不是狭隘的爱国主义，而是立足中国，面向世界的爱国主义，是具有国际视野的爱国主义。换言之，作为共产主义道德的重要内容之一，爱国主义和国际主义并不是对立的概念，而是可以相互促进和融合的。正如毛泽东指出的那样，"我们是国际主义者，我们又是爱国主义者"②。毛泽东主张要把我们的爱国主义与无产阶级的国际主义相统一，既不能因为强调国际主义而放弃爱国主义，也不能因为坚持爱国主义而纵容狭隘民族主义。习近平总书记也指出："一个国家要发展繁荣，必须把握和顺应世界发展大势，反之必然会被历史抛弃。什么是当今世界的潮流？答案只有一个，那就是和平、发展、合作、共赢。"③如今，中国的发展日新月异，中国正在崛起成为一个世界大国，新时代的大学生作为大国的国民，应该具备大国国民的素质。一个有爱国之心的大学生可以更好地融入国际社会，为国际事务做出积极贡献，同时，一个胸怀国际

---

① 习近平. 论党的青年工作［M］. 北京：中央文献出版社，2022：241.

② 毛泽东. 毛泽东选集：第二卷［M］. 北京：人民出版社，1991：520.

③ 习近平. 习近平谈治国理政［M］. 北京：外文出版社，2014：266.

视野和国际主义的大学生也可以为国家的繁荣和发展、增强国家的实力和提升国际地位贡献自己的力量，帮助中国更好地适应当今世界和平发展、合作共赢的潮流。

当前，国际局势正在发生深刻变化，世界多极化和经济全球化的趋势不断增强，科技进步日新月异，综合国力竞争日趋激烈，国际形势逼人，国家竞争不进则退。我国现在已进入全面建设小康社会、推进社会主义现代化建设的新发展阶段。要在变化的大背景下抓住发展的战略机遇，坚定走中国特色社会主义道路，实现中华民族伟大复兴。新时代的大学生爱国主义教育在目标上就要树立国际视野，明确大学生必须坚定地站在时代潮流的前头，着力完成推进现代化建设、完成祖国统一、维护世界和平与促进共同发展三大历史任务，这是历史和时代赋予当代爱国主义最根本的使命。新时代的大学生爱国主义教育首先是教育大学生要立足中国。目前中国进入了一个承前启后的新时代，党的二十大更是强调要努力实现中国式现代化。新时代的大学生爱国主义教育应立足中国实际弘扬爱国主义精神，明确大学生在这样的新征程上奋发作为，必须以宏阔的历史视角和博大的历史智慧，自觉弘扬中华民族优秀传统文化，增强国家文化自信，同时站稳自己的发展立场，了解本国的具体国情，在祖国的大地上奋发作为，敢闯敢干。其次，新时代的大学生爱国主义教育要让大学生面向世界。习近平总书记指出："中国共产党既为中国人民谋幸福，也把为全人类作贡献作为重要使命。要统筹国内国际两个大局，树立更宽广的世界眼光、更宏大的战略抱负，胸怀祖国，兼济天下，推动构建新型国际关系，推动构建人类命运共同体。"[①]新时代大学生是讲爱国主义的，同时新时代的大学生也是具备国际视野与国际情怀的。所以，爱国主义教育必须要与国际主义相结合，让大学生拓宽国际视野，了解世界发展大势，意识到中国命运与世界命运事实上是休戚相关、命运与共的关系；帮助他们树立正确的爱国主义观念，抵制狭隘的民族主义观念，积极参与构建人类命运共同体和国际交流与合作，讲好中国故事，传播中国声音；把大学生培养成为促进中外友好交流的力量，成为有益于国家、社会甚至世界发展的交流者和建设者，从而更好地实现中华民族伟大复兴这一伟大愿景。

---

① 习近平. 习近平谈治国理政：第三卷 [M]. 北京：外文出版社，2020：422.

二、总体育人目标：立德树人、成长成才

习近平总书记在致全国青联十三届全委会和全国学联二十七大的贺信中指出，"我国广大青年要坚定理想信念，培育高尚品格，练就过硬本领，勇于创新创造，矢志艰苦奋斗，同亿万人民一道，在矢志奋斗中谱写新时代的青春之歌"①。大学生已经掌握了一定的科学知识，他们的世界观、人生观和价值观初步形成，但由于实践经验还不够丰富，他们在思想意识和社会行为等方面的可塑性还较大。爱国主义教育作为学校教育的一个重要组成部分，从学校教育目标来看，应致力于实现立德树人的目标，帮助学生成长成才。换言之，新时代大学生爱国主义教育的开展是时代发展的必然要求，其目标在于培养大学生的爱国情怀，使其树立正确的国家观。

（一）塑造大学生的世界观、人生观和价值观

正值青年阶段的大学生朝气蓬勃，是国家昌盛和民族繁荣的希望，他们的思想虽然已经相对成熟，但是还存在一些需要正确引导的地方，所以仍然需要重视青年大学生的世界观、人生观和价值观的正确塑造。爱国主义教育一直是中国教育体系中的重要组成部分，面对具有较强可塑性的大学生，如何通过爱国主义教育砥砺大学生的爱国之情、报国之志？如何把炽热的爱国热情转化为具体持久的报国行为？这些问题是新时代大学生爱国主义教育不可回避的，其问题解决的关键还在于明确新时代大学生爱国主义教育所站的立场、所持的观点和所采用的方法。离开了祖国需要、人民利益，任何孤芳自赏都会陷入越走越窄的狭小天地，人民立场、群众观点、实践方法，是新时代中国青年理性爱国的基本立场、观点和方法。所以，新时代大学生爱国主义教育在育人层面的目标，主要是要通过爱国主义教育帮助学生接受关于国家起源和国家利益的重要知识，培养大学生对祖国的忠诚和热爱，形成正确的国家观和利益观。首先，在大学生世界观的确立上，新时代爱国主义教育应起到向导作用。在现代社会，个人的成长发展和价值实现不能脱离国家的影响，只有通过爱国主义教育，学生们才能够理解并把握个人与国家的相互关系，正确地看待世界，处理好个人发展与国家发展的辩证关系，为社会和国家做出贡献。其次，在大学生人生观的形成上，新时代爱国主义教育应起到引导作用。爱国主义教育在教

---

① 习近平. 论党的青年工作 [M]. 北京：中央文献出版社，2022：231.

育目标上既要回应国家认同的理论问题，又要密切大学生对祖国血浓于水的联系、增强大学生与人民同呼吸共命运的情感，而这些都是建立在对国家、对人民、对时代的深刻了解和敏锐把握的基础之上的，这也说明人不是孤立存在的，而是与国家社会有着密切的联系。大学生爱国主义教育既要让大学生明白，人是社会性的存在，现实的人应该在奉献国家、服务人民、引领时代的强国报国实践行动中得到确证和提升，还要让大学生明白个人成长发展与祖国命运紧密联系在一起。所以，新时代大学生爱国主义教育要引导大学生正确处理好个人与国家之间的关系。最后，在大学生价值观的塑造上，新时代爱国主义教育应起到指导作用。爱国主义在新时代依然对社会发展发挥着重要的价值引领作用，面对阻碍社会发展的反动势力和错误的意识形态，爱国主义教育应当团结人民建立爱国统一战线，确保国家政治形势安稳。因此，在大学生爱国主义教育过程中，应当让学生们了解到国家的发展和繁荣需要每个公民的努力。具体来讲，爱国主义教育不仅要传授知识，而且要注重培养大学生的道德品质和价值观，使他们了解本国的历史和文化，培养他们对本民族传统文化的尊重，形成包括尊重他人、助人为乐、勤劳务实在内的正确价值观念。此外，在对大学生价值观的塑造上，爱国主义教育还应培养大学生的责任感和使命感。作为一个国家的公民，学生们应该意识到自己肩负着为国家和社会做贡献的责任。爱国主义教育通过培养大学生的责任感和使命感，激发了他们的创造力和潜能，使他们更加积极主动地去关心国家和社会的发展，并为之持续努力和不懈奋斗。

（二）促进大学生个人的全面发展

党的十八大以来，党中央多次提及立德树人是高校德育的根本任务。习近平总书记明确指出："高校立身之本在于立德树人。只有培养出一流人才的高校，才能够成为世界一流大学。"[①] 高校是社会主义意识形态建设的前沿阵地，承担着立德树人、培养担当民族复兴大任时代新人的根本任务，是促进大学生自由全面发展的主战场和主阵地。爱国主义教育的教学目的之一就是要促进大学生个人全面发展，这也是新时代高等教育"立德树人"的本质体现。2017 年 4 月，中共中央、国务院印发的《中长期青年发展规划（2016—2025 年）》指出，到 2025 年，我们国家关于中国特色的

---

① 习近平. 把思想政治工作贯穿教育教学全过程 开创我国高等教育事业发展新局面 [N]. 人民日报，2016-12-9（01）.

青年发展政策体系和工作机制将会更加完善，广大青年思想政治素养和全面发展水平也会明显提升，他们将成长为志存高远、德才并重、情理兼修、勇于开拓，并能肩负起实现中华民族伟大复兴中国梦这一历史重任的新生力量。大学生是国家发展、社会进步的重要主体，实现大学生的自由而全面的发展，是大学生爱国主义教育的重要追求，也是中国特色社会主义现代化建设的本质要求。所以，促进青年更好成长、更快发展，是党和国家的基础性、战略性工程。

习近平总书记指出，"爱国是一个人立德之源、立功之本"①，爱国的表现之一就是热爱祖国和自己的同胞、拥护祖国的制度，其本质是以追求实现广大人民群众的根本利益为出发点和落脚点，这与道德追求博爱与仁爱的内在价值具有一致性。爱国主义教育是建成一流高校的重要环节，是高校"立德树人"的重要内容，而高校进行爱国主义教育不仅是一项基本的国民教育，还是高等教育的一个重要主题，是加强大学生爱国主义教育、促进大学生全面发展的基础工程。从促进大学生全面发展来讲，实现这一教育目标固然需要整个社会在经济、科技等方面的硬实力的支撑，也同样需要以爱国主义为核心的民族精神以增强自身的综合实力。人无精神则不立，国无精神则不强。爱国主义作为中华传统美德，自古以来就有"仁义礼智信，忠孝廉耻勇"的道德伦理准则，其中的"忠"就是指爱国，这也是中国人最基本和最重要的精神内核。所以，在高校学生中加强爱国主义教育，培养其爱国主义思想感情，提高其爱国主义觉悟，对其全面成长有着重要意义。对于大学生个人而言，奋斗的青春才是有价值的，新时代青年大学生只有将个人的发展与国家前途、民族命运紧密结合，时刻与祖国的发展进步同呼吸、共命运，才能不断增长个人才干，实现自身的全面发展。因此，在此意义上讲，高校加强大学生爱国主义教育，其目标定位在立德树人方面就是要帮助大学生在爱国奉献中丰富技能、增长才干，促进大学生全面发展。

（三）帮助大学生更好地融入社会

人并不是抽象的存在物，而是社会关系的总和。社会的物质文明、精神文明不仅为个人的生存提供必要的条件，而且为人的发展创造一个社会大舞台，使个人充分吸收知识，尽情施展才能，充分发挥个人潜力，实现

---

① 习近平. 在北京大学师生座谈会上的讲话 [M]. 北京：人民出版社，2018：11.

自己的人生价值。个人的利益和需要不可能脱离社会的现实，而会受到社会发展条件和发展状况的制约。充分地认识这一点，才能使大学生理智地、客观地、心平气和地处理好各种社会关系，正确认识各种社会问题。人的社会化是指人融入社会系统，接受社会对其在人格、政治、法律、道德、性别角色、职业等方面的要求和规范，最终成为被社会所接受的人。这个过程就是人的社会化过程，也是人与原始的自然本质相区别的过程，在这一过程中，人们逐渐形成政治、法律、道德等观念，成为与动物相区别的社会人。当一个人丧失了社会化的环境，即本能失去了社会化的机会后，那么他就不具备人的本质。爱国主义教育是一项重要的社会活动，承担着对大学生进行思想道德教育的重任，对于培养大学生的爱国情怀和责任感，推动社会进步具有重要的作用。大学生是国家未来的希望，承载着国家发展的重任。习近平总书记指出，"一代青年有一代青年的历史际遇"[①]。新时代大学生爱国主义教育在育人目标上就是要帮助大学生明白个人与社会的关系，让大学生自觉做社会主义核心价值观的倡导者和践行者。通过爱国主义教育，帮助大学生形成积极向上的价值观念和行为准则，并运用于社会生活。同时，爱国主义教育在教育目标上还要引导大学生明确自己的社会角色和责任，激发他们对社会问题的关注和解决的意识。

21世纪，我们建设国家的任务还十分艰巨。一方面，放眼全球，随着经济全球化的发展，国际竞争日益激烈，我国遭受恶意打压；另一方面，人民日益增长的美好生活需要和不平衡不充分的发展之间的矛盾成为新时代中国社会的主要矛盾，国家的教育水平在不同地区还存在不均衡的情况。因此，新时代大学生爱国主义教育的育人目标是要帮助大学生更好地融入社会。首先，引导大学生把个人理想和个人价值融入社会，增强大学生的社会责任意识。爱国从来不体现在口号上，也不存于脑海中，真正的爱国一定是在社会实践中，引导学生通过参与社会服务、公益活动等，发挥自己的聪明才智和创造力，将爱国情感转化为实际行动，为社会的发展和进步做出贡献，成为新时代青年，推动社会主义现代化国家建设。其次，大学生爱国主义教育要提升大学生融入社会的素质和能力。通过爱国主义教育，大学生能够获得坚定不移的爱国情怀、国家信仰和价值追求，

---

① 习近平. 致全国青联十二届全委会和全国学联二十六大的贺信［N］. 人民日报，2015－07－25（01）.

形成正确的人生观和世界观，这将为大学生的个人发展提供强大的内在动力，也为社会的进步提供源源不断的人才支持。另外，爱国主义教育不仅是对大学生进行爱国主义理论教育，而且包括培养其各方面的综合素质。大学生应当具备崇高的道德情操、科学的思维方法和扎实的学科知识，这让他们能够经得起社会的锻炼。所以，爱国主义教育应着眼于培养大学生的综合素质，以使他们更好地融入社会、适应社会。

三、具体教学目标：爱国认知、爱国情感、爱国意志、爱国行为

大学生是祖国的未来和希望，培养大学生的爱国情怀是高校爱国主义教育的重要任务之一，故大学生爱国主义教育的主要成效表现为培养出具有浓烈爱国情感、坚定爱国意志、积极报国行为的社会主义建设者和接班人。研究大学生爱国主义教育的实际内涵不难发现，爱国主义教育的具体教学目标具有较为清晰的层次，其包括认知教育、情感教育、意志教育和行为教育四个有机组成部分，是一个连续的、螺旋上升的完整体系，彼此之间相互联系、相互促进、相互作用。

（一）认知层面：培养大学生的理性爱国认知

毛泽东在《实践论》中强调："感觉到了的东西，我们不能立刻理解它，只有理解了的东西才能更深刻地感觉它，感觉只解决现象问题，理论才解决本质问题。"[①]感性认识是人们在实践基础上，由感觉器官直接感受到的关于事物的现象、事物的外部联系、事物的各个方面的认识。感性认识是认识的初级阶段，作为"生动的直观"，直接性是感性认识的突出特点。理性认识是指人们借助抽象思维，在概括整理大量感性材料的基础上，达到关于事物的本质、全体、内部联系和事物自身规律性的认识。理性认识是认识的高级阶段，反映了事物的本质内容，是更深层次的认识，具有抽象性和间接性的特点。知之深，方可爱之切。对大学生进行爱国主义教育，首先要引导大学生对爱国主义有一个正确的认知，明确爱国主义与民粹主义的界限，做到认知上的理性与清醒。基于此，由于爱国觉悟是爱国主义精神的理性升华，因此首先要强化青年大学生的爱国主义认知教育，提高大学生的爱国觉悟，引导大学生将对爱国的认识从感性认识上升到理性认识，做出理性的爱国行为，防止陷入盲目排外、狭隘自私的极端

---

① 毛泽东. 毛泽东选集：第一卷 [M]. 北京：人民出版社，1991：286.

民族主义或民粹主义泥淖。

中国特色社会主义新时代，绝大多数的大学生具有较为强烈的爱国意识，他们的理想信念坚定，拥护中国共产党的领导，坚定中国特色社会主义道路，爱国主义认识更加深刻。大学生爱国主义教育需要让大学生在认知层面能自觉接受国情、世情、党情的教育，熟知爱国的知识和理论，认识到爱国和爱党、爱社会主义是统一的，并在此基础上，引导大学生将爱国主义与社会主义、共产主义相统一。之所以要在爱国主义认知教育上明确这点，是因为中国共产党是中国特色社会主义事业的领导核心，也是实现中华民族伟大复兴中国梦的领导核心，是兴国强国的根本领导力量。引导大学生热爱中国共产党，学习关于中国共产党的理论体系和中国特色社会主义的基本知识，能够推动当代青年爱国主义境界的提高。简言之，"教育者则要在思维与行动上与青年大学生保持同频度、同场域、同成长，遵循青年大学生的成长规律，将爱国主义教育真正融入学生的日常生活，激励广大青年大学生在实践历练中增长经验和才干，消除大学生在爱国主义方面的认知误区和思想疑惑，帮他们扣好人生的第一粒扣子"①。另外，大学生爱国主义教育还要让他们正确理解"爱国和爱党、爱社会主义"的内在统一性和"爱国主义与拥护中国共产党领导"的一致性和历史必然性。习近平总书记指出："我国爱国主义始终围绕着实现民族富强、人民幸福而发展，最终汇流于中国特色社会主义。祖国的命运和党的命运、社会主义的命运是密不可分的。只有坚持爱国和爱党、爱社会主义相统一，爱国主义才是鲜活的、真实的，这是当代中国爱国主义精神最重要的体现。"② 中国共产党人不仅是深沉的爱国主义者，还是坚定的共产主义者。老一辈中国共产党人因共产主义信仰而激发出更为强劲的爱国主义伟力，他们是新时代中国青年提升爱国主义认知和觉悟的榜样。只有把爱国主义升华到共产主义的高度，爱国才是深刻的、牢固的和持久的。另外，中国特色社会主义本质的特征和中国特色社会主义制度的最大优势都是坚持中国共产党的领导。坚定拥护中国共产党的领导，是中华民族走向复兴、实现中国梦的必然要求，是增强新时代大学生爱国主义效果的必然要求。

---

① 盛春. 加强青年大学生爱国主义教育 [J]. 红旗文稿，2020（18）：38-39.
② 中共中央党史和文献研究院. 习近平关于社会主义精神文明建设论述摘编 [M]. 北京：中央文献出版社，2022：116-117.

（二）情感层面：培养大学生的浓厚爱国情感

爱国主义是指个人或集体对祖国的一种积极支持的态度，这种态度包括：对祖国的成就和文化感到自豪，强烈希望保留祖国的特色和文化基础，对祖国其他同胞的认同感。列宁也对此表示过，爱国主义是千百年来巩固起来的对自己的祖国的一种最深厚的感情。从情感角度看，爱国在一定程度上表现为以天下为己任的责任感和使命感。在我国历史上，历朝历代仁人志士都具有强烈的忧国忧民思想，他们以为国分忧解难为己任，前仆后继，临难不屈，誓死捍卫祖国的主权和领土完整，这种可贵的精神是每一个中国人成就伟大人格的根本所在。在爱国主义精神的激励下，在国家的危难关头，中华儿女无一不展现出自己的爱国热情。从贾谊的"国而忘家，公而忘私"到范仲淹的"先天下之忧而忧，后天下之乐而乐"，从林则徐的"苟利国家生死以，岂因祸福避趋之"到顾炎武的"天下兴亡，匹夫有责"，从邹容的"革命军中的马前卒"到孙中山第一个喊出"振兴中华"的口号，从毛泽东的"雄关漫道真如铁，而今迈步从头越"到邓小平的"我是中国人民的儿子，我深情地爱着我的祖国和人民"，这些都表明爱国主义从来都不仅仅是动员和鼓舞人民团结奋斗的一面旗帜，更是各族人民为国家和民族奋斗牺牲的精神支柱，在维护祖国统一和民族团结、抵御外来侵略和推动社会进步中，发挥着重大作用。并且，这种爱国主义精神是我们的国家和民族能够自强不息，具有凝聚力和生命力的重要密码，也是中华民族历经劫难而不衰，永葆生机与活力的不竭动力。

新时代加强大学生爱国主义教育，厚植大学生爱国情怀，是大学生实现伟大梦想的精神动力。习近平总书记在与北京大学师生座谈会上指出："爱国，是人世间最深层、最持久的情感，是一个人立德之源、立功之本。"①爱国情感是大学生爱国主义教育的重要基础，情感教育的目标是最大限度地激发受教育者的情感共鸣，并不断强化个人与祖国之间的情感联系。在新的历史条件下，继承和发扬爱国主义优良传统，弘扬民族精神，培养爱国情感，增强民族自尊心、自信心和自豪感，是培养大学生爱国主义情感的基本要求，也是时代赋予大学生的历史使命。在大学生爱国主义教育过程中，明确大学生爱国主义教育的目标，厚植大学生强烈的爱国情怀，就是要教育大学生在情感上关心和关注国家命运，心系伟大祖国的发

<hr>

① 习近平. 论党的青年工作 [M]. 北京：中央文献出版社，2022：147-148.

展与成就，担忧祖国发展面临的困境与难题。具体来说，就是要通过爱国主义教育使大学生在日常的学习、工作和生活中把热爱伟大祖国、拥护中国共产党以及坚定不移地维护社会主义制度有机结合起来，为实现中华民族伟大复兴提供源源不断的精神源泉。

（三）意志层面：培养大学生的坚定爱国信仰

培养大学生坚定的爱国信仰与强烈的强国意志是新时代大学生爱国主义教育的关键所在。党的十八大以来，在中国共产党的领导下，我们国家以更加自信的姿态敞开胸怀、拥抱世界，在与世界深度交融中不断发展壮大，日益走近世界舞台的中央，其国际影响力、感召力、塑造力也进一步提高。在党的十九大报告中，习近平总书记指出："今天，我们比历史上任何时期都更接近、更有信心和能力实现中华民族伟大复兴的目标。"① 然而，这些成绩的取得是来之不易的，我们绝不能躺在功劳簿上沾沾自喜，必须坚持底线思维，预见性地看到在前进的道路上，还会遇到各种各样的风险挑战，还会有许多"雪山""草地"需要跨越，许多"娄山关""腊子口"需要征服，我们仍然要走好新时代的长征路。正如习近平总书记指出的："中华民族伟大复兴，绝不是轻轻松松、敲锣打鼓就能实现的。全党必须准备付出更为艰巨、更为艰苦的努力。"② 当今世界正处于百年未有之大变局，国家前进的路途也必然不是一帆风顺，而是伴随着种种的困难和挑战，所以实现中华民族伟大复兴绝不是一蹴而就的，而是需要一代又一代中国人民矢志不渝，接续奋斗。青年是民族的未来、国家的希望，更是实现中华民族伟大复兴的先锋力量。青年学生是否有坚韧的爱国信仰与强烈的强国意志关乎国家能否发展与民族能否复兴。新时代大学生爱国主义教育需要注意培养大学生的爱国意志，培养他们勇于战胜艰难险阻以及为国家努力拼搏的坚定品格。2019 年，《新时代爱国主义教育实施纲要》明确规定，要发扬斗争精神，增强斗争本领，引导人们充分认识伟大斗争的长期性、复杂性、艰巨性，敢于直面风险挑战，以坚忍不拔的意志和无私无畏的勇气战胜前进道路上的一切艰难险阻，在进行伟大斗争中更好弘扬爱国主义精神。从意志的维度看，新时代大学生爱国主义教育要锤炼大学生

---

① 习近平. 决胜全面建成小康社会　夺取新时代中国特色社会主义伟大胜利：在中国共产党第十九次全国代表大会上的报告 [M]. 北京：人民出版社，2017：15.

② 习近平. 决胜全面建成小康社会　夺取新时代中国特色社会主义伟大胜利：在中国共产党第十九次全国代表大会上的报告 [M]. 北京：人民出版社，2017：15.

勇于战胜艰难险阻的品质，引导大学生清醒地认识和面对各种困难和挫折，在解决困难中锤炼品格，在挫折历练中增长才干，越挫越勇，不轻易被困难击倒，树立坚忍不拔的意志和品格。这种无比坚定的品格一旦养成，便具持续性以及稳定性，很难随着外力的影响而动摇。唯有在意志层面坚定，才能让大学生真正自觉地为国家、为民族、为广大人民而拼搏奋斗。所以，新时代大学生爱国主义教育，应该在培育大学生爱国情感的基础上，让他们进一步把这种情感转化为持续明确的报国志向和坚定的爱国意志，并在这种意志品格的作用下，艰苦奋斗、努力拼搏，自觉把个人目标同维护民族团结和促进祖国统一的目标结合起来，以坚忍不拔的爱国意志实现报国志向，践行爱国行为。

（四）行为层面：培养大学生的实际报国行动

大学生的爱国行为或报国行动是爱国主义教育的最终目标。大学生仅有对祖国的热爱是不够的，更重要的是把爱国热情转化为实际行动，所以，新时代大学生爱国主义教育最终还需要引导大学生把爱国之感、强国之志转变成切实的报国行动，实现爱国主义从情感到意志再到行动的有效转化。2019年，中共中央、国务院印发的《新时代爱国主义教育实施纲要》明确指出：要把爱国情、强国志、报国行自觉融入坚持和发展中国特色社会主义事业、建设社会主义现代化强国、实现中华民族伟大复兴的奋斗之中。依据唯物主义的观点，大学生的爱国行动依托于国内外的大环境。从国外局势来看，当前，国外敌对势力恶意挑衅中国，不仅在军事方面频繁挑衅，疯狂试探我们的底线，还在思想意识形态领域发起进攻，企图通过和平演变颠覆中国的社会主义制度。新时代大学生爱国主义教育要通过国情教育、党史教育、中国梦教育等方面的教育，增强大学生的民族归属感、认同感、尊严感、荣誉感，以及对于中国特色社会主义事业强烈的责任感，使大学生勇于同破坏国家统一、损害民族团结、危害社会主义事业的行为进行坚决的斗争，以实际行动做新时代有骨气、有道义、有责任的中国人，自觉践行报国之志和强国之行。从国内发展来看，我国事业发展进入新阶段，开启了全面建设社会主义现代化国家新征程，当代大学生生于斯长于斯，更应在行动上自觉加入中国特色社会主义现代化建设事业，在自己的岗位上努力学习，辛勤工作。

爱国从来需要的就是实实在在的行动，而不是口号和空谈，从自身做起，从细节做起，是爱国主义的最好体现。习近平总书记强调："希望广大青年用脚步丈量祖国大地，用眼睛发现中国精神，用耳朵倾听人民呼声，用内心感应时代脉搏，把对祖国血浓于水、与人民同呼吸共命运的情感贯穿学业全过程、融汇在事业追求中。"① 大学生自觉投身中国特色社会主义伟大实践，为国家富强、民族振兴、人民幸福贡献自己的力量，这是新时代爱国主义最直接的体现。从每一个人做起，不仅表现为在国家危难时刻能够挺身而出，也表现为在日常的工作生活中做到扎实学习、爱岗敬业、无私奉献。开展新时代大学生爱国主义教育，就是要引导大学生发挥自己的专业优势，将自己的所学应用到实际工作中，为祖国的现代化建设贡献自己的力量。同时，也要教育引导他们用脚步丈量祖国大地，自觉把学问做在祖国大地上，积极参与社会志愿服务活动，以实实在在的行动服务人民；用眼睛发现中国，通过参与社会调查、义务支教等活动，成为中国精神的信仰者、传播者和践行者；用耳朵倾听人民呼声，到祖国和人民最需要的地方去，体察百姓冷暖、关心民众忧乐，在热爱祖国奉献祖国的实际行动中找到人生真谛、生命价值、事业方向。简言之，要引导大学生在为人民谋幸福，为促进祖国的繁荣发展中贡献自己的全部力量。

总之，新时代大学生爱国主义教育要始终遵循《新时代爱国主义教育实施纲要》的使命要求，围绕为党育人、为国育才的战略目标，围绕高校立德树人的根本任务，围绕大学生成长成才的发展需求，培养大学生的爱国认知、爱国情感、爱国意志与爱国行为，在教育过程中引导大学生牢记爱国主义的精神内涵，将爱国主义融入日常工作和生活，为祖国的繁荣发展贡献自己的力量。只有这样才能够成为中华民族的栋梁之才，为实现中华民族伟大复兴的中国梦贡献自己的力量。

第二节　大学生爱国主义教育的基本原则

所谓大学生爱国主义教育原则，是在大学生爱国主义教育运行过程中所依据的法则和标准。这些法则和标准是在大学生爱国主义教育主体依据教育过程的客观发展规律，总结教育过程的实践经验基础上确立的。恩格斯指出："这些原则不是被应用于自然界和人类历史，而是从它们中抽象

---

① 习近平. 论党的青年工作 [M]. 北京：中央文献出版社，2022：242.

出来的；不是自然界和人类去适应原则，而是原则只有在符合自然界和历史的情况下才是正确的。"① 即是说，大学生爱国主义教育的基本原则必须是从一百余年青年爱国主义教育实践经验中抽象出来、符合各个历史时期教育的实际情况、反映教育要求和规律。大学生爱国主义教育原则是大学生爱国主义教育实践开展的重要遵循和内在依据，它从根本上受制于大学生爱国主义教育规律，是爱国主义教育规律的具体体现，对大学生爱国主义教育活动起着直接指导作用。深刻把握大学生爱国主义教育的原则遵循，是科学高效开展大学生爱国主义教育的必然要求。

一、坚持理论与实际相结合的原则

理论与实际相结合是中国共产党开展爱国主义教育的优良传统。在我国发展的不同历史时期，爱国主义教育既强调掌握革命的理论，又强调与具体的实际情况相结合，有力地促进了革命和建设事业走向成功。革命导师列宁曾说过，没有革命的理论，就不可能有革命的运动。同样，没有科学理论的指导，也就不可能有任何先进的、持久的进步行为。理论与实际相结合的原则，反映了理论与实际的辩证关系，反映了改造主观世界与改造客观世界的双重关系，揭示了理论教育与实际活动互为条件、互相补充、同向同行的双向关系。大学生爱国主义教育，要引导大学生用科学的方法认识国家、认识民族、认识社会、认识他人、认识自我，从而形成理性的爱国认知和坚毅的爱国情怀，并投身于中华民族伟大复兴的建设实践进程。要实现这一理想目标，高校必须坚定不移地开展理论教育，用科学理论武装大学生头脑，从实际出发，实事求是，针对大学生的思想实际状况，结合新的时代背景、党情国情世情和校情，开展爱国主义教育。具体来说，就是要求在爱国主义教育中弘扬优良传统，既要注重开展马克思主义理论教育，又要重视理论联系实际，提供更多的社会实践机会，引导大学生在社会实践中提高思想觉悟和认识能力，实现爱国情、强国志与报国行的高度统一。

坚持理论与实际相结合的原则。首先，要做到既注重理论教育，又注重实践锻炼，强调行为习惯养成，实现知行合一。于爱国主义教育而言，通过有目的、有计划、有组织地向大学生进行马克思主义基本理论，习近平

---

① 中共中央马克思恩格斯列宁斯大林著作编译局. 马克思恩格斯选集：第三卷 [M]. 北京：人民出版社，2012：410.

新时代中国特色社会主义思想，中国特色社会主义和中国梦教育，国情教育和形势政策教育，党史、国史、改革开放史教育，中华优秀传统文化教育，祖国统一和民族团结进步教育，国家安全教育和国防教育等内容的教育，引导和帮助大学生形成爱党和爱国、爱社会主义相统一的爱国认知，燃起强烈的爱国情怀，这是非常重要的。但理论来源于实践又应用于实践，只有将青年学生的爱国认知与爱国情怀运用于党和国家的建设实践与发展进步进程之中，才能充分表现出其价值和魅力。组织大学生参加社会实践活动，能进一步加深其理论认识，将爱国主义理论教育的成果切实转化为爱国行动。其次，要做到理论教育与实践锻炼的有机结合，灵活运用转化。大学生爱国主义理论教育要结合国家社会发展实际、大学生思想需求实际；同样，各类实践教育活动也要有明确的教育目的，以科学先进的理论为行动指南。当然，全面系统的理论教育和具体的实践教育如何实现有机结合，则需要实施主体根据教育目标的阶段要求、教育内容的内在特质和特点，考虑教育对象的实际思想情况，选择合适的时机、场所与方法进行灵活的搭配调整。最后，具体的教育内容和教育方法要贴近实际，贴近生活。大学生爱国主义教育在组织形式、选取内容和运用方法上必须符合大学生的学习与生活实际，不要另搞一套模式化、大而空、虚无缥缈的东西。爱国主义教育相关实施主体要积极探索有效方式，真正做到理论与实际的有机结合，衔接好"思政小课堂"与"社会大课堂"。简言之，无论是理论教育还是实践锻炼，都要密切联系实际，这里的实际既包括宏观实际（国内外政治、经济、文化等发展变化的实际），也包括微观实际（大学生群体的思想实际），要使大学生勇于面向实际，勇于回答现代社会快速发展和人在成长发展过程中出现的一系列复杂问题，防止理论与实际"相脱节"，杜绝"两张皮"现象，真正用科学理论说服大学生。

二、坚持媒介化与数字化相结合的原则

与传统爱国主义教育不同，当前爱国主义教育处于融媒体时代、数字化时代。一方面。随着数字技术向智能技术的深化发展，人工智能、大数据等技术进入新的发展阶段，加快了各行各业的数字化进程。当数字技术进入教育领域，便构建了虚实结合的情景化教育场域，营造了个性化智能学习空间，给教育系统带来前所未有的创新空间，进而促进教育数字化发展。数字化时代，大学生爱国主义教育要素不断发生变化，教育主体越来越多元，教育对象越来越复杂，教学环境越来越立体，教育要素的不断变革催生爱国主义教育的数字化发展。数字化的发展为爱国主义教育带来了全新的立体化场域。数字技术尤其是元宇宙为教育提供了一种全新的突破性的教育环境，能够为师生创设一种平行于现实教学环境的虚拟的沉浸式的教学互动场域。这种虚拟的沉浸式的教学互动场域，突破了物理世界的局限，使教师和学生可以不受客观物理世界的限制而进行教学，实现"虚"与"实"的完美结合，让爱国主义教学环境更加立体。另一方面，当前，面对互联网技术的革新，各种媒介形态不断深化调整，传媒行业集体逐渐向媒体融合转型，新旧媒体之间的竞争关系逐渐转化为互利互惠的共融关系，"融媒时代"悄然来临。在"融媒时代"，媒体发展在方法、过程、管理、服务等方面呈现出新的变化趋势，这为大学生爱国主义教育提供了新的发展立足点与生长点，必然促使其在这场媒体转型浪潮中实现创新提升。为此，高校要紧跟数字化时代，实现数字化发展，同时，也要坚持媒体融合，增强爱国主义教育实效性。

一是坚持数字化发展原则。要推动数字赋能爱国主义教育，打造校史数字展览馆、3D博物馆等数实融合场馆，利用沉浸式数字技术，推动学校历史、传统文化活起来、动起来，让校史资源及优秀传统文化具象化为可"视"的精神与可"触"的信仰，使大学生零距离感受民族文明与校园文化，激发爱国情怀。此外，智能校园、智慧课堂建设改变了传统以授为主的教育形态，依托沉浸式的教学场景，大学生得以在多重时空场景中自由"穿梭"，深切感悟社会的变迁，从而激发民族自信心和自豪感，激发干事创业的热情。未来，还应持续发力，借助数字技术推动思政课改革创新，结合青少年行为偏好和认知规律，大力开发更多有趣有益的爱国主义教育沉浸式课程，丰富和优化课程资源，增强其吸引力和感染力，在寓教于乐中厚植爱国主义情怀。在此过程中，要善用大数据、人工智能、算法等数智技术，精准把握大学生群体的认知差异、能力差异、需求差异、个性差异，实现爱国主义教育内容的智能再造与精准分发，增强教育针对性。二是坚持媒介化发展原则。爱国主义教育要达到理想的传播效果和影响力，必须适应媒介化的传播趋势，瞄准大学生群体的需求及特点，制定个性化的传播策略，不断扩大爱国主义教育内容供给，用智能媒介讲好爱国故事；立足中华优秀传统文化的现代化阐释、历史文化遗产的媒介化传播，制作和生产大学生喜闻乐见的优秀作品；打造多维化传播矩阵，实现多种媒介的优势相融、话语相通、形式互补，汇聚多元化主体力量，生动讲好爱国故事，画出爱国主义教育的最大同心圆。

三、坚持主导性与主体性相统一的原则

从词源上看，"主导"是指一种引导性的且是主要的作用，它既包括事物自身发展的方向性，又蕴含对其他要素的引导。从哲学上看，"主体"指对客体有认识和实践能力的人：在民法中是指享受权利和负担义务的公民或法人；在教育过程中是指在教育活动中有意识地认识和作用于客体的人，与"教育客体"相对。教育理论界对教育主体的认识有下述观点：①指教育者，主要是教师。教育者有目的、有计划地对受教育者施教，以自身的活动与影响引起和促进受教育者的身心发展，教师在教育活动中发挥主导作用。②指受教育者。学生在教育过程中不是被动地接受教育，而是具有主观能动性，教师不过是指导者、辅导者。③指教育者与受教育者。二者都是有主体意识的人，在教育与教学活动中都有自己认识与作用的客体，二者都是主体，同时又都是互为认识的客体。这两个主体在教育活动中的地位与作用有层次上的不同。我们认为，在爱国主义教育过程中，教师与学生均是教育过程中的主体，但是教师占据教育过程的主导地位，学生具有主客体双重身份。因此，爱国主义教育需坚持主导性与主体性相结合的原则。主导性原则是对教师教育主体在爱国主义教育过程中的地位规定，是指在爱国主义教育过程中坚持教师主导的理念和准则。教师作为爱国主义教育的承担者、组织者、实施者，具有主体能动性，决定和主导着爱国主义教育的方向、过程和成效。而主体性原则是基于受教育者主体界定的。主体性原则是对学生教育主体在爱国主义教育过程中的地位规定，是指爱国主义教育运行中坚持学生主体的理念和准则。大学生作为爱国主义教育的受教育者、接受者，具有客体性，但同时，由于其具有强烈的自我意识与主观能动性，大学生在教育过程中也起到关键性作用，影响着爱国主义教育的过程和成效。主体性原则旨在于教育过程中尊重受教育者的主体地位，发挥受教育者的首创精神与主观能动性。

坚持主导性和主体性相统一的原则，直接指涉教育者与教育对象的关系，实质是在爱国主义教育过程中坚持教育者与教育对象在平等基础上观念互融、思想互动、情感互通、教学相长，是对传统教育者与教育对象单

向关系的超越。这一原则渗透于爱国主义教育的全过程，可具体化为：教育对象经由教育者的爱国主义思想引导，与作为"他者"的教育者进行角色体验或亲历性学习而建构精神世界，从而完成作为"主体"的教育对象从"不知"到"知"，从"知"到"信"，再从"信"到"行"的过程。这也正是教育者的价值引导与教育对象主体能动的契合。具体来说，一是要坚持教师在教育过程中的组织与实施的主导地位，遵循大学生认知规律与接受特点，尊重学生主体性作用。"教师主导，学生主体"不同于"教师中心论""学生中心论""课程中心论"等论调，教师主导侧重强调教相对于学的逻辑优先性，而学生主体则强调学相对于教的价值优先性。贯彻教师主导，是因为教师相对于学生而言更有思想、更讲政治、更懂理论，因而爱国主义教育的教育内容、教学进度、教学方式都应当由教师来把握设定。贯彻学生主体，是因为教育全过程均须以学生的认知规律与接受特征为前提，以学生的思想实际与发展诉求为基础，尊重学生首创精神，激发学生内在的主体能动性。爱国主义教育的教不是简单的给予，学也不是简单的接收，教育过程应当是一个思想情感双向流动的过程，教师与学生之间应当建立稳固的呼应关系，一方有所呼，另一方必有所应。这就要求在鼓励教师发挥主导作用的同时，充分调动学生以主体身份参与教育过程。二是以交往实践使主体之间形成角色共同体，在理解、解释和参与中达成共识。西方马克思主义学者就把交往行为理解为主体之间以符号、语言、文化等为媒介的"对话"："在这里，发言者和听众，从他们自己所解释的生活世界的视野，同时论及客观世界，社会世界和主观世界中的事物。"① 这一过程正是教育者和教育对象相互交流，实现教育者"教"和教育对象"学"的互动过程。主体之间的这种交往不仅使作为意义的价值观念得以传播和理解，而且通过解释生成新的意义："从交往的角度来看，它们是用来保存和发展文化知识的；从社会化的角度看，它们则是用来培养和维护个人认同的。"② 这一过程不仅实现"他教"与"自教"的统一，而且教育对象在教育者的引导下积极进行爱国主义思想观念的内化和知行转化，实现学以教启，教以学成。

---

① 哈贝马斯. 交往行动理论：第一卷 [M]. 洪佩郁，蔺青，译. 重庆：重庆出版社，1994：135.
② 哈贝马斯. 后形而上学思想 [M]. 曹卫东，付德根，译. 南京：译林出版社，2001：82.

四、坚持常态化与制度化相统一的原则

大学生爱国主义教育是一个长期性、历史性的社会实践活动。在不同的历史时期，大学生爱国主义教育的样态均有不同。新时代以来，随着党和国家各项工作逐渐科学规范化，爱国主义教育"常态化制度化"要求不断凸显。"常态化制度化"要求不是对以往经验做法的简单否定，而是立足党和国家的现实政策要求与爱国主义教育的实际状况，实现爱国主义教育从"思想观念"到"制度构建"再到"实践操作"的全面系统的提档升级。党和国家在意识形态工作的建设历程中，积累了丰富的关于大学生爱国主义教育的理论知识和实践经验，但是这些传统的理念、知识和经验随着时代的发展变迁而逐步显出其内在局限性，其中，部分理念和做法难以跟上当下社会发展的趋势，与当代大学生的知识结构、认知方式、思想特质存在较大的差异，进而影响了爱国主义教育的实际效果。因此，新时代大学生爱国主义教育需要在继承优良传统的基础上，在教育理念、内容和形式上与时俱进，与党和国家政策导向相一致，与大学生爱国现状相适应，及时满足大学生的实际需求，解决他们现实生活中的疑虑和困惑，使他们获得心理认同和积极回应。这就需要实现大学生爱国主义教育的常态化与制度化。大学生爱国主义教育常态化制度化发展，依托于中国特色社会主义进入新时代的现实需要，其自觉地与国家治理体系和治理能力现代化的制度完善相融合而不断升华，自觉地与新时代爱国主义教育立法相适应。当前，爱国主义教育已然成为一项覆盖全社会、囊括国民教育全过程的大型教育工程，必须坚持常态化与制度化相结合。所谓"爱国主义教育常态化制度化"，是指在中国特色社会主义进入新时代背景下，根据我国经济社会发展的目标任务并结合大学生爱国主义教育的实际状况，通过系统性的制度建设，统筹协调学校、家庭、社会以及学生自身的力量，把大学生爱国主义教育与日常工作、学习和生活紧密结合起来，形成齐抓共管的良好态势，共同推动大学生爱国主义教育生活化、规范化、科学化和可持续化发展，全面增强大学生爱国主义教育的总体效果。

坚持常态化与制度化相结合的原则。首先，大学生爱国主义教育要保持常态化开展。常态化就是日常化、生活化。从字面来看，"常"即日常、经常、平常、正常。所谓"常态"，有两个含义：一是固定的姿态；二是平常、正常的状态。"化"指转变为某种性质或状态。所谓"常态化"，是

指趋向于正常的状态，其同义词有固定化、平常化。当一事物的存在状态是"常态化"的时候，其通常具有几个特点：一是为人们所熟悉。从人们对于事物的认知程度来剖析，常态化意味着经常化，发生频率高，以致人们已经渐渐熟悉它。二是得到人们的认同。从人们对事物的心理或情感来分析，常态化表示人们对于常态化存在的事物是接受的、认可的、默许的，认为该事物的存在是正常的、合理的、有亲和力的；反之，则是"一反常态的"或者"不正常的"。三是成为人们的习惯。从事物的存在方式来看，常态化的存在往往是平常的、普遍的，具有潜在性与渗透性，甚至容易被人们所忽略。从这个意义上看，常态化意味着"习惯化""长期化"。正因为这样，常态化存在的事物总是与人们的日常生活息息相关，成为一种"日用而不觉"的生活方式。基于上述分析，我们可以将"大学生爱国主义教育常态化"理解为：大学生爱国主义教育实施全过程，理念、内容与形式等全要素普遍得到大学生的广泛认同，并深度融入他们的日常学习、生活和行为习惯，成为个体成长发展和高校立德树人不可或缺的组成部分。其次，大学生爱国主义教育要实现制度化、规范化运行。制度是指在一定的历史时期所形成的、要求特定范围内的社会成员共同遵守的办事规程和行为规范的总和。从宽泛的意义上讲，制度既包括法律、法令、条例、规定等"硬制度"，也包括道德、风俗、习惯、舆论等"软制度"。制度运行表示某种秩序。所谓制度化，是指群体和组织的社会生活从特殊的、不固定的方式向被普遍认可的固定化模式的转化过程。制度化是群体与组织发展和成熟的过程，也是整个社会生活规范化、有序化的变迁过程。这一过程意味着某事物的存在方式从自发、易变、零散的状态向自觉、稳定、系统的状态转化。当某事物处于"制度化"状态的时候，具有以下四个特点。一是科学化，即追求按照规律办事，提高工作成效。在这里是指遵循爱国主义教育规律、大学生成长成才规律和个体身心发展规律。二是规范化。强调通过客观的、外部的力量来制约人的主观随意性，与此相对应的是自发性、随意性。这里是指爱国主义教育要按照法律法规、规章程序进行。三是体系化。这与"零散化"相对应，体系化要求某一系统内部各要素之间有机地整合或组合成一个完整整体，实现效益最大化。这里是指爱国主义教育各实施主体构建起有效的整合机制，形成教育合力。四是稳定性。相对于"未制度化"的可变性而言，制度化意味着更多的确定性、可预期性和常态性。这里与上述"常态化"互为包含与补充。需要注意的是，"有制度"不等于"制度化"。如果制度本身不够完善，或者制度与制度之间没有形成完整的结构层次，也不能算"制度化"。因此，制度化是事物发展不断趋向成熟的阶段。通过以上分析，我们可以将"大学生爱国主义教育制度化"理解为：在开展大学生爱国主义教育过程中，通过制定完善、系统、科学的制度和规范来充分调动各要素的积极性，协同处理矛盾和问题，共同推动大学生爱国主义教育沿着稳定、科学、可持续的方向发展，不断增强教育效果。

值得注意的是，常态化与制度化不是固定不变的。在高校实际教育管理中，爱国主义教育存在"常态化—制度化—新的常态化"循环往复、螺旋式上升的过程。推动大学生爱国主义教育常态化制度化，一方面，要把大学生爱国主义教育已有的做法和习惯加以理论化阐释和制度化建构，使之成为经常性、规范性做法，这便是"常态化"到"制度化"的过程；另一方面，要根据形势的发展和大学生自身的需要，建立起新的教育制度并加以宣传和实施，使之成为大学生爱国主义教育新的行动规范，最终内化为教育活动中使用的教育习惯，这是从"制度化"到"新的常态化"的过程。

五、坚持自主性与社会化相统一的原则

从根本上讲，大学生爱国主义教育要切实发挥高校的自主性，以高校为主要实施主体；但同时也必须看到，爱国主义教育内容是宏大且广泛的，教材内容的有限性与完成性难以涵盖丰富多彩的社会实践。这一矛盾要求大学生爱国主义教育要充分吸纳社会实践中的丰富资源，扎根社会实践，用好丰富的社会资源，挖掘社会实践中的生动资源素材。这就需要高校与社会加强联合协作，构建高校与社会各界的合作和交流机制，将爱国主义教育拓展到更广阔的领域和层面。高校爱国主义教育的实效，一方面取决于高校思想政治理论课、主题教育、校园文化、实践锻炼等校内的教育效果；另一方面取决于社会方面（包括各类社会团体、社会组织）能否对学校教学形成正向强化作用，各类社会团体、社会组织等是否对步入社会的大学生群体进行持续性的爱国主义教育，社会舆论环境是否弘扬了爱国主义教育主旋律，社会生活环境是否正向强化了爱国主义思想等。如果高校能够充分汇聚社会方面的正向教育力量，那么爱国主义教育效果无疑将大大增强。因此，做好新时代大学生爱国主义教育工作，必须坚持自主

性与社会化相统一的原则，这就要求高校以我为主，多措并举提升爱国主义教育效果；为我所用，合理开发利用社会资源强化爱国主义教育效果，汇集爱国主义教育的多维社会势能。

首先，大学生爱国主义教育要以我为主，坚持高校自主性。于高校教育而言，大学生爱国主义教育作为思想政治工作的一部分，融入在立德树人全过程，其中，思想政治理论课发挥着主渠道主阵地作用。思想政治理论课在高校育人的过程中居于重要地位，是落实立德树人根本任务的关键课程。因此，高校要用好思政课积极引导青年学生正确认识中国共产党为什么能，中国特色社会主义为什么好，归根到底是马克思主义行，是中国化时代化的马克思主义行，从而领悟"两个确立"的决定性意义、增强"四个意识"、坚定"四个自信"、做到"两个维护"，使爱国主义成为广大青年学生的坚定信念、精神力量和自觉行动。其次，大学生爱国主义教育要为我所用，合理有效利用社会资源。习近平总书记指出，要坚持理论性和实践性相统一，用科学理论培养人，重视思政课的实践性，把思政小课堂同社会大课堂结合起来，教育引导学生立鸿鹄志，做奋斗者。大学阶段是青年学生理想信念、道德观念、价值理念、责任担当、爱国奉献等价值观形成的关键时期，将思政小课堂与社会大课堂相结合，有助于帮助青年学生扣好人生"第一粒扣子"。通过思政小课堂的理论阐释，能够引导青年学生正确认识世界和中国发展大势，正确认识时代责任和历史使命，培养青年学生在新时代下学会正确应对国内外各种各样的复杂环境，加深对国家命运和个人命运关系的认识，树立正确的人生理想和价值追求，矢志不渝为社会主义伟大事业接力奋斗。高校要创新爱国主义教育的实践形式，助推优秀传统文化和红色文化教育内容进校园、进课堂、进头脑，引导广大青年学生树立文化自信与文化自觉。通过组织开展与优秀传统文化和红色文化相关的课题调研、微视频拍摄、基层宣讲、大学生寒暑期"三下乡"社会实践、爱国主义教育基地研学、乡村振兴志愿服务等活动，增强爱国主义教育的"社会性"，使青年学生在社会大舞台中感受爱国主义教育的熏陶，进而有效发挥社会各方力量对教育的促进、推动与强化作用。

六、坚持显性教育与隐性教育相统一的原则

习近平总书记指出，要坚持显性教育和隐性教育相统一，挖掘其他课

程和教学方式中蕴含的思想政治教育资源，实现全员全程全方位育人。习近平总书记的重要论述揭示了思想政治理论课教育教学的客观规律，这是办好新时代思政课的基本遵循，也是爱国主义教育的基本原则。我国高校思政课教学目的明确、计划性强，以旗帜鲜明、理直气壮为特征，主要以公开、直接的方式进行爱国主义教育。毫无疑问，坚持显性教育，既是思政课教育教学的基本形态，也是铸牢大学生爱国情怀，培养社会主义事业建设者和接班人的根本要求。但是，当前思政课教学的环境发生了诸多改变，青少年学生思想行为特点和接受知识、信息的途径方式也出现了许多新变化，简单直接、清晰明了的教育形式表现出一定的局限性。实际上，在学校及班级环境中，存在诸多隐性教育因素，它们虽然不在教学计划中反映，不通过正式的显性教育活动进行，但有意或无意地经由各种载体或氛围，对学生的知识、情感、信念、意志、行为和价值观等起潜移默化的作用，或促进、或干扰铸魂育人这一目标的实现。隐性教育因素既存在于学校的教育教学活动之中，也存在于学校建筑（如图书馆、体育馆、宿舍楼等）物质环境、精神文化环境（如校园文化、各种仪式活动等）和人际环境（如师生关系、同学关系、校风、校纪等）之中。这些因素融入大学生的日常学习与生活，对学生思想观念、理想信念、行为习惯产生影响，其影响结果虽不立竿见影，但却具有潜在性、累积性与持久性。因此，推进大学生爱国主义教育，既需要不断改进和创新显性教育，同时也要积极发展隐性教育，使显性教育与隐性教育相互补充、有机统一，增强爱国主义教育的亲和力和实效性。

新时代大学生爱国主义教育坚持显性教育与隐性教育相统一，关键在于显性教育与隐性教育的相互补充。一方面，要注重显性教育的隐性渗透，发展渗透式方法；另一方面，要注意发现并运用隐性教育因素，发展隐性教育方法。既要大张旗鼓地开展爱国主义教育教学活动，做到公开、直接、有声势，不能把教育内容隐含在其他课程之中，也不能以各种借口压缩或取消思政课；同时也要挖掘其他课程中爱国主义教育资源，采取融入式、嵌入式、渗透式的方法将爱国主义教育内容融入其他课程。渗透式方法既是隐性教育的一个重要特点，也是隐性教育和显性教育互补结合的一条重要途径。渗透式方法，是指教育者运用科学的方法将体现教育目标的教育内容渗透到受教育者的学习、生活环境中，让学生在文化环境、学生生活与日常活动中受到爱国主义思想的熏陶与和影响，使学生可能接触到的一切事物和活动都发挥教育作用。比如，大学生的社会实践、志愿服务、课外文体科技活动、社区及宿舍的文明创建，都是显性教育与隐性教育有机结合的重要形式。此外，通过云课堂、微课、慕课以及在新媒体平台推出微电影、微视频等现代载体，也能有效地实现显性教育与隐性教育的互补结合，促进爱国主义教育教学目标的实现和育人任务的完成。简言之，显性教育和隐性教育是一个硬币的两个方面，两者相辅相成、不可分割。只重视显性教育，不关注隐性教育，无法达到显性教育应有的效果；只关注隐性教育，不重视显性教育，会使教育活动丧失其价值导向。只有把显性教育和隐性教育结合起来，才能真正达到教育效果。

七、坚持经常性教育与集中性教育相结合的原则

党的十八大以来，习近平总书记高度重视党内集中教育，强调："在全党开展集中性学习教育，是我们党推进自我革命的重要途径，也是一条重要经验。"① 集中教育的革命性锻造是一次次深刻的思想教育、政治锻炼、党性锤炼和实践历练。党内集中教育为大学生爱国主义教育提供了鲜活的理论教育典型。与其他思想政治教育不同，爱国主义教育在时机把握方面具有一定特殊性。形式多样的纪念庆典活动，能够传播主流价值观，增强人们的认同感和归属感。回顾新中国成立的 70 多年历史不难发现，在国家重大纪念日举行大型阅兵活动已成为制度化安排，通过行为符号（阅兵、游行、升旗）、物件符号（花车、领导人巨幅画像）、声音符号（鸣放礼炮、奏国歌）、语言符号（领导人讲话和标语口号）等强化了人们的政治参与意识，激发了人们的爱国主义热忱。国家重大纪念庆典活动是一种政治仪式，具有寻求政治认同、提供社会记忆、整合意识形态、凝聚公共信仰的功能，因此蕴藏着丰富的大学生爱国主义教育资源，是大学生爱国主义精神培养的重要财富。在国庆节、国家重大纪念日、国家公祭日等节点，举国上下都会组织群众性的大型纪念活动，这类政治仪式活动本身就是爱国主义教育的重要形式，与日常的爱国主义教育互相补充，互为强化，高校应充分利用国家重大纪念日和庆典活动进行大学生爱国主义精神的培养。与经常性的爱国主义教育相比，以国家重大纪念日和庆典活动为依托的爱国主义教育具有阶段性、集中性特征，从效果来看，其往往行之

---

① 习近平. 习近平重要讲话单行本：2021 年合订本 [M]. 北京：人民出版社，2022：18.

有效，立竿见影，甚至事半功倍。因此，高校爱国主义教育要在经常性开展的基础上，以国家重大纪念日和庆典活动为契机开展集中性教育活动。

坚持经常性与集中性相结合，首先要把握重大时间节点开展集中性教育。集中教育活动要取得实效，必须找准靶子、点中穴位。《中华人民共和国爱国主义教育法》明确规定，在每年 10 月 1 日中华人民共和国国庆日，国家和社会各方面举行多种形式的庆祝活动，集中开展爱国主义教育。因此，高校要充分利用每年的重大历史事件纪念活动、依托五四青年节、建党节、建军节、国庆节、烈士纪念日、国家公祭日等重大时间节点开展集中性的爱国主义教育。在全社会开展的爱国主义教育活动，极易形成浓厚的爱国氛围，能够在短时间内激活大学生内在的爱国热情，有力推动爱国主义精神深入大学生内心。其次，依托爱国主义教育实践基地开展日常性教育活动。要加强与国旗、国徽、国歌相关的日常教育，庄重升旗仪式，在教学楼、宿舍、食堂等场所张贴、设立著名的爱国人物、杰出科学家、文学艺术家的画像或雕塑，把爱国主义教育内容融入党日团日、主题班会以及各类主题教育，组织开展丰富多样的校园文化活动。同时，要拓展日常性教育教学渠道，重视利用好社会各类爱国主义教育基地的纪念设施，定期组织大学生开展参观等实践教学类活动，进一步加强校外爱国主义教育基地的建设，丰富日常爱国主义的教育载体。

八、坚持统一性与多样性相结合的原则

2019 年 3 月，习近平总书记在学校思想政治理论课教师座谈会上指出，推动思想政治理论课改革创新，要坚持统一性和多样性相统一。这是创造性运用马克思主义世界观方法论认识并解决思政课创新发展问题的体现，揭示了思政课教学的基本规律，其也成为大学生爱国主义教育的基本原则。

第一，要把握统一的标准和尺度。大学生爱国主义教育的统一性，意味着讲原则、守规矩、有底线。要把握好统一的组织领导、教学目标、课程设置、教材使用、教学管理，并在实践中长期坚持落实，从而全面贯彻党中央决策部署，推动大学生爱国主义教育高质量发展。在组织领导方面，夯实党对高校的全面领导。要遵循中央爱国主义教育主管部门的总体指导、监督，由高校党委具体领导、规划与部署。在教学目标方面，保持教学方向一致性。"培养什么人、怎样培养人、为谁培养人"是教育的根

本问题，也是爱国主义教育应该解决的根本问题。爱国主义教育的总体教学目标需围绕《新时代爱国主义教育实施纲要》和《中华人民共和国爱国主义教育法》规定的使命任务，用习近平新时代中国特色社会主义思想铸魂育人，引导学生增强"四个自信"，厚植爱国主义情怀，把爱国情、强国志、报国行自觉融入坚持和发展中国特色社会主义事业、建设社会主义现代化国家、实现中华民族伟大复兴的奋斗之中。大学生爱国主义教育要按照统一的教学目标，有计划、有序地精心设计和开展教学活动。在课程设置方面，要强化教学规范和标准的一致性。课程设置规定课程的设立和安排。高校要在国家课程设置的基础上，根据自身发展和人才培养需要，研究不同层级学生爱国主义教育的必修课和选修课的课程名称、基本内容、课时安排和学分构成等，形成统一的布置和科学的规定。大学生爱国主义教育要严格按照课程设置规范开展教学活动，保证达到国家规定的基本要求。在教材使用方面，要以国家规定的统一教材为基础。教材是开展教学活动的基本依据，高水平的教学基于高水平的教材。大学生爱国主义教育在具体教学活动中，必须以统编教材为依托，扎实推进爱国主义思想进学生头脑。在教学管理方面，要进行统一管理和评估。大学生爱国主义教育要强化对教学过程、教学纪律、听课指导、考核评价、教师理论培训和实践研修等方面的管理和控制，形成对教学活动全方位、立体化的监督与检查，不断提升教学质量和水平。

第二，要采用多样的形式与方式。多样性是大学生爱国主义教育取得针对性、增强亲和力的重要原则。爱国主义教育的多样性，就是要求在具体落实中，坚持因地制宜、因时制宜、因材施教，结合实际把统一性要求落实好；同时，鼓励探索不同的方法和路径，具体是指教育内容、教育方法、教育载体等方面的丰富和创新。在教育内容方面，充盈爱国主义素材，打造更有宽度的内容。爱国主义教育内容不应单单局限于教材，而应从马克思主义经典著作、现实生活、社会热点、火热实践中补充内容素材，也可以根据所在高校的类型特点和地域特色充分挖掘校史、地方志等资源素材，将校情、校史、地域历史典故及人文精神等融入教育内容体系之中。在教育方式方面，丰富教育方法，选择更有温度的方式。灵活多样的教育方法有助于教育内容的传达和吸收。一方面，多样性体现在技术运用上。如前所述，在大数据时代，爱国主义教育应在严格课堂管理的同时，推动传统教育方法同技术高度融合，增强技术感、时代感和吸引力。

另一方面，多样性体现在尊重学生特点上。爱国主义教育要根据不同年级大学生的不同特点因材施教，针对不同性质的教育内容，运用恰当的教育方法，例如课堂讲授法、文化熏陶法、实践锻炼法、自我教育法、体验式教育法等。通过理论的武装、文化的熏陶、实践的锻炼、感人的案例、精准的数据、具有时代感的语言等，生动诠释爱国主义思想，使学生在多样的方式中感受爱国思想的熏陶。换言之，新时代爱国主义教育要坚持统一性和多样性相统一，应当在统一性的基础上充分发挥多样性，改变爱国主义教育"配方"比较陈旧，"工艺"比较粗糙，"包装"不那么时尚的现状，解决亲和力不够、针对性不强的问题，让多性样服务于统一性，同时，要防止爱国主义教育"耍花枪""博眼球""哗众取宠"等现象，避免思想性不足、理论不深的问题。

九、坚持守正创新原则

"明者因时而变，知者随事而制。"大学生爱国主义教育是动态变化的生成性过程，是外适性与内适性不断增强的过程，既要顺应新变化以增强其外适性，又要守持自身传统属性与发展规律以增强其内适性。外适性的新要求与新形势是其不断革新的变动因素，内适性的继承与沉淀是其坚守传统以应万变的定力所在。当前，大学生爱国主义教育面临着时代、形势、机遇与对象的新要求，理应适应外适性变化，彰显新风貌。与此同时，大学生爱国主义教育还需沉淀其内适性，"守"住爱国主义教育的宝贵经验和传统，以不变应万变。所谓坚"守"，是指坚守大学生爱国主义教育在发展过程中形成的优良传统，"守"住爱国主义教育的优良传统、成功经验，擦亮鲜明底色。求"变"则要求大学生爱国主义教育察"时"、明"势"、辨"机"，根据时代发展、使命要求、受众需求等变化，"变"出新风貌。百年的爱国主义教育实践，为新时代大学生爱国主义教育提供了基本经验遵循。从宏观来看，中国共产党的百年历程，既是人民涵养爱国之心、育成爱国精神、践行报国之志的历程，又是党的爱国主义教育不断发展和创新的历程。历史事实虽是过去的存在，但过去的事实存在有其启示意义。百年来，党通过对爱国主义教育的实践探索和理论总结，积累了丰富经验，这些经验为促进新时代爱国主义教育创新发展提供了重要启示。从中观来看，高校的成立发展与党和国家命运息息相关，其爱国主义教育也经历了近百年的实践过程，形成了各自的经验做法。从微观来看，爱国主义教育作为高校教育教学的一个环节，作为思想政治教育的重要内容，在思想政治教育的发展成熟过程中也形成了学科经验做法。多维度的经验做法成为新时代大学生爱国主义教育的宝贵财富。与此同时，时代的发展与技术的进步使爱国主义实践在新时代呈现一定的变化，如实践范围更广泛、实践场域更丰富、实践主题更鲜明、实体领域和虚体领域活动多元化，学生思想个性化、需求多样化等。针对不断丰富和发展的实践类型，高校只有始终坚持创新原则，才能符合时代发展趋势，运用实践理论，丰富实践载体，建立创新体制，创新实践方法，切实推进爱国主义教育创新实践，使爱国主义教育常办常新。

坚持守正创新的原则，一方面要求大学生爱国主义教育要守住优良传统与成功经验。"守"并非僵化的守旧，而是对于优良传统的坚守与继承。经验是基于长久的观察与总结得出的结论，通过经验分析和比较，以此获取对某一问题或现象客观、准确和有效的解释。大学生爱国主义教育是一项长久性工程，已经走过了百余年的历程，无论在国家层面，还是在高校层面都形成了不少宝贵经验。如在宏观层面，坚持以马克思主义为指导思想，将爱国和爱党、爱社会主义相统一；加强中国共产党的组织领导，动员协同社会各方力量参与；服从服务于党和国家中心任务，同社会主义建设实践相结合等。在微观层面，形成了尊重把握大学生群体思想特质，满足大学生成长成才发展需要；遵循厚植爱国主义情怀的内在规律，实现知情意行的循序渐进规律等基本经验。这些经验经过实践的检验和历史的淘洗被证明是正确的，已然成为爱国主义教育的优良传统，具有跨时空性与普遍适用性，在不同时期、不同学校、不同环境下能够普遍适用。高校开展爱国主义教育必须遵循这些优良传统、吸收成功经验。另一方面要求大学生爱国主义教育要因时而变、因事而新。"变"是创新，是动力，顺势而为方能永葆生机。"变"不是肤浅的标新，而是要求大学生爱国主义教育在嬗变的事实中拥有紧跟时代的发展动力，大学生爱国主义教育不是简单守成，唯有不断地创新，才能焕发生机。创新是任何学科发展不可或缺的基本原则。创新就是在有意义的时空范围内，以非传统、非常规的方式先行性地、有成效地解决社会政治、经济、文化、技术等问题的过程。在不同的领域里，创新涉及产品创新、技术创新、制度创新、职能创新、结构创新、环境创新等。与传统的爱国主义教育相比，新时代以来的爱国主义教育无论是理念、环境还是对象均发生了重大变化，必须更注重与时俱进、与技术互融。因此，无论是爱国主义教育的初期规划设计还是中后期的推进落实工作都必须坚持创新性原则。在高校的爱国主义教育过程中，创新性原则要贯穿顶层设计、结构安排、制度制定、教育实施、监测反馈与效果评价全过程。在顶层设计中，要创新工作机制，深化使命要求，优化教育理念，更新爱国主义教育制度机制；在具体工作实施中，要在坚持宝贵经验的基础上，根据新的时代特征、新的受众特点、新的政策要求与新的技术支撑，通过深入研究和创造学习，将爱国主义教育与最新的教育理念、教育方式相结合，打造出一个独具创新性的爱国主义教育品牌项目，提升大学生的新意体验，极大地增强爱国主义教育的关注度和吸"粉"力。

第六章　新时代大学生爱国主义教育的实践路径

基于新时代大学生爱国主义教育的理论阐释、发展历程与基本经验、现状审视和目标原则等方面的研究，推动新时代大学生爱国主义教育发展，要求其必须落实在具体的实现路径上，这样才能真正发挥出实效和价值。从实践来看，需要从环境氛围营造、长效机制构建、多元主体协同、载体形式丰富、传播内容优化、话语体系创新等方面着手，使新时代大学生爱国主义教育能够落到实处、落到细处、落到有效处。

第一节　新时代大学生爱国主义教育的环境氛围营造

环境氛围营造是进行新时代大学爱国主义教育的一项重要任务，对于培养大学生的家国情怀、历史使命感和责任感具有重要意义。中国特色社会主义进入新时代，标志着我国发展进入新的历史方位。这个阶段的任务是"为全面建设社会主义现代化国家、全面推进中华民族伟大复兴而团结奋斗"①。面对这一新的形势和任务，我们应该进一步发挥社会合力的作用，努力营造新时代大学生爱国主义教育的良好环境氛围，努力开创新时代大学生爱国主义教育的新局面，为全面建设社会主义现代化国家、全面推进中华民族伟大复兴提供强大的精神支撑。

---

① 习近平. 高举中国特色社会主义伟大旗帜 为全面建设社会主义现代化国家而团结奋斗 [M]. 北京：人民出版社，2022：71.

一、加强党对新时代大学生爱国主义教育的组织领导

办好中国的事情，关键在党。2019 年 11 月，中共中央、国务院印发《新时代爱国主义教育实施纲要》，强调要"加强对新时代爱国主义教育的组织领导"，要求各级党委和政府要承担起主体责任、调动广大人民群众的积极性主动性、求真务实注重实效①。开展新时代大学生爱国主义教育，关键在于加强党对爱国主义教育的组织领导。组织领导是保证，只有加强党的组织领导，才能保证爱国主义教育方向正确、部署到位，才能保证爱国主义教育层层推进、环环相扣，才能保证爱国主义教育取得实效、长期开展。

第一，各级党委和政府要承担起主体责任。事实证明，只有各级党委和政府坚决负起政治责任和领导责任，把爱国主义教育提上重要日程，牵头抓好各项工作任务，爱国主义教育方可善作善成、善始善终。推进新时代大学生爱国主义教育，离不开党的领导，也需要各级政府积极配合，进一步"健全党委统一领导、党政齐抓共管、宣传部门统筹协调、有关部门各负其责的工作格局，建立爱国主义教育联席会议制度"，实现一级带动一级，制定有针对性的工作安排，形成系统完善的工作格局。各级党委和政府不能"以文件落实文件""从纸上来到纸上去"，应当转变观念、明确责任、加强宣传、强化监督、改进作风、完善机制，推动爱国主义教育目标的实现。同时，还应当发挥党员先锋模范的作用，最大化地影响和带动身边群众，做爱国主义的坚定弘扬者和实践者，同违背爱国主义的言行做坚决斗争。

第二，调动广大人民群众的积极性主动性。爱国主义教育是全民教育，新时代爱国主义教育要面向全体人民、聚焦青少年。大学生是青年的主体，要引导他们同广大人民群众一起积极进行自我教育，激发爱国情、强国志、报国行，充分发挥积极性、主动性和创造性，通过自我教育理智表达爱国情感、积极努力报效祖国。各级工会、共青团、妇联和文联、作协、科协、侨联、残联以及关工委等人民团体和群众组织作为爱国主义教育阵地，在推进新时代大学生爱国主义教育的过程中发挥着不可替代的重要作用，要结合各自的工作特点、面向所联系的领域、发挥各自优势、制

---

① 中共中央，国务院. 新时代爱国主义教育实施纲要 [M]. 北京：人民出版社，2019：19-20.

定出爱国主义教育的具体实施细则。同时，发挥好"五老"（老干部、老战士、老专家、老教师、老模范）的余热，组织动员他们到广大群众特别是青少年、大学生中讲述亲身经历，弘扬爱国主义精神。

第三，坚持求真务实、注重实效。爱国主义教育是永恒的主题，在推进新时代大学生爱国主义教育的过程中，要坚持目标导向、问题导向、效果导向，分层次、抓重点，完善工作就业机制；加强新时代大学生爱国主义教育又是一项长期、艰巨的任务，要在深化、转化上和具象化、细微处下功夫，更好地体现时代性、把握规律性、富于创造性。同时，坚决反对形式主义、官僚主义，切忌置身事外、浅尝辄止、学用脱节，重在求真务实。

二、发挥学校对新时代大学生爱国主义教育的重要作用

爱国主义教育的重点对象是青少年。大学生是青年的主体，青年一代有理想、有本领、有担当，国家就有前途，民族就有希望。习近平总书记指出，对新时代中国青年来说，热爱祖国是立身之本、成才之基。2019 年 1 月 17 日，习近平总书记在南开大学考察调研时强调："学校是立德树人的地方。爱国主义是中华民族的民族心、民族魂，培养社会主义建设者和接班人，首先要培养学生的爱国情怀。高校党组织要把抓好学校党建工作和思想政治工作作为办学治校的基本功。"[①] 学校是大学生爱国主义教育的重要场所，必须充分发挥学校对新时代大学生爱国主义教育的重要作用。

第一，要充分发挥课堂教学的主渠道作用。在各项教育活动中，课堂教学是最基本、最重要、最稳定的教育活动，是学校爱国主义教育的主要渠道，必须将爱国主义精神贯穿于学校教育全过程，推动爱国主义教育进课堂、进教材、进头脑。同时，爱国主义教育具有阶段性、递进性、针对性、层次性和实践性，这也恰是课堂教学的特点。课堂教学理应发挥其在学校爱国主义教育中的主渠道作用。高校应将爱国主义教育作为贯穿课堂教学始终的主线和红线，把握好不同阶段大学生的爱国主义教育，逐步深化教育内容，增强大学生的爱国情感，做到以知引人、以情感人。

第二，要办好学校思想政治理论课。思想政治理论课作为爱国主义教育的主阵地，是帮助青年学生树立正确的世界观、人生观和价值观的重要

---

① 习近平. 在京津冀三省市考察并主持召开京津冀协同发展座谈会时强调稳扎稳打勇于担当敢于创新善作善成推动京津冀协同发展取得新的更大进展 [N]. 人民日报，2019-01-18（01）.

途径。学校要实现通过思想政治理论课加强大学生爱国主义教育的阶段性目标，教师的作用尤其关键；要充分发挥高校教师的表率和示范作用，让有信仰的人讲信仰、让有爱国情怀的人讲爱国，按照"政治强、情怀深、思维新、视野广、自律严、人格正"的要求加强高校思想政治理论课教师队伍建设。同时，各级各类高校还需要不断创新思想政治理论课的教学方法，根据各级各类大学生的思想特点，进一步加强学情分析，增强教学的理论性、思想性、亲和力和针对性，增强大学生爱国主义教育的实效性。

第三，要广泛组织开展大学生实践活动。爱国主义教育是一项系统工程，不光要进行"理论灌输"，更要通过实践锻炼实现爱国主义教育从思想到行动的情感升华。高校的党组织、共青团、学生会、学生社团等，要把爱国主义内容融入党日团日、主题班会和各类主题教育；开展丰富多彩的校园文化活动，通过校园文化建设，营造积极向上的文化氛围；组织大学生参观纪念馆、展览馆、博物馆、烈士纪念设施，参加军事训练、冬令营、夏令营、文化科技卫生"三下乡"活动、学雷锋志愿服务活动、创新创业、公益活动、社会调查等，让大学生了解国情社情民情，增强社会责任感和爱国情怀，强化责任担当。

三、发挥家庭对新时代大学生爱国主义教育的特殊作用

家庭教育是整个教育的基础和起点，它直接影响了孩子思想的形成。中国人一向重视"家庭"在个人成长过程中的作用，所以，素有"天下之本在家"之说。习近平总书记对家庭、家教和家风建设有许多论述，如"家庭是人生的第一个课堂""家风是一个家庭的精神内核""家风是社会风气的重要组成部分"等，这些都充分说明家庭对个人成长有着重要的、不可替代的作用。因此，家庭教育在爱国主义教育中有着其他教育无法替代的作用，应当充分发挥家庭对新时代大学生爱国主义教育的特殊作用。

第一，提升家长的爱国主义思想道德素质，营造良好的家风。家庭是孩子的第一个课堂，父母是孩子的第一任老师。家长是家庭爱国主义教育的教育者，他们的一言一行对子女的爱国主义品质的形成有着潜移默化的影响。因此，在家庭教育日益受到重视的今天，我们应当更加注重对家长的爱国主义思想道德素质的提升，使他们在家庭爱国主义教育中以身作则，充分发挥言传身教的作用，通过自己的爱国言行来影响和教育孩子。

在日常生活中，家长可以向孩子传达爱国主义的价值观，如敬畏国旗、尊老爱幼、爱惜公共设施、尊重军人等，引导孩子养成良好的爱国品质和行为习惯。

第二，引导孩子关注国家大事，培养孩子的国家意识和民族自豪感。家长可以引导孩子关注国家大事，了解国家政策、方针、法律法规等方面的知识，增强孩子的国家意识，提高孩子的政治觉悟；可以通过与孩子交流、讲述国家历史与民族文化等方式，培养孩子的国家意识和民族自豪感；可以带孩子参观爱国主义教育基地、博物馆等，增强孩子的国家认同感和民族自豪感。同时，可以鼓励孩子参加各种爱国主义活动，如志愿服务、献爱心等，培养孩子的爱国情怀和社会责任感。

第三，把爱国主义教育寓于家庭美德的建设之中。2019 年 10 月，中共中央、国务院印发了《新时代公民道德建设实施纲要》，指出要"全面推进社会公德、职业道德、家庭美德、个人品德建设"①，"要把社会公德、职业道德、家庭美德、个人品德建设作为着力点"②，"推动践行以尊老爱幼、男女平等、夫妻和睦、勤俭持家、邻里互助为主要内容的家庭美德，鼓励人们在家庭里做一个好成员"③。家庭是社会的细胞，是人们成长和生活的第一个课堂。把爱国主义教育寓于家庭美德的建设之中，有助于培养人们的家国情怀和民族自豪感。家庭成员之间的互动、交流和学习，可以帮助孩子从小树立正确的世界观、人生观和价值观，理解个人与国家的关系，增强对国家和民族的认同感和归属感。

四、发挥大众传媒等渠道对新时代大学生爱国主义教育的宣传作用

大众传媒是大众传播媒介的简称，在传播信息上具有速度快、范围广、影响大等特点，主要包括报纸、广播、电视、网络等。《新时代爱国主义教育实施纲要》强调要充分运用好大众传媒、先进典型、优秀文艺作品、互联网等渠道，营造新时代爱国主义教育的浓厚氛围。因此，在进行新时代大学生爱国主义教育时，大众传媒等渠道可以有效连接教育者和受教育者，充分发挥承载、传递爱国主义教育信息的作用，具有重要价值。

---

① 中共中央，国务院. 新时代公民道德建设实施纲要 [M]. 北京：人民出版社，2019：4.
② 中共中央，国务院. 新时代公民道德建设实施纲要 [M]. 北京：人民出版社，2019：5.
③ 中共中央，国务院. 新时代公民道德建设实施纲要 [M]. 北京：人民出版社，2019：6.

第一，各级各类媒体宣传内容要聚焦爱国主义主题。2014 年 10 月 15 日，习近平总书记在文艺工作座谈会上的讲话中指出："在社会主义核心价值观中，最深层、最根本、最永恒的是爱国主义。"① 爱国主义是常写常新的主题。拥有家国情怀的作品，最能感召中华儿女团结奋斗。在信息爆炸的时代，报纸、广播、电视、网络等大众传媒在选择传播的内容时必须首先聚焦爱国主义主题，并将爱国主义教育作为永恒主题，在营造新时代爱国主义教育的浓厚氛围方面发挥主力作用，生动讲好爱国故事、大力传播主流价值观，把爱国主义主题融入媒体融合发展。

第二，要不断创新大众传媒的方法手段。大众传媒等渠道要更好地实现爱国主义教育的效果，必须不断创新方法手段，适应分众化、差异化传播趋势，使爱国主义宣传报道接地气、有生气、聚人气，有情感、有深度、有温度，真正做到与时俱进。网络媒体技术的快速发展对受众信息选择及互动式交流提出了越来越高的要求，要求大众传媒创新信息传播的手段方法，探索更加多元化的信息传播方式和方法。大众传媒需要针对大学生群体的特点，提供个性化的信息服务。

第三，大众传媒要坚持正确的舆论导向。2016 年 2 月 19 日，习近平总书记在党的新闻舆论工作座谈会上发表重要讲话，他指出："党的新闻舆论工作是党的一项重要工作，是治国理政、定国安邦的大事，要适应国内外形势发展，从党的工作全局出发把握定位，坚持党的领导，坚持正确政治方向，坚持以人民为中心的工作导向，尊重新闻传播规律，创新方法手段，切实提高党的新闻舆论传播力、引导力、影响力、公信力。"② 大众传媒肩负着实现正确舆论引导的重任，是加强爱国主义教育的重要载体，是社会主义主流意识形态的主阵地。坚持正确的舆论导向，要求必须坚持党对新闻舆论工作的领导，要求新闻舆论工作必须遵循以团结稳定鼓劲、正面宣传为主的基本方针，要求新闻舆论工作必须遵循坚持群众路线、坚持实事求是。

---

① 中共中央文献研究室. 习近平关于社会主义文化建设论述摘编 [M]. 北京：中央文献出版社，2017：125.

② 习近平. 习近平谈治国理政：第二卷 [M]. 北京：外文出版社，2017：331.

第二节 新时代大学生爱国主义教育的长效机制构建

大学生爱国主义教育是一项为党育人、为国育才的重要工程，也是一项常抓不懈的重要工作。针对大学生中屡见不鲜的非理性爱国现象以及大学生爱国主义教育的现实瓶颈，我们要基于大学生爱国主义教育规律和大学生爱国知行发展规律，探索跨越区域差异、时空差异的长效机制。这不仅是增强大学生爱国主义教育有效性的现实需要，也是新时代大学生爱国主义教育长足发展的必然要求。因此，持续性的激励机制、系统性的保障机制和具有时效性的反馈机制是新时代加强大学生爱国主义教育长效机制建设的关键环节。通过建立多元互动的爱国主义教育长效机制，可以使各个教育要素之间相互联结、共同发展，还可以促进各要素的功能耦合，实现教育功能最优化，在机制方面更好地保障爱国主义教育的实施。

一、建立持续性的爱国主义教育激励机制

新时代，要结合当前大学生的思想特质采取必要且适当的手段，对高校的教育激励机制进行改良和创新。充分发挥教育激励的作用，激发大学生爱国的内在动力，调动他们在爱国方面的主动性、积极性与创造性，驱动大学生从他律转向自律，从而使他们有更强的自律意识，进而增强爱国主义教育的实际效果。

第一，重视持续性的精神激励，深化爱国主义情感。每个人都有物质和精神两方面的需要，目前的大学生的物质生活已经逐渐丰盈，所以他们更侧重于精神需要和精神追求，也就是希望通过实践实现自己的人生价值，能够在学校和社会中有一定的存在感。因此，深化爱国主义情感，首先要树立每个大学生都是需要被激励的教育理念，在此基础上着重突出对大学生的精神激励。这既立足于大学生目前的身心发展需求，也能产生更加持久的效果，还是使大学生在今后的生活中实现物质与精神相统一的需要。高校教师和高校辅导员要从每个学生的实际情况出发，公平公正地对待每一位学生，及时关注他们的情感和心理所发生的变化，并为大学生提供表达爱国主义情感的机会，让大学生对自己持有信心和信念，从而更好地激发大学生的爱国潜能，使他们更能充分地表达自己的爱国主义情感。

比如，教师可以多多关注大学生在微信、抖音或者其他平台发布的爱国主义相关动态、文章以及视频，给予点赞或评论；辅导员可以通过多种方式参与学生活动或经常性与学生谈心谈话，这能让学生感受到自己被老师关注，从而在精神激励的基础上养成努力学习的习惯，树立报效国家的坚定信念。

第二，适当的持续性物质激励，保障爱国主义教育。物质激励相比精神激励是一种更为直接的、能够看得见的、能够即时感受到的激励方法。物质激励的收效一般比较明显，这主要是由于物质需求是人生活中的重要需求，是可见的且实用的，更有利于激发人们的行为。我们在对大学生进行激励教育时，要把握好物质激励和精神激励的关系，注意激励的尺度和实效，采用适当的、常态化推进的且能够持续性开展的物质激励办法，激起大学生持久的学习热情和学习动力。对此，在开展爱国主义教育工作的过程中，高校要持续性加大投入资金用于加强爱国主义的相关物质建设。首先，要对学习成绩优异或者家庭困难的学生给予物质激励，一方面能让他们感受到党和国家的关怀从而激发他们的爱国之情，另一方面也能激励他们努力学习报效祖国。其次，常态化设立专项基金，奖励支援乡村、服务西部建设的教师和学生。最后，购买相关书籍，或者是大型活动赛事的纪念品，抑或是校庆的纪念品等，将其作为激励发给学生，充分发挥物质激励的作用。

第三，运用持续性的榜样激励，践行爱国主义行为。榜样激励是指通过树立典型，以爱国英雄人物的先进事迹、精神品质、人格魅力感染和影响大学生，使大学生以榜样为标杆，提升自己的爱国素养。榜样是中国精神的凝结，他们一般具有强大的感染力和号召力，还具有深刻的启迪性，能引起大学生的情感共鸣，使大学生的思想得到启发，激发他们的爱国斗志。爱国主义教育的榜样人物包括革命英雄、模范人物等。在进行榜样激励时，要选取一些能够体现爱国精神的人物。榜样带给一个人的力量是绵绵不断，无穷无尽的。因此，发挥好榜样的激励作用不是一朝一夕可以完成的，而是需要常态化开展和持续性推进，引导大学生把自己对榜样的敬佩之情转化为实实在在的爱国行动。

二、优化系统性的爱国主义教育保障机制

要增强爱国主义教育的功能性、实效性和育人性，完备的服务保障是

必不可少的，全方位的保障可以使高校各要素最大限度地发挥其功能。另外，要使爱国主义教育的各要素始终呈现出良好的工作运行状态，也需要从多方面为其提供强大的后备支持力量。因此，高校爱国主义教育可以在组织领导、物质资源、工作队伍等方面发挥好保障作用，从人力、物力两方面共同促进爱国主义教育的有效开展。

第一，完备的组织领导保障机制。要确保大学生爱国主义教育落实落细落到位，首先必须加强组织领导，建立完善的高校管理体制，充分调动各部门的积极性，使大学生爱国主义教育在学校党委的统一领导下，形成齐抓共建、重在落实、覆盖全员和全过程的爱国主义教育工作格局。坚持党的领导是做好一切工作的关键，加强大学生爱国主义教育更应该如此。在学校的管理体制上，要形成具体明确的分工，党委在发挥好领导作用的同时要做好培育学生爱国情怀的整体规划。其中，抓好爱国主义教育的具体落实，要始终坚持目标导向、问题导向、效果导向。加强大学生爱国主义教育要有明确的目标，以培育时代新人为导向，要为国家发展培养有理想、敢担当、能吃苦、肯奋斗的新时代优秀人才。在实施爱国主义教育任务的过程中，高校要广泛开展调查研究，深入了解大学生的爱国主义教育状况，及时预判问题、发现问题、解决问题，扎实推进爱国主义教育工作。成效是评判教育的一项重要标准，所以高校在进行爱国主义教育过程中不能简单喊口号，也不能"冷一阵，热一阵"，应当坚持长期发力、久久为功，不折不扣地有效落实爱国主义教育工作。同时，要明确各部门的具体工作，利用好、发挥好各部门团结协作的合力作用。例如，宣传部可以组织学生对我国的最新理论进行宣讲，共青团委可以号召学生自觉担责、为国奋斗，从而在多方面落实好爱国主义教育的工作任务，全方位教育培养学生。

第二，充分的物质资源保障机制。要推动高校爱国主义教育工作高效运行，充足的经费是物质基础。充足的经费保障一方面可以促进爱国主义教育的正常开展；另一方面也是提高教师工作积极性的必要手段，能够进一步激发高校教师的工作热情，从而提高校教师的工作效率。学校应加强顶层设计，全面统筹规划，加大资金投入，拨出专项经费用于爱国主义教育，从而打造坚实的物质基础，建立充分的物质资源保障机制，对教育的实施起到保驾护航的作用。具体可以从以下四方面加强物质保障。其一，完善爱国主义教育的基础设施，加大资金投入。例如，翻新学校的宣传栏、室内剧场、报告厅以及必要的教学设备。其二，设立爱国主义教育专项资金，主要用于与爱国主义教育相关的教师外出学习进修、教学技能培训、社会调研，表彰优秀教育者、邀请知名专家开展讲座等方面。其三，对于思想端正、成绩优异、有突出爱国行为表现的学生可以给予一定奖励，对于这一类学生中的家庭困难学生，可以加大奖励力度。其四，学生开展爱国主义教育社会实践活动所需的经费保障，比如学校组织大学生参观红色革命基地、大学生参与红色主题社会调研等项目所需的经费。

第三，全面的工作队伍保障机制。以高校为例，爱国主义教育的工作队伍主体是学校的管理部门、思政课教师、专业课教师和辅导员等。组织领导保障机制和物质资源保障机制的建设都需要以人力资源为基础，因此要重点抓好工作队伍的建设，充分调动工作队伍主体的积极性。首先，要完善爱国主义教育队伍的选拔机制，选出一批具有扎实理论功底、高尚道德情操和浓厚爱国情怀的教师加入爱国主义教育队伍。其次，学校要加强对思政课程教师和课程思政教师的培训，培养教师的综合素质，提高教师的综合能力，使其成为有真才实学的专业性教育人才。同时，也要加强对高校辅导员的培训，辅导员也是爱国主义教育工作的重要主体之一，强化他们的理论素养和思想素养也是非常重要的。最后，要采取有效的政策措施，对爱国主义教育队伍予以支持，解决好他们关心的薪资待遇、职称评定等问题，确保教育队伍的优秀人才能够留下来、留得住。总之，我们要不断充实爱国主义教育工作队伍，绵绵不断地为国家教育事业注入新鲜血液，促进爱国主义教育事业蓬勃发展。

三、构建即时性的爱国主义教育反馈机制

构建反馈机制的目的在于对现有问题进行关注和解决，如果反馈及时且有效就能够有针对性地解决问题，发挥大学生爱国主义教育的应有功能；反之，则会直接影响大学生爱国主义教育的改进与创新。可见，在建立大学生爱国主义教育反馈机制时应该牢牢把握时效性，推进即时性的爱国主义教育反馈机制的建立。这种即时性的反馈机制要贯穿大学生爱国主义教育全过程，可根据教育主体和教育对象的不同，将其划分为教育主体反馈子系统和教育对象反馈子系统两个部分，主要实现"学情"和"教情"的反馈。当前，大学生爱国主义教育反馈机制中"谁来反馈""反馈给谁""如何反馈"等一系列具体问题并未明晰，导致大学生爱国主义教

育的相关问题反馈不及时甚至流于形式。为了增强大学生爱国主义教育反馈机制的时效性，应该从机构、专业队伍和反馈渠道三个方面来健全，解决现有反馈机制存在的问题。

第一，组建各级爱国主义教育反馈机构。实现大学生爱国主义教育教学质量反馈是主管部门、各级党委和地方政府加强大学生爱国主义教育管理、指导的重要手段。因此，建议在教育部领导下组建完备的国家级大学生爱国主义教育管理反馈机构，主要负责全国各地大学生爱国主义教育学情、教情的反馈工作，对地方各级反馈机构工作给予指导与支持。同时，各级党委和地方政府应组建地方级大学生爱国主义教育管理反馈机构，并纳入国家级反馈机构体系，主要负责本地区的大学生爱国主义教育学情、教情的反馈工作。

第二，建设专兼职相结合的爱国主义教育反馈主体队伍。可依托高校马克思主义理论相关学科的专业力量，组建专兼职相结合的大学生爱国主义教育反馈主体队伍。从"教"与"学"两个层面加强反馈工作的相关理论研究，根据研究成果以及教育规律建立具有可行性的各层级大学生爱国主义教育反馈工作体系，对各地的、不同类型的大学生爱国主义教育反馈信息进行及时准确的分析，形成工作报告并提出科学决策和建议。

第三，建立顺畅的爱国主义教育信息反馈渠道。只有大学生爱国主义教育教学信息反馈渠道顺畅，才能及时并有针对性地解决全国各地的大学生爱国主义教育学情、教情的现实问题，才能将教育主管部门，地方各级党委、政府的指导性反馈意见应用到大学生爱国主义教育中。这就要求我们必须打通大学生爱国主义教育信息反馈回路，由全国性反馈机构牵头建立大学生爱国主义教育信息反馈网络，确保纵向层面与横向层面的信息反馈顺畅。同时，加强层级信息管理，层层输入和输出反馈信息，提高反馈信息的有效性和准确性。

四、构建家校社联合的爱国主义教育协同机制

新时代大学生爱国主义教育需要学校、社会、家庭共同发力，形成三方协同育人的长效机制，以群策之力共同促进大学生爱国主义教育的发展。

第一，家庭要发挥好爱国主义教育的基础作用。家庭是重要的教育场所，新时代大学生的爱国情怀培养，离不开家庭的教育。一方面，家长要把握教育契机，可以在假期带孩子参观一些具有红色元素的场所，学习革命传统，培养爱国情怀。另一方面，家长还要加强家风建设，充分挖掘对党忠诚、热爱祖国的感人故事。此外，家长还要注重言传身教，要以自己的一言一行感染和教化孩子，做离孩子最近的爱国榜样。

第二，社会要发挥好补充和促进作用。在进行爱国主义教育的过程中，全社会要广泛参与其中，营造一个安定祥和、健康向上的社会环境。一是在国家重要纪念日等活动中，着重突出活动的政治意义，切实增强大学生对国家的热爱之情，提高大学生的历史自觉和历史认知，坚定大学生的历史唯物主义立场。二是全社会要群策群力，创造更多具有爱国主义意蕴的文艺作品，更好地激励广大中华儿女团结奋斗。三是要充分发挥公众人物的示范作用以感召大学生爱国，以榜样的力量引导大学生，使他们增强爱国意识。

第三，学校要发挥好教育的主导作用。要通过全方位、多样化的爱国主义教育，使爱国的信念在大学生心中萌芽并茁壮成长，进一步培养学生的爱国情操，为学生爱国报国奠定基石。为此，学校要充分发挥好主导作用，衔接好小学、中学、大学各个阶段的爱国主义教育，统筹好每一学段的教育任务，明确每一学段的目标定位，结合学生的实际情况和教育发展现状对学生进行针对性教育，实现大中小学爱国主义教育一体化。

第三节　新时代大学生爱国主义教育的多元主体协同

新时代大学生爱国主义教育的多元主体协同是指利用多种资源、组织、力量以及渠道，推动大学生爱国主义教育的开展。新时代大学生爱国主义教育是一项系统工程，需要多方主体的共同参与和协同合作。能否形成多元主体协同的合力，直接关系到新时代大学生爱国主义教育的有效性能否实现以及实现的程度。加强新时代大学生爱国主义教育，必须树立系统观念、整体观念，通过多元主体协同的方式，整合各方资源和力量，实现大学生爱国主义教育的全方位覆盖和深入推进，从而更好地促进大学生爱国主义情感的培养和教育效果的增强。

一、宏观层面：强化系统思维，形成家庭、学校和社会教育合力

在新时代大学生爱国主义教育中，家庭、学校和社会都扮演着重要的

角色。家庭教育、学校教育和社会教育从不同的时间和空间上占据了大学生的整个生活，在教育目标一致、教育力量合一的前提下，有利于在时空上实现教育的延续性与整体性，在效果上实现优势互补的叠加效应。

第一，构建以政府为主导，家庭、学校和社会立体互动的爱国主义教育模式。《新时代爱国主义教育实施纲要》强调各级党委和政府要"进一步健全党委统一领导、党政齐抓共管、宣传部门统筹协调、有关部门各负其责的工作格局，建立爱国主义教育联席会议制度，加强工作指导和沟通协调，及时研究解决工作中的重要事项和存在问题"①。构建以政府为主导、以学校为主体、以家庭和社会为两翼的大学生爱国主义教育模式是形成家庭教育、学校教育和社会教育合力的基本前提，有助于同步推进新时代大学生爱国主义的教育引导与实践养成。首先，以政府为主导是指各级党委和政府要承担起新时代爱国主义教育组织领导的主体责任，通过制定政策对家庭、学校和社会在大学生爱国主义教育中的地位作用、教育任务和教育要求等进行明确规定。其次，以学校为主体是指学校必须主动作为，与家庭、社会建立直接联系，在新时代大学生爱国主义教育中发挥主体桥梁作用。学校是对大学生进行爱国主义教育的重要场所，是落实大学生爱国主义教育工作的主体单位，一方面，要理顺课堂教育与日常教育的关系、"思政课程"与"课程思政"的关系，将爱国主义教育纳入课程体系；另一方面，注重教师的培养，提高教师的爱国主义素养，把爱国主义教育自然地融入教师的教学和日常生活，充分发挥学校教育的重要作用。同时，通过举办各种活动，如升旗仪式、主题班会、讲座展览、社会实践、志愿服务等，营造浓厚的爱国主义氛围。最后，以家庭和社会为两翼同步驱动是指家庭和社会也应该积极参与爱国主义教育，家庭、社会是与学校共同落实大学生爱国主义教育工作的重要组成部分，家庭和社会应当积极主动承担起学校课堂教育没有办法或难以完成的长期性养成教育工作。

第二，整合家庭、学校和社会中有效的大学生爱国主义教育资源。整合家庭、学校和社会中有效的大学生爱国主义教育资源是新时代大学生爱国主义教育的一项重要任务，是形成家庭、学校和社会三方合力的必要条件。家庭是大学生爱国主义教育的重要场所之一，家长应该积极挖掘家庭

---

① 中共中央，国务院. 新时代爱国主义教育实施纲要 [M]. 北京：人民出版社，2019：19.

中的教育资源，通过多种方式培养孩子的爱国主义情感和社会责任感。比如，长辈可以通过讲述家族历史、国家发展史等方式，让孩子了解国家的发展历程和家庭在其中所起的作用，从而培养孩子的爱国主义情感；可以结合生活中的实例，如节日庆典、国家重要事件等，向孩子灌输爱国主义思想，让孩子了解国家的重要性和个人在国家中的责任；可以通过带孩子参观爱国主义教育基地、参加志愿服务等方式，让孩子在实践中培养爱国主义精神和社会责任感；通过日常生活中的点滴教育，让孩子明白个人利益和国家利益之间的关系，培养他们的爱国情感。学校与社会的爱国主义教育资源更是丰富。学校是爱国主义教育的主阵地，应该将爱国主义教育融入日常教育，例如通过形势政策课、专业课等课程，让学生了解国家历史和文化，培养学生的民族自豪感；学校还可以通过举办各种爱国主义主题活动，如升旗仪式、爱国歌曲演唱等，增强学生的爱国意识。社会环境对大学生的影响也不容忽视，政府、媒体、企事业单位等应该共同营造爱国主义氛围。同时，大学生还应加强自我教育。除了家庭、学校和社会的作用外，大学生自身也要积极培养爱国主义情怀。比如大学生可以通过阅读、学习、交流等方式，了解国家的历史和文化，增强民族自豪感和爱国意识。

第三，促进家庭、学校和社会之间形成良性互动，充分发挥家庭、学校和社会教育各自的优势。家庭、学校和社会在大学生爱国主义教育中既是不可分割的有机统一体，又具有相对独立性。加强沟通交流是形成新时代大学生爱国主义教育家庭、学校和社会三方合力的有效途径。首先，构建学校与家庭的有效沟通机制，有助于加强学校和家庭之间的合作关系，促进学生的全面发展。大学生来自五湖四海，家庭情况也复杂多样，学校应当遵循普遍性与特殊性相结合的规律，既要有基于现代信息技术的多样化联系方式，又要有传统的家访、电话等个别交流方式，建立起家校沟通互动机制。其次，构建学校与社会的有效沟通机制，可以促进学校与社会的有效沟通，也有助于培养大学生的社会责任感和使命感。学校可以通过建立定期交流机制、利用现代信息技术、开展社区服务活动、建立反馈机制以及加强与媒体的合作等方式，以专业优势、人才优势积极寻求校企共建、学校社区共建的契合点，在学校教育与社会教育的融合中，为大学生实践养成提供优质教育资源，营造爱国主义教育氛围。

二、中观层面：落实"三全育人"，形成教学、管理和服务育人合力

2017年，中共中央、国务院印发《关于加强和改进新形势下高校思想政治工作的意见》，提出在高校思想政治教育中构建全员育人、全程育人、全方位育人的"三全育人"新格局，强调育人目标一致、育人资源整合、育人主体协同、育人过程融合。高校作为大学生爱国主义教育的主体单位，由教学、管理、服务形成大学生教育合力系统。其中，教书育人对于大学生爱国知行发展具有直接作用，管理育人和服务育人在推动教书育人中起着促进作用。

第一，教书育人是学校最基本的职责，育人主体要增强育人的主动性和自觉性。教师在传授知识的同时，还要注重培养学生的品德、能力和习惯。在落实"三全育人"的过程中，教师要全面了解学生的个性、特长和需求，因材施教，帮助他们掌握科学的学习方法，使他们提高自主学习能力。首先，教书育人是大学生爱国主义教育的核心。教书育人的核心在于通过知识的传授和品德的培养，引导大学生树立正确的世界观、人生观和价值观。在大学生爱国主义教育中，教书育人要求教师不仅要传授专业知识，而且要通过课堂教学、实践活动等多种方式，向大学生传递爱国主义思想，培养大学生的国家意识和民族自豪感。其次，教书育人有助于培养大学生的爱国情感，提高大学生的实践能力。在教书育人的过程中，教师可以引导大学生深入了解祖国的历史、文化和现状，增强大学生对祖国的认同感和归属感；还可以结合专业知识，引导大学生分析国家发展面临的挑战和机遇，激发大学生的爱国情感和责任感。同时，教书育人强调理论与实践相结合，注重培养大学生的实践能力和创新精神。在大学生爱国主义教育中，教师可以通过组织社会实践活动、志愿服务等方式，让大学生亲身参与国家建设和发展，从而增强大学生的实践能力和社会责任感。此外，教书育人有助于构建和谐的校园环境。教书育人的实践需要全校师生的共同参与和努力。通过加强师德师风建设、完善课程体系、丰富校园文化活动等措施，可以构建一个和谐、积极向上的校园环境，为大学生爱国主义教育的深入开展提供有力保障。

第二，管理育人是高等教育中一个重要的教育理念，通过科学、规范、人性化的管理，为大学生创造一个良好的学习和生活环境，促进他们的全面发展。管理育人在大学生爱国主义教育中起着至关重要的作用。管

理育人不仅涉及学校的行政管理，还包括教育教学管理、学生事务管理等多个方面。这些管理工作在大学生爱国主义教育中扮演着重要的角色，有助于培养大学生的爱国情怀和社会责任感。首先，管理育人通过制定和执行一系列规章制度，规范大学生的行为，培养他们的纪律性和组织性。这些规章制度可以包括课堂纪律、考试纪律、宿舍管理等，通过这些规章制度的执行，可以引导大学生形成正确的价值观和行为习惯，增强他们的爱国意识和社会责任感。其次，管理育人通过教育教学管理，将爱国主义教育融入课程教学。教师可以通过课堂讲解、案例分析、小组讨论等方式，将爱国主义教育与专业知识相结合，使大学生在学习专业知识的同时，增强对祖国的热爱和认同。此外，学校还可以开设专门的爱国主义教育课程，通过系统的教学内容和方法，全面提高大学生的爱国主义素养。同时，管理育人还通过学生事务管理，关注大学生的全面发展。学生事务管理包括心理咨询、就业指导、奖助学金评定等方面，通过这些工作的开展，可以帮助大学生解决学习和生活中遇到的问题和困难，增强他们的自信心和归属感。这些工作的开展也有助于培养大学生的爱国情怀，使他们更加珍惜学习机会和热爱自己的祖国。因此，高校应重视发挥管理育人在大学生爱国主义教育中的作用，不断完善管理制度和方法，为大学生的爱国主义教育提供有力保障。

第三，服务育人是高等教育中的重要一环，是指通过提供精准优质的服务来满足大学生的成长成才需求，是办好对学生负责、让学生满意的教育的关键。服务育人着力把解决思想问题和解决实际问题相结合，在关心人、帮助人、服务人的过程中实现对学生的教育引导，在大学生爱国主义教育中的作用不可忽视。首先，高校要明确服务育人的目标定位，要调动各方力量参与服务。为大学生提供全面的教育、培养和服务，需要全校多部门通力合作，辅导员、班主任、专业课教师、后勤人员等形成合力、形成联动；同时，借助学生会、学生社团等组织，健全大学生参与学校服务育人的激励机制，引导大学生在进行自我服务的同时，也服务他人。其次，精准把握学生诉求，优化服务内容，提升服务质量。要根据大学生的学习生活、思想引导、实习就业、培养方案、成长目标等方面的需求建立服务台账，将大学生需求分类，最大限度地满足大学生在校学习生活的合理需求，切实解决他们在学习中、生活中、思想上面临的困惑与困难，助力大学生实现全面发展和成长成才。同时，在服务育人的对象上要注重个性化。生长环境不同、生活经历各异、性格多样的学生有不同的需求，高校在开展教育指导和服务的时候需尊重学生的个体性与差异性，在面向全体的过程中要关注个体，重视个性化服务，实现服务的量身定制。此外，还要及时关注、动态更新学生的需求情况，用发展变化的眼光服务学生，为处于不同阶段的学生精准画像，提高服务的针对性和实效性，实现全过程服务。毋庸置疑，高质量的服务能够潜移默化地强化爱国主义效果。

三、微观层面：坚持同向同行，形成思政课程和课程思政、线上和线下教育合力

课程教学是大学生爱国主义教育的主阵地，其中，思想政治理论课是大学生爱国主义教育的主渠道，各类专业课（即课程思政）是大学生爱国主义教育的重要渠道。习近平总书记指出："要用好课堂教学这个主渠道，思想政治理论课要坚持在改进中加强，提升思想政治教育亲和力和针对性，满足学生成长发展需求和期待，其他各门课都要守好一段渠、种好责任田，使各类课程与思想政治理论课同向同行，形成协同效应。"[1] 在新形势下，整合思政课程和课程思政、线上和线下教育合力是有效提升"三全育人"落实程度、增强大学生爱国主义教育实效性和促进大学生爱国知行发展的关键环节。

第一，课程教学体系要紧扣培养能够担当民族复兴大任时代新人的总体目标。党的十八大报告提出："要坚持教育优先发展，全面贯彻党的教育方针，坚持教育为社会主义现代化建设服务、为人民服务，把立德树人作为教育的根本任务，培养德智体美劳全面发展的社会主义建设者和接班人。"[2] 立德树人是高校人才培养任务之本，也是所有课程体系贯穿始终的整体目标。首先，我们要明确这个总体目标的核心要求。担当民族复兴大任的时代新人需要具备坚定的理想信念、深厚的知识基础、广阔的国际视野、卓越的实践能力以及高尚的品德修养。这意味着我们的课程教学体系必须全面、系统，能够覆盖这些方面的培养。其次，课程教学内容的选择

---

① 习近平. 把思想政治工作贯穿教育教学全过程 开创我国高等教育事业发展新局面 [N]. 人民日报, 2016-12-09 (01).

② 胡锦涛. 坚定不移沿着中国特色社会主义道路前进 为全面建成小康社会而奋斗 [M]. 北京：人民出版社, 2012: 35.

和设计应紧密围绕这个目标进行。我们需要选择那些能够培养学生核心素养、提高他们综合素质的课程内容，确保学生在掌握基础知识的同时，能够形成正确的世界观、人生观和价值观。同时，我们还应注重课程的实践性和创新性，让学生在实践中学习，在学习中实践，以培养他们的创新能力和解决问题的能力。

第二，正确把握思想政治理论课与专业课程之间的关系。在大学生爱国主义教育课程体系之中，思想政治理论课与专业课程在总体目标一致的前提下，各自扮演着不可或缺的角色。这种一致性体现在它们都致力于培养大学生的爱国情怀、民族自豪感和国家责任感，以促进大学生的全面发展和社会进步。思想政治理论课作为大学生爱国主义教育的主渠道，直接承担着传授马克思主义理论、社会主义核心价值观以及国家法律法规等重要任务。这些课程通过系统的理论学习和思想引导，帮助大学生树立起正确的世界观、人生观和价值观，增强他们对国家和民族的认同感和归属感。与此同时，专业课程也在潜移默化中发挥着爱国主义教育的作用。专业课程的内容往往涉及国家的历史、文化、经济、科技等多个方面，这些内容本身就是爱国主义教育的生动素材。通过专业课程的学习，大学生可以更加深入地了解国家的发展历程、成就和挑战，从而增强对国家的自豪感和责任感。

第三，整合线上和线下教育力量是加强新时代大学生爱国主义教育的必然选择。在当今数字化时代，线上教育已经成为教育的重要组成部分，而线下教育则具有其传统独特的优势。将两者有效整合，可以形成强大的教育合力，对大学生爱国主义教育起到事半功倍的效果。首先，线上教育具有灵活性和便捷性的优势。通过网络平台，大学生可以随时随地进行学习，不受时间和地点的限制。同时，线上教育还可以提供丰富多样的教育资源和形式，如视频课程、互动游戏、虚拟现实等，能够激发学生的学习兴趣，提升参与度。爱国主义教育可以利用线上平台，制作和发布具有吸引力的教育内容，引导学生深入了解祖国的历史、文化和现状，培养他们的爱国情感和责任感。然而，线上教育也存在一些局限性。比如，缺乏面对面的交流和互动，难以形成真实的学习氛围和共同体。相比之下，线下教育具有实体性和直观性的优势。通过面对面的教学和交流，教育者可以更好地了解学生的需求和反馈，从而及时调整教学内容和方法。同时，线下教育还可以利用校园环境、教学资源和社会实践等条件，为学生提供更加全面和深入的学习体验。在爱国主义教育中，线下教育可以组织丰富多彩的实践活动，提供沉浸式体验教育，如参观革命历史遗址、举行主题班会等，让学生在亲身体验中感受祖国的伟大和民族的骄傲。

第四节　新时代大学生爱国主义教育的载体形式丰富

教育载体是指能够承载和传递教育内容信息，促进教育主客体双向互动的一种活动形式和物质实体。爱国主义教育载体是指在爱国主义教育过程中能够承载和传递爱国主义教育内容和信息的活动形式和物质实体。在大学生爱国主义教育实践中，爱国主义教育的载体也不断地进行着传承、完善、创新和拓展。随着信息化发展特别是网络的普及化、数据的智能化，大学生的思想观念、生活学习方式等也发生了深刻改变，传统的大学生爱国主义教育载体已经不能满足大学生个性化的发展需要。因此，在新的历史条件下，必须丰富大学生爱国主义教育的载体形式、整合载体资源，强化新时代大学生爱国主义教育效果。

一、创新新时代大学生爱国主义教育的理论载体

理论载体就是以理论学习为基础，即教育者通过政治理论学习、课程讲座、学习研讨等方式传达相关重要思想理论等内容，以达到宣传教育的目的。根据新时代大学生的特点和实际需求，大学生爱国主义教育理论需要在新的理论范式内进行重新整合，将党的创新理论进行青年化阐释。只有用党的科学理论武装新时代青年大学生，才能顺应新时代大学生爱国主义教育实践的新发展。

第一，运用好理论载体，必须坚持不懈用习近平新时代中国特色社会主义思想武装青年大学生。2023 年 6 月 19 日，中国共产主义青年团第十九次全国代表大会报告在"大力加强青年思想政治引领"部分特别提出，坚持不懈用习近平新时代中国特色社会主义思想武装青年。2022 年 5 月 13日，团中央通知明确提出：各级共青团组织要"坚持不懈用习近平新时代中国特色社会主义思想武装团员青年，加强'青年化'阐释、'元素化'

解析，不断加强青少年理想信念教育、精神素养培育和社会主义核心价值观涵育，夯实听党话、跟党走的思想根基"①。用习近平新时代中国特色社会主义思想武装青年大学生，是新时代的呼唤，更是高校思想政治工作的历史责任和使命担当。高校要深入推进习近平新时代中国特色社会主义思想进教材、进课堂、进头脑，让真理光芒照亮青年学生成长的道路，不断增强马克思主义理论对新时代大学生的吸引力、感染力和影响力。

第二，运用好理论载体，必须将理论阐释的重点与青年大学生的所思所想相结合。首先，党的创新理论"掌握青年大学生"的前提是"说服青年大学生"。正如马克思所指出的："理论一经掌握群众，也会变成物质力量。"② 党的创新理论要想为青年大学生所接受，必须走"说服青年大学生"这条必经之路；党的创新理论青年化阐释工作，就是一个将党的创新理论持续转化为"说服青年"的有效形式的过程。其次，党的创新理论"牢牢抓住青年群体"的落脚点是紧扣服务青年的工作生命线。要将理论阐释的重点与青年大学生的所思所想、所忧所盼结合起来，让青年大学生对党的创新理论观之有感、听之有用、受之有益。

第三，运用好理论载体，必须在理论阐释的话语表达上下功夫。首先，理论阐释传播的语言表达既要"接天线"，还应当更"接地气"。即要贴近学生、贴近实际、贴近生活，用通俗易懂的语言解释复杂的概念，这样能够让受众更容易产生共鸣，从而增强理论的吸引力；要避免过于专业的术语和晦涩难懂的表达，用平实、朴素的语言来解释理论。其次，要壮大理论阐释传播队伍。要建立完善的培训体系，培养一大批深耕青年化阐释传播、熟悉青年心理特点、熟练运用创新理论的队伍。同时，加强理论阐释传播队伍的实践锻炼，深入基层、深入群众，了解实际情况，提高理论联系实际的能力。

二、丰富新时代大学生爱国主义教育的实践载体

2015 年 12 月 30 日，习近平总书记主持中共中央政治局第二十九次集

---

① 共青团中央. 共青团中央关于深入学习宣传贯彻习近平总书记在庆祝中国共产主义青年团成立 100 周年大会上重要讲话精神的通知 [EB/OL]. (2023-03-11) [2024-05-18]. https://mp.weixin.qq.com/s/-pNgQRco0B_ID9xpviztMQ.

② 中共中央马克思恩格斯列宁斯大林著作编译局. 马克思恩格斯选集：第一卷 [M]. 北京：人民出版社，2012：9.

体学习，他在讲话中指出："要充分利用我国改革发展的伟大成就、重大历史事件纪念活动、爱国主义教育基地、中华民族传统节庆、国家公祭仪式等来增强人民的爱国主义情怀和意识，运用艺术形式和新媒体，以理服人、以文化人、以情感人，生动传播爱国主义精神，唱响爱国主义主旋律，让爱国主义成为每一个中国人的坚定信念和精神依靠。"① 顺应新时代发展的新要求，大学生爱国主义教育除了要充分运用传统教育载体，还要注意使用政治仪式类的实践载体。

第一，利用好爱国主义教育基地和国防教育基地载体。爱国主义教育基地和国防教育基地在爱国主义教育实践载体中发挥着先锋作用，是激发爱国热情、凝聚人民力量、培育民族精神的重要场所，能够在使大学生增长见识的基础上鼓舞精神、增强干劲。我们可以通过加强全国性爱国主义教育基地的建设和管理，丰富爱国主义教育内容和形式，为大学生提供切实的实践体验和感受，增强教育吸引力、扩大教育覆盖面和影响力，更好地弘扬爱国主义精神、加强全民国防教育、促进国家安全和发展。

第二，运用好政治仪式载体。习近平总书记指出："要建立和规范一些礼仪制度，组织开展形式多样的纪念庆典活动，传播主流价值，增强人们的认同感和归属感。"② 在大学生爱国主义教育中，注重运用仪式礼仪是一种非常有效的方式。仪式礼仪是一种具有象征意义的行为规范，通过举办重要的仪式活动，并融入爱国主义元素、注重规范性和实践参与性等，可以让大学生更加深入地了解国家的历史和文化，从而增强他们的民族自豪感和国家认同感。大学生爱国主义教育可以有机结合党内政治生活，诸如民主生活会、组织生活会、"三会一课"、主题党日活动等，保障政治仪式开展的常态化，通过制度化的方式将政治仪式开展的目标、节点、章程等予以规范，增强大学生参与政治仪式的秩序感和庄重感。

第三，利用好重大纪念活动载体。在大学生爱国主义教育中，组织重大纪念活动是一种富有成效的方法。这类活动不仅可以增强学生的历史意识，还可以加深他们对国家、民族和文化的认同感。高校可以根据国家的重大历史事件、重要人物纪念日，选择具有代表性和教育意义的主题，从而激发大学生的爱国情感。

---

① 习近平. 论党的宣传思想工作 [M]. 北京：中央文献出版社，2020：178.
② 习近平. 习近平谈治国理政：第一卷 [M]. 北京：外文出版社，2018：165.

第四，利用好传统节日和现代节日载体。在大学生爱国主义教育中，传统节日和现代节日都扮演着重要的角色，可以作为实践类载体发挥爱国主义涵育功能。这些节日不仅是庆祝和纪念的特殊日子，而且是传递历史文化、培养爱国情怀、增强民族认同感和社会责任感的重要载体。在发挥传统节日和现代节日的涵育功能时，一是要注重节日的文化内涵和教育意义，二是要结合大学生的实际需求和兴趣点，三是要注重节日教育的长期性和系统性。

第五，依托好自然人文景观和重大工程载体。在大学生爱国主义教育中，依托自然人文景观和重大工程开展大学生爱国主义教育具有独特且重要的价值。这不仅可以加深大学生对祖国山河的热爱，还可以激发他们的民族自豪感和责任感。一是利用自然人文景观进行爱国主义教育。可以通过组织学生参观名胜古迹、风景名胜区等，让他们亲身感受到祖国大好河山的壮丽与秀美，加深对祖国的热爱之情；同时，这些景观背后所蕴含的历史文化、民族精神等也是宝贵的教育资源，有助于培养学生的民族自豪感和文化自信。二是结合重大工程进行爱国主义教育。可以组织学生参观大型工程项目，如水电站、高铁、桥梁等，让他们了解国家的发展成就和科技实力，增强他们的民族自信心和自豪感；同时，通过讲解工程背后的故事和精神，还可以培养学生的爱国情怀和奉献精神。三是创新教育方式方法，发挥学生主体作用。在依托自然人文景观和重大工程开展爱国主义教育时，可以采用现场教学、互动体验、案例分析等多种方式，让学生在亲身参与和实践中深化对爱国主义的理解；还可以利用现代科技手段，如虚拟现实技术，为学生创造更加生动、逼真的学习体验。

三、用好新时代大学生爱国主义教育的网络载体

在新时代，互联网已经成为大学生获取信息、交流思想、学习知识的重要平台。因此，利用网络载体来加强大学生爱国主义教育显得尤为重要。2016年2月19日，习近平总书记在党的新闻舆论工作座谈会上指出："过不了互联网这一关，就过不了长期执政这一关。"① 网络载体具有传播速度快、覆盖面广、互动性强等特点，是当代大学生获取信息和表达爱国

① 习近平. 习近平著作选读：第一卷［M］. 北京：人民出版社，2023：453.

情感的重要渠道。

第一，建立完善的大学生爱国主义网络教育平台，这是用好网络载体的基础。建立完善的爱国主义网络教育平台是一个重要的任务，对于加强国家认同感、培养公民的社会责任感和激发青少年的爱国热情具有深远的意义。首先，明确网络教育平台的建设目标是培养大学生对国家的深厚感情和对国家的忠诚，培养能担当民族复兴大任的时代新人。其次，整合各类网络爱国主义教育资源，包括历史文献、影像资料、文化传统等，将其纳入平台数据库；同时，邀请专家学者、历史见证人、重大事件亲历者等参与平台内容的制作和分享。再次，创新网络教育方式，强化互动性，增强教育的吸引力。如设置网络意见反馈箱，收集用户的意见和建议，鼓励用户参与互动，表达自己的观点和感受，以便不断完善平台内容和服务。最后，加强合作与监督。加强与教育部门、学校、社会组织等合作，共同推动爱国主义网络教育平台的建设和发展；同时，加强对平台内容的审核和监督，确保信息的准确性和可靠性。

第二，提高教师的网络素养和网络教育能力，这是用好网络载体的基本前提。教师是开展网络爱国主义教育的重要力量，提高教师的网络素养和网络教育能力对于增强大学生爱国主义教育的效果具有重要意义。首先，学校应当定期组织开展培训，组织教师参加，以提升他们的专业技能。比如教师应当具备熟练地从网络中获取教学资源并筛选和鉴别信息真伪的能力；教师需要了解网络安全的基本知识，包括如何保护个人隐私、避免网络诈骗等，并教育学生如何安全上网；教师也需要了解并遵守网络道德规范，为学生树立榜样等。其次，学校应当建立激励机制，通过设立奖励，鼓励教师积极运用网络手段进行爱国主义教育。比如教师可以利用在线教育、社交媒体等网络平台，寻找和分享爱国主义教育内容，帮助学生更直观、生动地了解国家的历史和文化；可以利用虚拟现实等技术，让学生身临其境地体验历史事件，增强他们的爱国情感，同时通过网络直播、在线讨论等方式，与学生进行实时互动，增强教学效果；可以结合当前的时事热点，如国家的重大成就、国际形势等进行爱国主义教育，激发学生的学习兴趣，使他们更加深入地理解国家的发展和变化。在进行爱国主义教育的同时，教师也应注重培养学生的网络信息素养，教授他们如何正确地获取信息、筛选信息以及合理利用信息，使学生能够在浩瀚的网络世界中识别真假信息，坚守爱国主义信念。

第三，加强对大学生自媒体使用的科学监管，这是用好网络载体的重要条件。加强对大学生自媒体使用的科学监管是一个重要而复杂的任务，需要多方面的合作和努力。首先，建立科学完善的监管机制，加强自媒体素养教育。学校和相关机构应制定明确的自媒体使用规定和政策，明确自媒体的使用目的、限制和责任，加强对大学生自媒体使用的监测和管理；同时，学校可以开设自媒体素养课程或组织相关培训活动，提高大学生的自媒体素养和媒介意识，帮助他们了解自媒体的特点、功能和风险。其次，加强大学生网络自律意识培养。鼓励大学生自觉遵守自媒体使用规定和政策，树立正确的自媒体使用观念，在自媒体上积极发表正面、健康和有价值的观点和想法；举办自媒体创作比赛或组织线上交流活动等，激发大学生的创作热情，提升他们的表达能力，促进积极健康的自媒体文化氛围形成；可以通过举办网络自律意识教育活动或组织网络自律小组等，加强大学生之间的网络自律监督和互助。

第五节　新时代大学生爱国主义教育的传播内容优化

在新的时代背景下，进行大学生爱国主义教育就是要让学生紧随历史潮流，紧跟时代步伐，树立正确的爱国主义观念，主动为实现中华民族伟大复兴的中国梦贡献自己的力量。传播内容即教育内容，是连接教育主体与教育对象的重要信息纽带，也是蕴含教育目的的重要载体。为了发挥新时代大学生爱国主义教育内容的最佳功能和整体效应，不仅需要突出大学生爱国主义教育的核心内容以保障教育的方向性，而且需要根据时代特征、大学生爱国情怀培养的实际需求，从各个层面实现传播内容的优化，既要与时俱进、不断创新，又要形成相互关联、相互促进的合理结构。

一、坚持习近平新时代中国特色社会主义思想教育

习近平新时代中国特色社会主义思想是以习近平同志为主要代表的中国共产党人在中国特色社会主义发展进入新时代实践中创立的，其是当代中国马克思主义、二十一世纪马克思主义，是中华文化和中国精神的时代

精华，实现了马克思主义中国化新的飞跃。正是这样一个集政治性、时代性、思想性于一体的科学理论体系，聚焦新时代坚持和发展什么样的中国特色社会主义、怎样坚持和发展中国特色社会主义，建设什么样的社会主义现代化国家、怎样建设社会主义现代化国家，建设什么样的长期执政的马克思主义政党、怎样建设长期执政的马克思主义政党等重大时代课题，从历史与现实、理论与实践、国内与国际相结合的视角做出了深刻的理论分析、全面的科学阐述和明确的政策指导。在习近平新时代中国特色社会主义思想教育中，教育主体应该以支撑整个思想体系四梁八柱的"十个明确"和"十四个坚持"为切入点，讲清中国特色社会主义"源自哪里""性质是什么""特色在哪里""走向哪里"等具体内容，引导大学生深刻理解百年大党的使命意识和本质特征、新时代新阶段的根本任务和伟大斗争，从而坚定建设强国之路的信念，自觉将理论学习成果转化为实际报国行动。

二、坚持中国特色社会主义和中国梦教育

深入开展中国特色社会主义教育，从中国道路由"走自己的路"到"中国特色社会主义道路"，再到"中国式现代化新道路"和"创造人类文明新形态"的发展变化，中国制度从不完善到逐渐完善，再到优势显现的发展变化，讲清两者形成的发展脉络、本质特征、重要地位以及世界意义。以全面建成小康社会的生动实践为脚本，讲清共同富裕的科学内涵和实质性进展、中国特色社会主义制度的优越性。深入开展中国梦教育，将中国梦放在过去、现在与未来的历史维度中考察，讲清中国共产党为实现这一伟大梦想付出的努力、取得的成就以及未来怎么样继续为之注入力量、接续奋斗。将实现中国梦放在世界百年未有之大变局的进程中理解和把握。中国正在探索的社会主义现代化之路与西方建立在资本基础之上的现代化道路截然不同，中国式现代化道路是蕴含中国元素、生长内生于中国实践、建立在人民性基础之上的中国道路。在此基础之上帮助大学生深刻认识中国梦与中国道路、中国制度之间关联的必然性——中国道路是开启中国梦奋斗旅程的必由之路，中国制度是保障中国梦能够落实的引擎。两者有机统一能够从本质上体现国家、民族和人民的根本利益，从而引导大学生在真知与内化中自觉投身国家和民族奋斗的浪潮中，开启人生筑梦追梦之路。

三、坚持"五史"教育

新时代，我们要坚持守正创新，将四史教育作为大学生爱国主义教育的重要内容，在爱国主义教育中融入党史、新中国史、改革开放史、社会主义发展史、中华民族发展史内容，从而帮助大学生全面了解近代以来我国社会发展的历史，明晰中华民族从弱小走向强大的必然规律，使大学生的爱国之情更加深厚，强国之志更加坚定，报国之行更加坚决。

在认知方面，学史可以帮助大学生明了近代以来中国社会发展的客观真理，在认清历史与现实的基础上坚定对中国特色社会主义的信心。学习党史，可以从中感悟到中国共产党践行初心与使命的艰辛历程。学习新中国史，可以明了中国共产党带领中国人民成立中华人民共和国、实行改革开放、进入新时代三个阶段创造的伟大成就。学习改革开放史，可以了解中国共产党根据中国的实际情况确定"解放思想、实事求是"的思想路线，为从南湖驶来的红船找准了新的航线。学习社会主义发展史，可以溯清社会主义发展的源头，追寻中国特色社会主义发展的根源，在科学社会主义的发展中明通"马克思主义为什么行"。学习中华民族发展史，可以深刻感受中华民族的思想智慧、文化传统和伟大精神，从中汲取发展动能，全力、全速、全面推进中华民族伟大复兴。在情感方面，学史可以增强大学生对中国特色社会主义道路、理论、制度、文化的认同感，增强大学生的信仰、信念和信心。回望历史，经典的红色故事、珍贵的红色家书、铿锵的红色誓言都体现出了信仰、信念、信心的强大力量。在意志方面，学史可以引导大学生传承红色基因，锻造大学生的爱国骨气，培养大学生高尚的道德品质。新时代的大学生学习"五史"，要以不同时期的英雄人物为榜样，从各个时期形成的一系列革命精神中获得宝贵的爱国资源，在榜样的感召和精神的洗礼中锻造爱国骨气，培养高尚的道德品质。在行为方面，学史可以激发大学生的爱国志气，激励大学生奋发有为，以实际行动报效祖国。大学生学习"五史"，可以从中国共产党人建党明志、危难困苦中不忘持志、始终如一践志的历程中感悟到志气的强大力量，从而激发自己的爱国志气，立志为实现第二个百年奋斗目标而不懈努力，以强烈的历史自觉在报国道路上奋勇前行。

四、坚持中华优秀传统文化教育

民族文化是所属共同体成员共同的语言文字、思维方式、生活习俗、利益追求、价值取向等要素的积淀，能够给予共同体成员强烈的情感体验，对于激发和培养个体爱国情感具有不可替代的作用，是个体爱国情感培育之源。钱穆在《中国文化史导论》一书中指出，中国因天然环境之特殊，其文化一脉相承有着连续性又有着强大的凝聚力和同化力，这种文化模式能够在潜移默化中成为个体内心深处的一种归属需求，促进个体爱国情感发展从意识层面进入无意识层面。在开展中华优秀传统文化教育时，应该着重把握以下两个方面。

第一，要引导大学生全面了解中华民族优秀传统文化。中华民族优秀传统文化有以物质形态呈现的物质文化，还有承载民族精神和民族魂的精神文化。用这些延续性的物质文化和精神文化来教育引导大学生，能够增强他们的民族自豪感和精神力量。

第二，要正确处理好本民族文化与外来文化的关系。如果抛弃民族文化，国家和民族的发展就如同无本之木，大学生爱国情感的发展就如同无源之水。一方面，我们要帮助大学生深刻认识文化繁荣发展是相互碰撞与相互包容的吐故纳新过程，引导他们尊重文化多样性。要根据时代发展和中国特色社会主义建设需要，从"引进来"的文化中吸收借鉴合理成分，同时又要尊重民族优秀传统文化，积极主动创新，使之在时代需要中焕发光彩努力"走出去"。另一方面，我们也要引导大学生高度警惕西方腐朽文化的渗透和侵蚀，旗帜鲜明地捍卫本国文化主权。

五、坚持国家安全和国防教育

当今世界充满风险挑战，一些西方国家惯用零和博弈的伎俩挑起事端，惯用以邻为壑的方式搞强权霸道。在错综复杂的外部环境之下，我国发展受到许多无端阻扰。大学生爱国主义教育是国家安全和国防教育的重点环节，而国家安全和国防教育也是大学生爱国主义教育必须言明、直观鲜活的重要内容。国家安全和国防教育实质上就是培养大学生的国家意识，促进他们爱国意志的形成。没有时刻将国家安全置于个人之上的意识，深厚的家国情怀就难以形成；没有国防意识就不能科学把握国家观念，爱国情感就不能得到理性升华，爱国意志就难以形成。

新时代以来，国家安全的外延、内涵都发生了重要变化。从外延来看，国家安全的所属范围领域不断扩大，不仅涉及国家经济社会发展的各个领域，而且还关系到人民生活的方方面面。从内涵来看，国家安全的内在所指不断突破传统全面升级，既有内外部安全，又有传统与非传统安全。新时代加强大学生国家安全教育，一是要不断丰富国家安全的外延与内涵，引导大学生从认知层面全面了解我国总体国家安全观的核心内容，认清总体国家安全观和传统国家安全观、新安全观的区别和联系。在实践层面不断用总体国家安全观指导国家安全形势、提高应对风险挑战的能力，切实把学习成效转化为坚决维护国家主权、安全、发展利益的生动实践，为夺取全面建设社会主义现代化国家新胜利、实现中华民族伟大复兴的中国梦不懈奋斗。二是要树立大国防观，拓展国防教育。高校要面向大学生开展以履行国防义务为目的，与国防和军队建设有关的理论、知识、技能、心理的教育，同时规定大学生接受基本军事训练，从而不断增强大学生关心国防、建设国防的自觉意识，促进大学生国家安全意识的形成与发展。

六、坚持祖国统一和民族团结进步教育

实现祖国统一和民族团结是中华民族自古以来的追求，经历了从自在到自为再到自信的发展历程。在漫长的"自在"时期，无论是客观自然环境的影响，还是人们主观情感、血缘和文化认同的需要，应当说，多元始终是动力，一体始终是主线，各族人民在物质和精神层面通过不断交流交融，逐渐形成自在的中华民族共同体。1840年之后，在国破梦碎的现实苦难之下，实现祖国统一和民族团结随着民族觉醒逐渐走向"自为"时期。新中国成立后，各族人民在社会主义建设实践中进一步加强了交流交融，实现祖国统一和民族团结的意识逐渐转向"自信"，这成为深入人心的国家认同基因，也成为凝聚民族力量应对变局、驾驭战略全局的现实需要。

坚持祖国统一和民族团结进步教育的核心在于铸牢中华民族共同体意识。中华民族共同体是命运共同体、政治共同体、社会共同体、文化共同体，是中华民族历史发展的必然结果。中华民族共同体意识是国家层面最高的社会归属感、面向世界的文化归属感，是国家认同、民族交融的情感

纽带，是祖国统一、民族团结的思想基石，是中华民族绵延不衰、永续发展的力量源泉。习近平总书记指出："铸牢中华民族共同体意识、推进新时代党的民族工作高质量发展，是全党全国各族人民的共同任务。"高校要以铸牢中华民族共同体意识为主线，牢牢把握立德树人根本任务，把铸牢中华民族共同体意识融入办学治校、教书育人全过程。具体来说，教育主体需要从历史和现实两个维度讲清铸牢中华民族共同体意识的历史必然性、极端重要性，中华民族共同体和各民族意识的共同性和差异性，这既有助于增强大学生的民族归属感，也有利于引导他们牢固树立"三个离不开"的思想，坚定为实现中国梦而持续奋斗的决心。

七、坚持国情教育和形势政策教育

所有国家和民族在不同的历史时期都具有独一无二的世界格局和国家方位。任何一个国家和民族的国情和形势政策都蕴含着其生存和发展的独特密码，蕴含着其国民爱国观念发展的独有元素。国情教育与形势政策教育是大学生深刻感知国家和民族前途命运的重要途径，也是激发大学生形成爱国情怀与爱国意志的关键环节。了解并关注我国的基本国情、发展形势与政策制度是大学生爱国情怀形成的重要标志。

进入新时代以来，世界历史进程与中国社会发展发生了显著性变化，极大地丰富了国情教育和形势政策教育的内容。坚持国情教育和形势政策教育，需要通过富有时代性的知识体系帮助大学生认清新时代我国发展的形与势，从世界视野和以历史胸怀引导大学生深刻认识我国发展在新历史方位的主要矛盾、主要成就、面临问题、根本任务以及由此确立的政策制度，树立大局观与责任感。同时，国情教育和形势政策教育要以成就为鼓舞，增强大学生对国家与社会的发展信心、对中国共产党的执政认同、对中国特色社会主义的制度认同，从而增强民族自信心；还要以问题为导向，引导大学生充分认识我国发展面临的问题与困难，提高大学生的忧患意识，使他们在意识到祖国强大的同时，发现祖国建设中需完善的地方，进而激发责任使命，推动其树立实干兴邦的信念，投身社会发展与建设。

第六节 新时代大学生爱国主义教育的话语体系创新

话语体系作为信息传递的媒介，担负着情感意蕴与价值诉求，是开展爱国主义教育的重要载体。习近平总书记强调："落后就要挨打，贫穷就要挨饿，失语就要挨骂。"[①] 讲好中国故事是做好爱国主义教育的必要条件。要实现这一目标必须妥善解决"失语"问题，建立一套行之有效、符合时代特点和舆论传播需求的话语体系。创新话语逻辑，构建真理性、可理解性、对话性的爱国主义教育话语逻辑，有效落实新时代大学生爱国主义教育"聚民心、育新人"的使命任务；明确话语导向，为爱国主义教育传递正确价值观、为主导意识形态奠定话语基调；优选话语内容，建构贴切丰富生动的爱国主义教育话语内容体系；灵活话语表达，使爱国主义教育在灵活化、故事化与可视化的话语表达中实现入脑入心。

一、创新话语逻辑

"理论只要说服人，就能掌握群众，而理论只要彻底，就能说服人。所谓彻底，就是抓住事物的根本。"[②] 说服人的前提是理论的彻底性。就话语体系而言，话语要完成内容与价值传递的使命，必须遵循话语逻辑的理论性。恩格斯指出："一个民族要想站在科学的最高峰，就一刻也不能没有理论思维。"[③] 中国特色社会主义进入新时代，在中华民族伟大复兴的关键时刻，既需要能够指导实践的新理论，也需要具备高度自觉的理论思维和科学运用理论能力的时代新人。新时代大学生爱国主义教育以"聚民心、育新人"为使命任务，新时代大学生爱国主义教育话语是人们追求"真理"的现实性表达，要能够向听者准确、恰当、及时地描述教育内容，同时推动与多样化传播主体的交合交融，不仅是单纯"独白"，还需要有

---

① 中共中央宣传部.习近平总书记系列重要讲话读本 [M].北京：学习出版社，人民出版社，2016：210.

② 中共中央马克思恩格斯列宁斯大林著作编译局.马克思恩格斯选集：第一卷 [M].北京：人民出版社，2012：9-10.

③ 中共中央马克思恩格斯列宁斯大林著作编译局.马克思恩格斯选集：第三卷 [M].北京：人民出版社，2012：875.

"对话式"的真诚交流。

第一，构建真理性爱国主义教育话语逻辑。大学生爱国主义教育话语是价值的传递，但仍脱离不了"真理"和"逻辑"。话语能否产生"说服力"，核心在于是否有"应然"之理，而不仅仅是"当然"之理。新时代大学生爱国主义教育话语必须与社会、自然、思维的本质规律相符合，在概念、命题、原理的言说过程中不能存在某些前提性错误，否则就会使爱国主义教育话语信服力减弱。换言之，其说服力来自话语能否抓住事物根本的规律，能否体现言说内容与场域的本质，从而使话语逻辑清晰，不至于沦为空洞之辞。

第二，构建可理解性爱国主义教育话语逻辑。爱国主义教育话语要能够向听者准确、恰当、及时地描述教育的内容，这有赖于将抽象的爱国主义概念、范畴、规则、原理转变为具象化、直观化、形象化的载体意象，使宏大的爱国主义精神能够被清晰地勾画出来，促进受教育者理解。这个过程本身也是将从生活中提炼而出的抽象之理，再创新性还原与生动性回溯到生活中去的过程。

第三，构建对话性爱国主义教育话语逻辑。推动新时代大学生爱国主义教育话语的范式转型，构建对话性爱国主义教育话语逻辑，意味着要在尊重受教育者主体性存在的基础之上，推动话语言说从"独白"到"对话"的结构式转变，也意味着要实现与多样化传播主体的交合交融，推动话语权在场域内的合理调配和分流，从而确保新时代大学生爱国主义教育话语传播效度与信度。

二、明确话语导向

新时代大学生爱国主义教育的话语体系是以习近平新时代中国特色社会主义思想为思想指导，以爱党爱国爱社会主义为逻辑主线，以实现中华民族伟大复兴中国梦为核心命题，以涵养大学生积极进取开放包容理性平和的爱国心态为重点目标，以党史、新中国史、改革开放史、社会主义发展史、中华民族发展史教育为重点教育内容。因此，把握住以上思想指导、逻辑主线、核心命题、重点目标和重点教育内容，坚持正确的话语导向，是开展新时代大学生爱国主义教育的关键。新时代中国爱国主义教育处于国内意识形态斗争更加复杂的时代背景之下，面临"两个大局"的时代挑战，以及一些错误认知、错误思潮的裹挟侵蚀。为了更好地应对挑战，扭转错误思潮的话语导向，更有底气地批驳错误思潮，加强正向引导，传递爱国正能量，爱国主义教育话语体系必须坚持正确的、坚定的话语导向。

第一，坚持爱国、爱党与爱社会主义相统一的话语导向。新时代大学生爱国主义教育只有坚持爱国和爱党、爱社会主义相统一，才是鲜活的、真实的。就其话语体系而言：首先，要有自觉地接受中国共产党领导的话语导向；其次，要有自觉维护社会主义制度的话语导向；最后，要有坚决反对历史虚无主义的话语导向。在这些话语导向的基础之上，对社会主义制度和中国共产党执政为民的理念做出深刻剖析，从而破除历史虚无主义对中国共产党执政合法性的话语解构。

第二，坚持文化认同与政治认同相统一的话语导向。爱国主义体现了人们在理性和价值层面对现行国家制度、政治文明、治理模式、思想文化等方面的认同与信赖，具有鲜明的文化属性和丰富的政治内涵。新时代大学生爱国主义教育话语要从中华民族共同的历史文化中寻求爱国主义情感共鸣导向，尽可能达成文化认同层面的爱国共识。同时，要更加重视政治认同在新时代大学生爱国主义教育中的实践应用。在铸牢中华民族共同体意识的基础上，重视政治认同、制度认同教育，破除民粹主义、狭隘民族主义的话语稀释。

第三，坚持本国利益与人类命运相统一的话语导向。习近平总书记强调："弘扬爱国主义精神，必须坚持立足民族又面向世界。中国的命运与世界的命运紧密相关。我们要把弘扬爱国主义精神与扩大对外开放结合起来，尊重各国的历史特点、文化传统，尊重各国人民选择的发展道路，善于从不同文明中寻求智慧、汲取营养，增强中华文明生机活力。"① 这一论述表明，新时代大学生爱国主义教育必须坚持正确的义利观话语导向，必须更加具有国际视野和人类情怀，要努力培育更加积极进取、开放包容、理性平和的大国心态，防范狭隘民族主义的蔓延，破除"爱国"与"爱自己""爱世界"的对立割裂论调。

---

① 习近平在中共中央政治局第二十九次集体学习时的讲话［EB/OL］.（2015-12-30）［2021-03-01］. http://jhsjk.people.cn/article/27996756.

三、优选话语内容

话语内容阐释关键在于有理，既要方向正确又要深刻彻底。方向正确是指话语内容阐释一定要遵循大学生爱国知行发展规律，围绕大学生爱国主义教育目标，在依据规律与目标的统一中展开。深刻彻底是指话语内容阐释要紧贴中国特色社会主义建设实践，紧贴大学生爱国主义教育实践，紧贴大学生实际诉求，在指导实践与满足需求的统一中进行。然而，当前网络上和现实中话语主体复杂多元，要让不同话语主体阐释的话语内容合乎规律、合乎目的、合乎需求并产生同向作用力，必须要有产生于中国话语体系的话语核心。话语核心是话语内容阐释之道。不同国家有不同的爱国主义教育话语核心，我国大学生爱国主义教育的话语核心必须体现中国特色，从中华民族优良传统特别是中国共产党爱国主义教育话语的实践中凝练。话语主体必须围绕话语核心进行话语内容阐释，这样才能保障阐释的话语内容立得住、立得稳、立得久。

第一，以习近平新时代中国特色社会主义思想为话语指导。习近平新时代中国特色社会主义思想不仅包含着丰富的知识体系，也蕴含着深刻的哲学方法论意涵，是爱国主义教育话语内容体系的重要话语来源。必须将习近平新时代中国特色社会主义思想融入爱国主义教育话语，充分运用其蕴含的立场、观点、方法指导爱国主义教育话语内容的选用与填充，确保话语内容的政治方向正确；同时还要具有时代特色，反映时代潮流，不断呼应新发展理念，教育人们将个人的全面发展与社会主义现代化建设结合起来，将个人的主体梦想与实现中华民族伟大复兴的中国梦结合起来。

第二，以我国发展成就与经验为话语素材。改革开放四十多年的历史经验表明，中国特色社会主义道路是一条成功的道路，也是必须坚持走下去的道路。中国虽然在发展过程中遇到了很多问题和挑战，但其依然用自己的成功经验向世界贡献了值得研究的中国方案。加快创新话语体系，阐释好中国在社会主义现代化建设过程中取得的历史成就，是增加爱国主义教育吸引力和说服力的重要途径。因此，在实践中选择更加鲜活、准确、生动的内容，向世界讲好中国故事，传播好中国声音，就显得尤为重要。新的历史起点要求人们遵循更加科学合理的爱国主义教育逻辑，增强爱国主义教育对象的文化自信，打造更具吸引力的爱国主义教育话语体系，用中国的语言、价值、规范来解释中国的发展，用中国的发展来支撑中国的爱国主义教育，切实提升新时代爱国主义教育的质量与效果，这是新时代中国爱国主义教育实践的必由之路。

第三，以时事热点话题为话语生长点。爱国主义教育话语体系要增强话语吸引力，必须从当下发生的、大众关注的、具有一定政治意义和社会影响的社会热点话题中获得生动资源。社会热点话题具备动态性、即时性、大众性等特征，往往折射出人民群众关心、关注、期盼乃至不满的价值信息。此类话题常常潜隐爱国主义教育意义，诠释与开发其中的教育价值，不仅可以丰富爱国主义教育话语的内容来源，也以此实现了育人新通道的创建，用更加理性客观的视角认识与分析社情、国情、世情，使理论更易被理解与认同，进而达到良好的爱国主义教育效果。

四、灵活话语表达

新时代的爱国主义是既立足民族又面向世界的，相应的教育话语自然也是开放自信、兼容并蓄的。在数字化浪潮中，必须优化爱国主义教育的话语表达，使其话语表达既严肃又活泼、既理性又感性，真正将智能媒体技术与爱国主义教育更好地结合起来，增强教育话语的传播效果。

第一，加强大学生爱国主义教育话语的批判性表达。面对各种虚假信息、不良社会舆论，青年爱国主义教育话语必须加强使用批判式的话语表达方式，守住话语表达的红线与底线。相关责任主体在面对网络虚假言论时要敢于发声，对于错误言论给予有力的回击。"需要政府、主流媒体、'网络大V'等通过开设话题专栏等方式对错误观点进行分析，敏锐抓住错误言论背后的价值矛盾，向公众讲清爱国主义的本质。"[1] 同时，相关责任主体也要增强辨别各种不良社会思潮的能力，在鱼龙混杂、泥沙俱下的社会舆论场域中去伪存真、去粗取精。

第二，增添大学生爱国主义教育话语的故事化表达。在教育内容的输出与传递过程中，教育工作者要主动转变自己的话语方式，尽量减少说教式的、抽象的、空洞的话语表达，要增强故事化的表达能力，学会用小故

---

① 林泰. 问道：改革开放以来的社会思潮与青年思想政治教育研究 [M]. 北京：中国社会科学出版社，2013：4.

事阐发大道理、用小语言表达大思想。基于此，教育者要善于挖掘身边人乃至社会中的鲜活生动事例，在选择故事时要注重真实性与导向性相结合、示范性与可达性相结合。同时，应注意结合智媒体时代的互联网信息技术来进一步增强故事化的表达效果，增加故事化话语表达的传播影响力。

第三，增强大学生爱国主义教育话语的可视化表达。相关教育主体要善于将爱国主义教育话语转变成图片、声音、视频等形式，利用多种表意方式开展爱国主义教育。同时，要加大 VR、人工智能技术在爱国主义教育话语表达中的应用，通过虚拟场景、情景模式等增强爱国主义教育话语的生动性与感染力。可以通过可视化技术把抽象枯燥的教育话语以一种简单的、便于理解的具象化视觉方式呈现出来，有效的可视化界面不仅直观形象，而且更加真实可靠，具有说服力，能够让大学生更好地理解教育内容，内化教育思想。

参考文献

阿依古丽·阿布都热西提，项久雨，牛军政，2022. 新时代爱国主义教育的基本内涵、时代价值和践行路径 ［J］. 学校党建与思想教育（16）：22-24.

本刊记者，2023. 着力深化新时代大学生爱国主义教育：访西南大学马克思主义理论研究中心主任黄蓉生教授 ［J］. 马克思主义研究（6）：11-20.

中共中央党史和文献研究院，2021. 中国共产党简史 ［M］. 北京：人民出版社.

陈豪，2016. 邓小平的爱国主义观 ［J］. 思想政治课教学（11）：8-11.

陈红，杨小扬，2022. 新时代高校网络爱国主义教育隐性课程研究 ［J］. 中国高等教育（Z2）：43-45.

陈万柏，张耀灿，2009. 思想政治教育学原理 ［M］. 北京：高等教育出版社.

陈勇，李明珠，2021. 新时代大学生爱国主义教育话语体系优化的意义、困境与路径 ［J］. 思想教育研究（12）：116-121.

程天权，2008. 我国高等教育又好又快发展的理论指导和行动指南：学习胡锦涛总书记5月3日在北京大学重要讲话精神的体会 ［J］. 学校党建与思想教育（上半月）（7）：7-8.

崔聪，2023. 当代大学生网络爱国话语的存在样态、多重价值与引导策略 ［J］. 思想政治教育研究，39（2）：164-168.

崔海英，2020. 算法推荐视域下提升当代大学生网络爱国主义教育实效探析 ［J］. 思想理论教育（12）：85-90.

崔莉，2016. 文化全球化背景下少数民族大学生爱国主义教育问题研究 ［J］. 贵州民族研究，37（12）：242-245.

单文鹏，2020. 论新时代爱国主义教育的“显”与“隐”［J］. 思想教育研究（5）：89-93.

党彦虹，2016. 自媒体时代加强大学生爱国主义教育刍议［J］. 学校党建与思想教育（18）：56-57.

邓小平，1993. 邓小平文选：第三卷［M］. 北京：人民出版社.

邓小平，1994. 邓小平文选：第一卷［M］. 北京：人民出版社.

狄瑞波，2021. 新时代爱国主义教育论析：基于马克思“人与环境关系论”视角［J］. 教育学术月刊（6）：19-24.

方秀丽，倪培强，2022. 马克思恩格斯爱国主义思想及其现实启示［J］. 学校党建与思想教育（18）：9-13.

冯刚，高会燕，2020. 新时代爱国主义的时代蕴含［J］. 西北工业大学学报（社会科学版）（1）：16-23.

符惠明，罗志勇，2006. 社会主义荣辱观与民族精神的培育［J］. 毛泽东邓小平理论研究（4）：53-56，88.

高悦，吴学兵，2021. 总体国家安全观视域下新时代大学生爱国主义教育论析［J］. 牡丹江教育学院学报（12）：56-59.

谷松岭，尹欢，2021. 习近平总书记关于爱国主义重要论述的国际意蕴［J］. 学校党建与思想教育（24）：24-26.

顾海良，2006. 高校思想政治教育导论［M］. 武汉：武汉大学出版社.

郭晶，2022. 以党史教育推进新时代大学生爱国主义教育［J］. 学校党建与思想教育（5）：53-56.

郭霞，2022. 国家安全观视域下大学生爱国主义教育研究［D］. 太原：太原理工大学.

国家统计局综合司. 沧桑巨变中国奇迹［N］. 光明日报，2019-09-17（07）.

哈贝马斯，1994. 交往行动理论：第一卷［M］. 洪佩郁，蔺菁，译. 重庆：重庆出版社.

哈贝马斯，2001. 后形而上学思想［M］. 曹卫东，付德根，译. 南京：译林出版社.

韩玉璞，2023. 红色基因融入青年大学生爱国主义教育的价值意蕴与路径探赜［J］. 教育理论与实践，43（12）：29-32.

侯彦杰，2014. 浅议中外合作办学大学生的爱国主义教育［J］. 思想政治教育研究（2）：125-127.

胡锦涛. 给全国广大青年学生提几点希望［N］. 人民教育，2010-03-16（01）.

胡雪雪，2023. 疫情背景下强化大学生爱国主义教育的研究［D］. 喀什：喀什大学.

贾友军，2010. 基于国家政治安全视角下的新疆少数民族大学生爱国主义教育创新研究［J］. 思想理论教育导刊（9）：90-94.

江泽民，2001. 论科学技术［M］. 北京：中央文献出版社.

江泽民，2006. 江泽民文选：第一卷［M］. 北京：人民出版社.

江泽民，2006. 江泽民文选：第二卷［M］. 北京：人民出版社.

蒋红，李驰宇，2020. 历史、价值、实践：重温毛泽东爱国主义论述的三重维度［J］. 湖南科技大学学报（社会科学版），23（6）：1-10.

蒋松，冯程，2015. 经济全球化背景下大学生爱国主义教育的有效途径探索［J］. 学校党建与思想教育（14）：19-20.

兰美荣，2020. 数据主权安全观教育：新时代大学生爱国主义教育的重要议题［J］. 思想教育研究（7）：126-130.

蓝贤发，2021. 用红色文化厚植大学生爱国主义情怀［J］. 人民论坛（Z1）：150-152.

蓝贤发，郑春玥，2022. 红色基因融入少数民族大学生爱国主义教育的思考［J］. 学校党建与思想教育（6）：38-40.

李德芳，杨素稳，李辽宁，2019. 中国共产党思想政治教育史料选辑：上册［M］. 武汉：武汉大学出版社.

李德芳，杨素稳，李辽宁，2019. 中国共产党思想政治教育史料选辑：下册［M］. 武汉：武汉大学出版社.

李丽，2021. 论新时代爱国主义教育与新媒体的融合发展［J］. 思想政治教育研究，37（6）：146-149.

李隆川，2022. 多元文化视域下当代大学生爱国主义教育研究［D］. 广州：暨南大学.

李其瑞，古丽巴奴木·吾买尔江，2021. 爱国主义价值观融入少数民族大学生法治教育的内涵与路径［J］. 民族教育研究，32（3）：72-77.

李琼，2017. 新形势下大学生爱国主义教育的有效路径［J］. 思想理论教育导刊（4）：143-147.

李瑞奇, 2022. 马克思恩格斯关于爱国主义的核心论断及当代启示 [J]. 思想政治教育研究, 38 (3): 45-50.

李嬿, 2017. 中国梦视域下大学生爱国主义教育研究 [D]. 重庆: 重庆交通大学.

李正兴, 2007. 试析江泽民关于学校爱国主义教育的论述 [J]. 学校党建与思想教育 (3): 47-48.

李治勇, 王建波, 2020. 讲好抗疫故事: 加强大学生爱国主义教育的重要途径 [J]. 学校党建与思想教育 (24): 14-16.

刘慧, 李红革, 2020. 重大疫情防控中高校爱国主义教育的实现路径 [J]. 学校党建与思想教育 (12): 24-27.

刘嘉圣, 2020. 新时代爱国主义教育的实践路径 [J]. 学校党建与思想教育 (3): 27-31.

刘丽霏, 2021. 列宁的爱国主义观点及其启示 [J]. 人民论坛 (32): 67-69.

刘睿, 黄金金, 2022. 世界百年未有之大变局下大学生爱国主义教育探究 [J]. 学校党建与思想教育 (24): 66-69.

刘伟, 2020. 毛泽东关于中华人民共和国的构想 [J]. 湖南科技大学学报 (社会科学版), 23 (4): 22-30.

刘颖, 2019. 微文化视域下大学生爱国主义教育有效性研究 [D]. 长春: 东北师范大学.

鲁宁宁, 袁媛, 2022. 科技自立自强视角下大学生爱国主义教育的困境与路径 [J]. 学校党建与思想教育 (11): 62-64.

罗奥, 刘寿堂, 2017. 试论法治视阈下的大学生爱国主义教育 [J]. 长江师范学院学报, 33 (4): 132-135.

罗昌龙, 2016. 中国梦视域下大学生爱国主义教育研究 [D]. 重庆: 西南大学.

吕雪艳, 2023. 科技强国视域下理工科大学生爱国主义教育路径研究 [J]. 中国轻工教育, 26 (3): 1-6.

毛泽东, 1991. 毛泽东选集: 第一卷 [M]. 北京: 人民出版社.

毛泽东, 1991. 毛泽东选集: 第二卷 [M]. 北京: 人民出版社.

毛泽东, 1991. 毛泽东选集: 第三卷 [M]. 北京: 人民出版社.

毛泽东, 1991. 毛泽东选集: 第四卷 [M]. 北京: 人民出版社.

倪培强，方秀丽，2021. 习近平关于爱国主义重要论述三维生成释读［J］. 学校党建与思想教育（21）：71-73.

曲建武，陈曦，2021. 发挥高校教师爱国主义教育作用的"四重维度"［J］. 中国大学教学（Z1）：112-116.

曲建武，胥佳明，2020. 大学生爱国主义教育应传承五四运动以来青年学生爱国的基本经验［J］. 思想理论教育导刊（7）：64-68.

曲建武，张晓静，2021. 新时代大学生爱国主义教育的三个维度［J］. 思想教育研究（10）：123-128.

任志辉，2014. 经济全球化与大学生爱国主义教育［D］. 太原：中北大学.

阮博，马升翼，2021. 习近平关于弘扬爱国主义精神的重要论述探要［J］. 广西社会科学（7）：52-58.

盛春，2020. 加强青年大学生爱国主义教育［J］. 红旗文稿（18）：38-39.

思想道德与法治编写组，2023. 思想道德修养与法律基础［M］. 北京：高等教育出版社.

宋乃庆，郑智勇，肖林，2020. 重大疫情下大学生思想政治教育的价值与思考［J］. 中国高等教育（12）：22-24.

宋竺珊，2017. 法治视野下大学生爱国主义教育研究［D］. 长沙：湖南农业大学.

孙华峰，2022. 新时代大学生爱国主义教育的价值意蕴、现实挑战及创新路径探析［J］. 思想教育研究（8）：147-152.

汤洲，2020. 列宁爱国主义思想及当代启示：纪念列宁诞辰150周年［J］. 中共伊犁州委党校学报（3）：5-9.

唐春波，2008. 论江泽民的青少年教育观［J］. 教育探索（2）：5-7.

唐霞，2011. 中美爱国主义教育现状比较研究［M］. 北京：中共中央党校出版社.

陶倩，李云，2023. 答好爱国主义"三问"的三维探析：读习近平总书记《培养德智体美劳全面发展的社会主义建设者和接班人》［J］. 社会主义核心价值观研究，9（3）：20-30.

涂爱荣，2011. 大学生爱国主义教育评价原则简析［J］. 学校党建与思想教育（11）：67-68.

涂争鸣，2000. 论大学生爱国主义教育的接受机制［J］. 黑龙江高教研究（4）：27-29.

汪庆华，周宁宁，2008. 用核心价值观构建大学生理性爱国主义教育体系 [J]. 思想教育研究（8）：20-23.

王辉，陈文东，倪元利，2023. 网络民粹主义视域下大学生爱国主义教育研究 [J]. 学校党建与思想教育（10）：67-69.

王丽媛，2018. "中国梦" 视域下大学生爱国主义教育研究 [D]. 西安：西安理工大学.

王刘华，查方勇，2023. 微文化视域下深化大学生爱国主义教育的对策探讨 [J]. 学校党建与思想教育（7）：84-86.

王茂胜，2010. 中国共产党思想政治教育简史 [M]. 武汉：华中师范大学出版社.

王瑞峰，2014. 经济全球化背景下大学生爱国主义教育探析 [D]. 石家庄：河北师范大学.

王树荫，2022. 坚持爱国主义的社会主义性质和方向：中国共产党百年爱国主义的主题主线 [J]. 马克思主义研究（8）：25-36，159.

王先亮，2022. 习近平关于新时代爱国主义教育重要论述研究 [J]. 井冈山大学学报（社会科学版），43（1）：13-20.

王秀敏，2017. 论新时期大学生爱国主义教育的科学内涵及实践策略 [J]. 继续教育研究（12）：92-94.

王永浩，2013. 论邓小平爱国主义思想与中国特色社会主义的统一性 [J]. 求实（5）：12-15.

王泽应. 中国共产党人爱国主义的义理建构和价值追求 [J]. 北京大学学报（哲学社会科学版），57（6）：5-15.

王子嫣，2014. 经济全球化视域下当代大学生爱国主义教育研究 [D]. 长春：长春理工大学.

韦国善，2010. 加强少数民族大学生思想政治教育的着力点 [J]. 思想理论教育导刊（8）：102-105.

魏勃，李治勇，2020. 凝心铸魂推进新时代大学生爱国主义教育 [J]. 学校党建与思想教育（6）：45-47.

魏则胜，吴琼，2021. 构建大学生爱国主义教育的长效机制 [J]. 中国高等教育（9）：37-39.

温娟，王纪平，2022. 工匠精神融入大学生爱国主义教育实践研究 [J]. 教育理论与实践（6）：40-43.

文大稷，陶鹏飞，2021. 抗疫元素融入大学生爱国主义教育的时代价值
　　[J]. 思想教育研究（5）：150-153.

吴海江，包炜杰，2017. 全球化时代大学生爱国主义教育的话语创新［J].
　　思想理论教育，（2）：53-57.

吴琼，谷圆圆，2022. 运用党史对大学生进行爱国主义教育研究［J]. 学
　　校党建与思想教育（1）：37-41.

习近平. 坚定不移走和平发展道路坚定不移促进世界和平与发展［N]. 人
　　民日报，2013-03-20（01）.

习近平. 大力弘扬伟大爱国主义精神为实现中国梦提供精神支柱［N]. 人
　　民日报，2015-12-31（01）.

习近平. 致全国青联十二届全委会和全国学联二十六大的贺信［N]. 人民
　　日报，2015-07-25（01）.

习近平. 把思想政治工作贯穿教育教学全过程开创我国高等教育事业发展
　　新局面［N]. 人民日报，2016-12-09（01）.

习近平，2017. 决胜全面建成小康社会　夺取新时代中国特色社会主义伟
　　大胜利：在中国共产党第十九次全国代表大会上的报告［M]. 北京：人
　　民出版社.

习近平，2019. 在纪念五四运动 100 周年大会上的讲话［M]. 北京：人民
　　出版社.

习近平，2020. 论党的宣传思想工作［M]. 北京：中央文献出版社.

习近平，2020. 思政课是落实立德树人根本任务的关键课程［M]. 北京：
　　人民出版社.

习近平. "大思政课"我们要善用之"（微镜头·习近平总书记两会"下团
　　组"·两会现场观察）［N]. 人民日报，2021-03-07（01）.

习近平，2022. 高举中国特色社会主义伟大旗帜　为全面建设社会主义现
　　代化国家而团结奋斗：在中国共产党第二十次全国代表大会上的报告
　　［M]. 北京：人民出版社.

习近平，2022. 论党的青年工作［M]. 北京：中央文献出版社.

习近平，2022. 习近平关于社会主义精神文明建设论述摘编［M]. 北京：
　　中央文献出版社.

习近平，2022. 在庆祝中国共产主义青年团成立 100 周年大会上的讲话
　　［M]. 北京：人民出版社.

习近平，2023. 习近平著作选读：第一卷 ［M］. 北京：人民出版社.

习近平，2023. 习近平著作选读：第二卷 ［M］. 北京：人民出版社.

项久雨，2019. 品读"00 后"大学生 ［J］. 人民论坛（9）：112-114.

徐国正，刘文成，2022. 新时代大学生爱国主义教育：挑战、原则与路径 ［J］. 大学教育科学（3）：102-109.

徐曼，2011. 在"思想道德修养与法律基础"课中加强大学生爱国主义教育的几点思考 ［J］. 思想理论教育导刊（12）：79-83.

徐园媛，旷媛园，2020. "互联网+"视域下大学生爱国主义教育创新研究 ［J］. 学校党建与思想教育（17）：15-17.

许全兴. 毛泽东对民族精神的丰富和发展 ［N］. 光明日报，2003-12-16（01）.

杨峰，2020. "抗疫事迹"融入高校爱国主义教育的思考 ［J］. 思想理论教育导刊（6）：13-16.

杨莉，2022. 新冠疫情背景下大学生爱国主义教育研究 ［D］. 武汉：华中师范大学.

杨文卓，2022. 后疫情时代大学生爱国主义教育创新研究 ［D］. 吉首：吉首大学.

姚婷婷，戴钢书，2012. 将马克思主义祖国观融入大学生爱国主义教育 ［J］. 高校理论战线（6）：73-75.

叶海，2017. 高校大学生思想政治教育体系的优化 ［J］. 黑龙江高教研究（10）：147-149.

袁坤，袁田田，2022. 高校爱国主义教育理论性与实践性相统一论析 ［J］. 学校党建与思想教育（11）：65-67.

袁渊，2020. 红歌在大学生爱国主义教育中的作用 ［J］. 学校党建与思想教育（22）：81-82.

张宝林，2006. 论毛泽东、邓小平、江泽民爱国主义教育思想的特点 ［J］. 教育探索（8）：1-3.

张红飞，2021. 新时代大学生爱国主义教育的时代呼唤、现实机遇和实践路径 ［J］. 思想教育研究（11）：145-148.

张慧敏，曲建武，2019. 列宁爱国主义思想及当代启示 ［J］. 思想政治教育研究，35（4）：59-64.

张家玮，2020. 把爱国主义教育作为永恒主题 ［J］. 红旗文稿（22）：

39-40.

张晓婧，刘建军，2022. 新时代大学生爱国主义教育叙事的特性、主体与策略 [J]. 河海大学学报（哲学社会科学版），24（2）：30-36，110.

张耀灿，2006. 现代思想政治教育学 [M]. 北京：人民出版社.

张耀灿，徐志远，2003. 现代思想政治教育学科论 [M]. 武汉：湖北人民出版社.

张耀庭，2015. 大学生的心理特点与爱国主义情感培养刍议 [J]. 继续教育研究（3）：103-105.

赵存生，宇文利，2006. 树立和坚持社会主义荣辱观：学习胡锦涛总书记关于社会主义荣辱观的重要论述 [J]. 求是（7）：21-23.

赵建波，2019. 习近平关于新时代爱国主义重要论述研究 [J]. 北方民族大学学报（哲学社会科学版）（5）：5-12.

赵健，2012. 对少数民族大学生进行爱国主义教育的探讨 [J]. 江苏高教（6）：141-142.

赵凯凯，2023. 新时代爱国主义的文化传统和培育路径研究 [D]. 西安：西北大学.

赵雅静，2019. 文化强国战略背景下的大学生爱国主义教育研究 [D]. 太原：中北大学.

赵曌，2020. 新冠肺炎疫情背景下对思政课程的思考 [J]. 中国高等教育（10）：28-29.

中共中央党史和文献研究院，2021. 习近平关于注重家庭家教家风建设论述摘编 [M]. 北京：中央文献出版社.

中共中央，国务院，2019. 新时代爱国主义教育实施纲要 [M]. 北京：人民出版社.

中共中央马克思恩格斯列宁斯大林著作编译局，2012. 马克思恩格斯选集：第一卷 [M]. 北京：人民出版社.

中共中央马克思恩格斯列宁斯大林著作编译局，2012. 马克思恩格斯选集：第二卷 [M]. 北京：人民出版社.

中共中央马克思恩格斯列宁斯大林著作编译局，2012. 马克思恩格斯选集：第三卷 [M]. 北京：人民出版社.

中共中央马克思恩格斯列宁斯大林著作编译局，2012. 马克思恩格斯选集：第四卷 [M]. 北京：人民出版社.

中共中央马克思恩格斯列宁斯大林著作编译局，2017. 列宁全集：第二十六卷［M］. 北京：人民出版社.

中共中央马克思恩格斯列宁斯大林著作编译局，2017. 列宁全集：第二十三卷［M］. 北京：人民出版社.

中共中央马克思恩格斯列宁斯大林著作编译局，2017. 列宁全集：第三十九卷［M］. 北京：人民出版社.

中共中央马克思恩格斯列宁斯大林著作编译局，2017. 列宁全集：第三十五卷［M］. 北京：人民出版社.

中共中央宣传部，2022. 中国共产党宣传工作简史：上卷［M］. 北京：人民出版社.

中央党史和文献研究院编，2019. 十九大以来重要文献选编：上［M］. 北京：中央文献出版社.

中央党史和文献研究院编，2021. 十九大以来重要文献选编：中［M］. 北京：中央文献出版社.

钟鸣，2022. 新时代大学生党员爱国主义教育的有效路径［J］. 山西财经大学学报，44（S1）：102-104.

周孟雷，2008. 江泽民弘扬民族精神思想研究［J］. 理论月刊（9）：30-32.

周陶霖，刘博，2022. 网络空间青年爱国主义教育的现实梗阻与增效路径［J］. 当代青年研究（2）：102-110.

周泽宇，肖李，2023. 大学生爱国主义教育与红色文化资源融合理路［J］. 中学政治教学参考（11）：78-80.

朱国栋，安维复，2022. 马克思恩格斯的爱国主义观及其当代价值：以《共产党宣言》及其序言为主要分析文本［J］. 北京社会科学（10）：14-23.

祝黄河，张云英，2023. 爱国主义在《共产党宣言》中的四重维度［J］. 江西财经大学学报（5）：115-124.

庄兴忠，2023. 新时代高校思想政治理论课教学中加强爱国主义教育路径探析［J］. 思想教育研究（1）：109-114.

左殿升，刘玉笛，井水，2022. 习近平新时代爱国主义观论析［J］. 学校党建与思想教育（7）：59-62.